UTB 4100

Eine Arbeitsgemeinschaft der Verlage

Böhlau Verlag · Wien · Köln · Weimar
Verlag Barbara Budrich · Opladen · Toronto
facultas · Wien
Wilhelm Fink · Paderborn
A. Francke Verlag · Tübingen
Haupt Verlag · Bern
Verlag Julius Klinkhardt · Bad Heilbrunn
Mohr Siebeck · Tübingen
Nomos Verlagsgesellschaft · Baden-Baden
Ernst Reinhardt Verlag · München · Basel
Ferdinand Schöningh · Paderborn
Eugen Ulmer Verlag · Stuttgart
UVK Verlagsgesellschaft · Konstanz, mit UVK/Lucius · München
Vandenhoeck & Ruprecht · Göttingen · Bristol
Waxmann · Münster · New York

Seminarbuch Geschichte

herausgegeben von Nils Freytag

bislang sind erschienen:
Alexa Geisthövel: *Restauration und Vormärz 1815–1847*
Frank Engehausen: *Die Revolution von 1848/49*
Beate Althammer: *Das Bismarckreich 1871–1890*
Jörg Echternkamp: *Die Bundesrepublik Deutschland 1945/49–1969*
weitere Bände in Vorbereitung

Johannes Süßmann

Vom Alten Reich zum Deutschen Bund 1789–1815

Ferdinand Schöningh

Der Autor:
Johannes Süßmann ist seit 2009 Professor für Geschichte der Frühen Neuzeit an der Universität Paderborn. Seine Forschungen gelten der Geschichte der Herrschaft, ihrer Reflexion und Gestaltung – etwa im Städtebau und öffentlichen Raum; in der Lebensform und Selbstdarstellung des frühneuzeitlichen Adels; in der Historiographie und Geschichte der Geschichtswissenschaft.

Umschlagabbildung:
Tanz um den Freiheitsbaum (unbekannter Künstler, Deutschland um 1792-1795, Öl auf Holz, 19 cm x 30 cm)
Bundesarchiv, Erinnerungsstätte für die Freiheitsbewegungen in der deutschen Geschichte, Rastatt

Online-Angebote oder elektronische Ausgaben sind erhältlich unter **www.utb-shop.de**

Bibliografische Information der Deutschen Nationalbibliothek
Die Deutsche Nationalbibliothek verzeichnet diese Publikation in der Deutschen Nationalbibliografie; detaillierte bibliografische Daten sind im Internet über http://dnb.d-nb.de abrufbar.

Printed in Germany.
Herstellung: Ferdinand Schöningh, Paderborn
Einbandgestaltung: Atelier Reichert, Stuttgart

UTB-Band-Nr: 4100
ISBN 978-3-8252-4100-1

Inhalt

Einleitung: „Am Anfang war Napoleon“? 1.

Schlüsselereignis Französische Revolution

Wie die Geschichte aller anderen europäischen Länder steht auch die deutsche Geschichte der Jahre 1789 bis 1815 im Zeichen der Französischen Revolution. Obwohl dieses Ereignis nicht in Deutschland stattfand und die Deutschen ihm anfangs nur zusehen wollten, führten ihre Regierungen bald Krieg gegen das revolutionäre Frankreich – und durch diesen Krieg zog die Revolution auch in Deutschland ein. Schritt für Schritt geriet es unter französischen Einfluss: sei es direkt, indem einige Landesteile an das siegreiche Frankreich angegliedert wurden, oder indirekt, indem andere als Bündnispartner oder Unterworfene mit den Franzosen zusammenarbeiteten. Es gab keine Gegend in Deutschland, die nicht davon verwandelt wurde. Als „Franzosenzeit“ haben die Menschen diese Jahre in der Rückschau bezeichnet. Das macht deutlich, woher der Wind wehte.

Export der Revolution nach Deutschland

Die unaufhaltsam vordringenden französischen Armeen exportierten die Prinzipien der Französischen Revolution nach Europa. Das führte zu einer Umwälzung auch der deutschen Verhältnisse. Politisch, wirtschaftlich, sozial, rechtlich, kirchlich, kulturell kam es zu bedeutenden Veränderungen. Das Heilige Römische Reich, das 1.000 Jahre lang den Rahmen für die politische Ordnung in Deutschland gebildet hatte, hörte 1806 auf zu bestehen. Unzählige Klein- und Kleinstherrschaften verschwanden. Jahrhundertealte Grenzen um Territorien, Rechtsbezirke, Wirtschaftsräume, Glaubensgemeinschaften wurden von einem auf den anderen Tag beseitigt. An ihre Stelle traten neue Staaten, deren Grenzen sich mit jedem neuen Friedensvertrag änderten.

Doch nicht nur die Grenzziehung, auch vieles andere geriet in Fluss. Die Kirchenherrschaften wurden aufgehoben und weltlichen Staaten eingegliedert, dazu zahllose Klöster und Stifte. Der Kirchenbesitz gelangte in die Hände der weltlichen Staaten, die ihn größtenteils an Privatleute versteigerten. Neue Vermögen entstanden. Zünfte und Gilden wurden aufgehoben, ebenso Zölle und Handelsbeschränkungen. Die Wirtschaft sollte freigesetzt werden. Vielerorts schaffte man die Leibeigenschaft ab, ebenso die Privilegien der Geistlichkeit und des Adels. Frei und gleich sollten alle Menschen sein. Aus der alten Ständeordnung wurden sie in eine neuartige bürgerliche Gesellschaft katapultiert. In neues Recht goss man diese Veränderungen, etwa indem man den Code Napoléon als bürgerliches Gesetzbuch übernahm. Die Religion wurde zur Privatsache erklärt und verlor ihre bestimmende Macht. Sämtliche Lebensbereiche der Menschen wurden von den Neuerungen erfasst.

Das wirkte sich auch auf Wissen und Denken aus. Die Sprache veränderte sich. Begriffe wie „Freiheit“, „Vaterland“, „Nation“ nahmen neue Bedeutungen an. All dies geschah in kurzer Zeit. Jeder Tag, jeder Monat, jedes Jahr brachte weitere Veränderung. Die Versuche, diese neuartige Erfahrung einer revolutionär beschleunigten Zeit zu verarbeiten, führten zu radikalen Konsequenzen in der Philosophie, der Kunst, der Literatur, der Musik. Das geistige Leben wurde von einer Bewegung erfasst, die sich im Idealismus Fichtes und Schlegels zeigt, in den Gemälden Caspar David Friedrichs, in den Dramen Kleists, den Symphonien Beethovens und nicht zuletzt in einem neuen Geschichtsverständnis, das man später als „Historismus“ bezeichnet hat.

Die Französische Revolution als „totales Ereignis“

Ein Geschehen, das alle Bereiche des Lebens und Denkens verwandelt, bezeichnen Historikerinnen und Historiker in Anlehnung an den französischen Forscher Marcel Mauss als „événement total“: als ein „totales“ im Sinne von ‘umfassendes’ Ereignis. Insofern können wir sagen: Die Französische Revolution ist für Deutschland wie für die anderen europäischen Länder zu einem totalen Ereignis geworden.

Die Revolutionserfahrung als Epochenumbruch?

Aber reichte der Wandel auch in die Tiefe? Viele Zeitgenossen hielten die Veränderungen für so radikal, dass sie darin einen Epochenumbruch sahen. Ein Augenzeuge, dem wir in diesem Buch noch häufig begegnen werden, Johann Wolfgang von Goethe, veröffentlichte 1822 einen Bericht über seine Erlebnisse im Krieg gegen Frankreich, an dem er als Minister teilgenommen hatte; die Schrift trägt den Titel *Kampagne in Frankreich 1792*. 30 Jahre nach dem Geschehen und mit dem Wissen, was daraus folgte, schildert Goethe den Abend nach der Kanonade von Valmy, einem Scharmützel, das nachträglich zur entscheidenden Kriegswende stilisiert worden ist. Goethe berichtet, er habe die niedergeschlagenen preußischen Soldaten durch den Satz zu trösten versucht:

Quelle

Von hier und heute geht eine neue Epoche der Weltgeschichte aus, und ihr könnt sagen, ihr seid dabei gewesen.

Johann Wolfgang von Goethe: Campagne in Frankreich 1792. In: ders.: Autobiographische Schriften II. Textkritisch durchgesehen v. Lieselotte Blumenthal und Waltraud Loos. 8. Aufl. München 1982, S. 235.

Der alte Goethe brachte auf den Punkt, was viele Zeitgenossen dachten und was heute noch viele Historiker denken: dass der Export der Französischen Revolution nach Deutschland und Europa Epoche gemacht hat. Zwischen 1790 und 1815 lassen die meisten Historiker das Zeitalter der „Frühen Neuzeit" enden und die „Neuere Geschichte" beginnen. „Am Anfang war Napoleon", lautet der erste Satz von Thomas Nipperdeys *Deutscher Geschichte 1815–1866*, erschienen zuerst 1983. „Am Anfang war Napoleon", das soll heißen, am Anfang der bürgerlichen Gesellschaft, am Anfang der Industrialisierung, am Anfang der modernen Wissenschaften, am Anfang des Nationalstaats, am Anfang der politischen Bewegungen Liberalismus, Konservatismus, Sozialismus, mit einem Wort: am Anfang des modernen Lebens in Deutschland. Das ist die klassische Sichtweise: Mit dem Zeitalter der Französischen Revolution endete die „Vormoderne" in Deutschland, es begann die „Moderne". Der Umbruch auf allen Gebieten wird als ein Epochenwechsel angesehen, der diejenigen Verhältnisse hervorgebracht habe, in denen wir immer noch leben.

Von außen erzwungen?

„Am Anfang war Napoleon" heißt aber auch: Die moderne Welt hat sich in Deutschland nicht aus eigener Kraft durchgesetzt. Sie wurde aus Frankreich exportiert. Die Deutschen haben keine Revolution gemacht, sie verdanken deren Errungenschaften den Franzosen. Wenn wir diese Errungenschaften mit den Parolen der Zeit als „Freiheit" und „Gleichheit" bezeichnen: Gleichheit als Abschaffung der Ständeprivilegien und Emanzipation der Menschen aus ihren korporativ-ständischen, kirchlich-konfessionellen Bindungen; Freiheit als das Recht, die eigenen Interessen zu verfolgen und über die politische Ordnung mitzubestimmen, dann heißt der Satz „Am Anfang war Napoleon", Freiheit und Gleichheit sind nicht in Deutschland gewachsen, sondern den Deutschen von Frankreich aus eingepflanzt oder sogar aufgezwungen worden.

Als „defensive Modernisierung" und „langer Weg nach Westen"?

Dies habe dazu geführt, dass sie in wichtigen Teilen Deutschlands nur halbherzig angenommen worden seien. Für die preußischen Reformen hat Hans-Ulrich Wehler im ersten Band seiner Deutschen Gesellschaftsgeschichte, erschienen 1987, die Formel von der „defensiven Modernisierung" geprägt: einer Modernisierung gegen den eigenen Willen; einem Nachvollzug von dem, was unvermeidlich war, ohne innere Überzeugung, keinen Schritt weiter als unbedingt erforderlich. Die Franzosen hätten Deutschland zwar in die Moderne katapultiert, aber wohlgefühlt habe es sich darin nicht. Das gesamte 19. und die erste Hälfte des 20. Jahrhunderts habe es damit gehadert; Ergebnis des Sträubens sei der Nationalsozialismus gewesen. Erst als nach dem verlorenen Zweiten Weltkrieg die Westmächte zum zweiten Mal Menschenrechte und Demokratie nach Deutschland brachten, hätten sie hier Wurzeln geschlagen, zuerst nur in der Bundesrepublik, nach der Wiedervereinigung in Deutschland insgesamt. Insofern sei erst 1990 zum Abschluss gekommen, was in der Epoche der Französischen Revolution angefangen habe. Als „langen Weg nach Westen" stellt diese Entwicklung sich aus Sicht des Historikers Heinrich August Winkler dar. So lautet der Titel des Buches, das er im Jahr 2000 der neueren deutschen Geschichte gewidmet hat.

Die „Meistererzählung" über das Revolutionszeitalter

In den Darstellungen von Nipperdey, Wehler und Winkler begegnen uns die „Meistererzählungen" über die deutsche Geschichte im Zeitalter der Französischen Revolution. Denn sie haben den (west-)deutschen Blick auf das Zeitalter bestimmt. Seit den 1980er-Jahren beherrschen sie das Geschichtsverständnis in der Bundesrepublik. Ganze Generationen von Geschichtslehrerinnen und Geschichtslehrern haben ihre Deutungen des Revolutionszeitalters aus diesen Büchern bezogen und geben sie weiter bis heute. Obwohl die drei Autoren keineswegs einig waren, treten mit dem zeitlichen Abstand die Gemeinsamkeiten ihrer Deutungen hervor. Alle drei sehen im Export der Französischen Revolution nach Deutschland den Epochenumbruch hin zur Moderne. Alle drei sehen darin einen Fortschritt, den sie begrüßen. Alle drei halten diesen Umbruch für unvollständig und beschäftigen sich in ihren Forschungen mit den Auseinandersetzungen, die im 19. und 20. Jahrhundert darüber geführt wurden. Und alle drei sehen in dieser Epoche die Franzosen als die Gebenden und die Deutschen als die Empfangenden. In der DDR gab es eine eigenständige Revolutionsforschung unter sozialistischen Vorzeichen, doch mit den genannten Eckpunkten stimmte auch diese überein. Daher ist dies die Position, mit der sich seither alle anderen Deutungen auseinandersetzen müssen.

Kritik an der Meistererzählung

Vereinzelten Widerspruch hat es früh gegeben. Verbreitung finden andere Sichtweisen allerdings erst seit etwa zwei Jahrzehnten. In einer großen Überblicksdarstellung, die es mit denen von Nipperdey, Wehler und Winkler aufnehmen könnte, haben sie sich bislang nicht niedergeschlagen; daher werden uns die Einzeluntersuchungen der Kritiker erst im Fortgang dieses Buches begegnen. Dennoch lassen sich schon hier einige wiederkehrende Kritikpunkte zusammenfassen:

1. Nipperdey, Wehler und Winkler betrachten das Zeitalter der Französischen Revolution im Zusammenhang mit den unge-

lösten Problemen, die es der Neueren Geschichte hinterlassen hat, letztlich vom Nationalsozialismus und der Wiedervereinigung her. Diese Betrachtung *ex post* sei aber, so die Kritiker, unhistorisch. Historiker sollten ihr Wissen, wie die Geschichte weiterging, ausblenden und jede Epoche aus ihren eigenen Bedingungen heraus betrachten. Daher müsse man von der Frühen Neuzeit und dem 18. Jahrhundert herkommend auf das Revolutionszeitalter sehen.

2. Nipperdey, Wehler und Winkler messen das Deutschland vor der Französischen Revolution am 19. und 20. Jahrhundert und gelangen dadurch zu einem kritischen Urteil. Sie sehen Deutschland steckengeblieben in Kleinstaaterei und verkrusteten Ständestrukturen, unfähig, sich aus eigener Kraft zu modernisieren. Es sei notwendig gewesen, dass die Franzosen die Blockaden weggefegt hätten, um die Entwicklung freizusetzen. Vor allem gegen diese Sicht laufen zahlreiche Frühneuzeithistorikerinnen und –historiker Sturm. In vielen Büchern der letzten Jahre wird ein anderes Bild gezeichnet. Das Deutschland vor der Französischen Revolution erscheint dort aufgeklärt und dynamisch, voller Reformen, in freudiger Entwicklung begriffen, vital.
3. Daraus ergibt sich, dass in diesen neueren Arbeiten die Franzosen eher als Störenfriede der innerdeutschen Entwicklung betrachtet werden denn als Förderer. Wenn die Franzosen nicht alles durcheinander gebracht hätten, wäre Deutschland leichter auf seinem eigenen Weg vorangeschritten, so die Tendenz. Häufig verbindet sich dieses Urteil mit einer Skepsis gegenüber der Französischen Revolution. Während vor allem Wehler und Winkler sich vorbehaltlos mit dem Westen identifizierten, also auch mit den Zielen der Französischen Revolution und dadurch von außen auf das Deutschland des 18. Jahrhunderts schauten, insistieren die jüngeren Revisionisten auf einer innerdeutschen Perspektive.
4. Nipperdey, Wehler und Winkler identifizieren sich mit dem Aufkommen der Moderne. Sie sehen darin den Beginn der Welt, in der sie selbst noch leben. Sie denken in den Kategorien des Fortschritts, des politischen Kampfs, der Steuerbarkeit der Geschichte, die mit der Französischen Revolution entstanden sind. So aber denken viele Jüngere nicht mehr. Ihr Lebensgefühl geht dahin, dass sie in der „Postmoderne" leben: einer pluralisierten Zeit, in der die großen politischen Lager Liberalismus, Konservatismus, Sozialismus zerfallen sind; in der an die Stelle von linearem Fortschritt ein Nebeneinander von ver-

schiedenen Zeiterfahrungen getreten ist; und in der die Geschichte eher als anonym und übermächtig erfahren wird denn als steuerbar.
Daraus ziehen diese Jüngeren die Konsequenz, die Moderne als eine abgeschlossene Epoche zu betrachten, von der unsere Gegenwart getrennt ist. Damit rücken auch die Französische Revolution und ihre Ausstrahlung nach Deutschland in die Ferne. Sie werden historisiert und nur noch als eine Übergangszeit oder Epochenschwelle angesehen. Das erklärt den Erfolg von Reinhard Kosellecks Vorschlag, die gesamte Zeit zwischen 1760 und 1830 als „Sattelzeit" zu bezeichnen. Wie ein Bergsattel als Senke zwischen zwei Massiven liegt, ist die Sattelzeit für ihn eine Übergangsepoche zwischen der alten Welt und der Moderne, ohne selbst schon die Moderne zu sein.

5. Aus dieser Neubewertung als Zwischenepoche ergibt sich, dass die Umbrüche relativiert werden. Natürlich habe es an der Oberfläche Neuerungen gegeben, in der Tiefe aber seien viele Verhältnisse erhalten geblieben. Manche Kolleginnen und Kollegen gehen so weit, dass sie die Franzosenzeit als eine kurze, letztlich unbedeutende Irritation kennzeichnen, als eine Art Überschwemmung, nach der die Verhältnisse in ihr vormaliges Bett zurückgekehrt seien und die Entwicklung fortgesetzt hätten, die schon lange vor der Französischen Revolution in Gang gekommen sei.

Die Kontroverse als Generationenkonflikt

Wenn wir die Sicht von Nipperdey, Wehler und Winkler als modernistisch kennzeichnen und in die Tradition der liberalen Revolutionsdeutungen des 19. Jahrhunderts stellen, dann ist die ihrer Kritiker postmodern und revisionistisch. Das heißt, in diesem Streit stehen sich zwei unterschiedliche Lebensgefühle und Weltanschauungen gegenüber. Für Auseinandersetzungen in der Geschichtswissenschaft ist das typisch. Denn Historiker sind wie alle Menschen von ihrer eigenen Zeit geprägt. Es sind die Erfahrungen ihrer Gegenwart, auf die sie frühere Epochen beziehen. Und Nipperdey, Wehler, Winkler sind durch andere Lebenserfahrungen geprägt als ihre Kritiker. Erstere hatten als Kinder den Nationalsozialismus und den Zweiten Weltkrieg erlebt, ehe sie als junge Menschen westliche Länder kennenlernten – die neue Westorientierung gehörte zu ihrer eigenen Lebenswende; daher ist daraus ein historisches Thema für sie geworden. Die Kritiker hingegen wuchsen in der alten Bundesrepublik in eine selbstverständlich scheinende, vielfältigere Westorientierung hinein. Prägend ist für sie eher die Distanzierung von den Eiferern der 68er-Bewegung geworden, denn daraus haben sie die Skepsis gegenüber ideologischen Frontstellungen mitgenommen, die wir in ihren Geschichtsdeutungen finden.

Ansatz der vorliegenden Darstellung

Die unterschiedlichen Lebenserfahrungen erklären, warum die Beteiligten die deutsche Geschichte des Revolutionszeitalters so verschieden betrachten. Doch sie sagen nichts darüber aus, welche Deutung stimmt. Wie gehen wir mit dem Forschungsstreit um? Produktiv machen wir ihn für uns, wenn wir die Kontroverse in Untersuchungsfragen verwandeln und sie an unseren Gegenstand richten. Das vorliegende Buch ist eine Einladung, die Argumente der beiden Lager zu prüfen, um sich eine eigene Position zu erarbeiten. Daraus ergeben sich der Aufbau und die Fragen.

Im ersten Hauptteil (Kapitel 2) soll das Deutschland vor der Französischen Revolution in den Blick genommen werden. Die Leitfrage lautet hier, wie verkrustet und blockiert (so die Meistererzählung) bzw. wie lebendig und dynamisch (so die jüngere Forschungsmeinung) es erscheint. Da die Französische Revolution sich als totales Ereignis auf alle Lebensbereiche ausgewirkt hat, muss bereits dieser erste Überblick politische, wirtschaftliche, soziale und kulturelle Verhältnisse einbeziehen. Sie werden auch in den Folgeteilen immer wieder in den Blick genommen.

Im zweiten Hauptteil (Kapitel 3) wird es um die Ereignisse des Revolutionszeitalters gehen. Gezeigt wird, was passiert ist und worin die Neuerungen bestanden. Die Leitfrage daran lautet, wie radikal oder wie oberflächlich die Umbrüche waren.

Im dritten Hauptteil (Kapitel 4) sind dann deutsche Reaktionen auf die Ankunft der Französischen Revolution in Deutschland das Thema. Dort wird sich zeigen, dass es ein breites Spektrum an Auseinandersetzungen mit dem revolutionären Frankreich gab. Die Leitfrage lautet hier, ob die Neuerungen fremdes Exportgut blieben, das den Deutschen von Frankreich lediglich aufgezwungen wurde oder ob es eine aktive, von innen kommende Aneignung und Anverwandlung gab.

Literatur

Nipperdey, Thomas: Deutsche Geschichte 1800-1866. Bürgerwelt und starker Staat. München 1983. 6., durchgesehene Aufl. München 1993 [klassische Darstellung am Leitfaden der politischen und Ideengeschichte].

Wehler, Hans-Ulrich: Deutsche Gesellschaftsgeschichte, Bd. 1: Vom Feudalismus des Alten Reiches bis zur Defensiven Modernisierung der Reformära 1700–1815. München 1987 [rückt die Politikgeschichte in den Zusammenhang einer Sozialgeschichte, die neben den verschiedenen gesellschaftlichen Gruppen auch Wirtschaft und Religion berücksichtigt].

Winkler, Heinrich August: Der lange Weg nach Westen. Bd. 1: Deutsche Geschichte vom Ende des Alten Reiches bis zum Untergang der Weimarer Republik. München 2000 [knüpft an die Deutungen von Nipperdey und Wehler an und richtet sie auf die deutsche Vereinigung von 1990 aus].

Andere Überblicksdarstellungen zur deutschen Geschichte 1789–1815

Aretin, Karl Otmar Freiherr von: Vom Deutschen Reich zum Deutschen Bund. 2., ergänzte Aufl. Göttingen 1993 [revisionistisch vor den Revisionisten, da voll Sympathie für das Alte Reich und die landständisch-korporativen Verfassungen].

Botzenhart, Manfred: Reform, Restauration, Krise. Deutschland 1789–1847. Frankfurt am Main 1985. Wieder Darmstadt 1997 [folgt der Meistererzählung].

Demel, Walter: Reich, Reformen und sozialer Wandel 1763–1806. Stuttgart 2005 [hervorragende Darstellung der Verhältnisse in Deutschland bis zum Ende des Alten Reichs].

Möller, Horst: Fürstenstaat oder Bürgernation. Deutschland 1763–1815. Durchgesehene und auf den neuen Stand gebrachte Ausg. Berlin 1998 [betont den Umbruch, indem er zeigt, wie das deutsche Nationalgefühl entstanden ist].

Schmidt, Georg: Wandel durch Vernunft. Deutsche Geschichte im 18. Jahrhundert. München 2009 [betont die Kontinuitäten bis 1806].

Sheehan, James J.: Der Ausklang des alten Reiches. Deutschland seit dem Ende des Siebenjährigen Krieges bis zur gescheiterten Revolution 1763 bis 1850. Ins Deutsche übertragen v. Karl Heinz Siber. Berlin 1994 [aufschlussreiche Details, wenig übersichtlich].

Siemann, Wolfram: Vom Staatenbund zum Nationalstaat. Deutschland 1806–1871. München 1995 [guter strukturgeschichtlicher Aufriss, der die Langfristigkeit der Entwicklungen und damit die Kontinuitäten betont].

Überblickdarstellungen zur deutschen Geschichte im Rahmen der europäischen

Fahrmeir, Andreas: Revolutionen und Reformen. Europa 1789–1850. München 2010 [kritisch-differenzierend gegenüber den Meistererzählungen auch von Weis und Möller].

Fehrenbach, Elisabeth: Vom Ancien Régime zum Wiener Kongreß. 5. Aufl. München 2008 [knapp, da auf ganz Europa bezogen].

Weis, Eberhard: Der Durchbruch des Bürgertums 1776–1847. 2. Aufl. Frankfurt/M., Berlin, Wien 1981 [erzählt die europaweiten Revolutionswirkungen als Fortschrittsgeschichte].

Wunder, Bernd: Europäische Geschichte im Zeitalter der Französischen Revolution 1789–1815. Stuttgart 2001 [auf dem Standpunkt eines Modernen mit der Revolution identifiziert].

Klassiker

Burckhardt, Jacob: Geschichte des Revolutionszeitalters. Aus dem Nachlass hrsg. v. Wolfgang Hardtwig u.a. Basel, München 2009 [Manuskript der Vorlesungen, die Burckhardt ab 1859/60 in Basel über das Thema gehalten hat; darin wird der Begriff des „Revolutionszeitalters“ geprägt, das Burckhardt in seiner Gegenwart immer noch weitergehen sieht].

Hobsbawm, Eric J.: The Age of Revolution. Europe 1789–1848. London 1962 u. ö. Deutsch u. d. T.: Europäische Revolutionen 1789–1848. Übersetzt v. Boris Goldenberg. Zürich 1962 [rückt die Französische Revolution in engen Zusammenhang mit der „industriellen Revolution“ in England und kennzeichnet diese Doppelrevolution als Ursprung des modernen Europas].

Meinecke, Friedrich: Das Zeitalter der deutschen Erhebung (1795–1815). Leipzig 1906 u. ö. [kleindeutsch-preußische Perspektive].

Zur Frage der Epochengliederung

Koselleck, Reinhart: Einleitung. In: Brunner, Otto/Conze, Werner/Koselleck, Reinhart (Hg.): Geschichtliche Grundbegriffe. Historisches Lexikon zur politisch-sozialen Sprache in Deutschland, Bd. 1. Stuttgart 1972, S. XIII–XXIII [stellt hier das Konzept der „Sattelzeit“ vor].

Duchhardt, Heinz: Ancien Régime und ‚Sattelzeit‘ in Deutschland. In: Historische Zeitschrift 251 (1990), S. 627–638 [kritische Auseinandersetzung mit Kosellecks Begriff].

Deutschland vor der Französischen Revolution: Blockade oder Erneuerung? 2.

Wie war es um Deutschland bestellt, ehe die Französische Revolution es erreichte? Lag es, wie die ältere, durch Liberalismus und Sozialdemokratie geprägte Forschung meinte, eingesperrt in den Trümmern einer antiquierten politischen und gesellschaftlichen Ordnung, die längst nicht mehr funktionierte und von den Franzosen beiseite geräumt werden musste, damit etwas Neues entstehen konnte? Oder befand Deutschland sich mitten in einem Erneuerungsprozess, den die Französische Revolution teils vorantrieb, teils umlenkte, ehe Deutschland in seinen eigenen Rhythmus zurückfand und ihn im 19. Jahrhundert fortsetzen konnte, wie man es in neueren Darstellungen lesen kann? Ob man die Umbrüche durch das Revolutionszeitalter betont oder die Kontinuitäten, die es durchzogen, hängt davon ab, welche Vorstellung man sich von dem Deutschland vor der Revolution macht. Diese Vorstellung soll hier geprüft werden: erst im Hinblick auf die äußere und innere politische Ordnung, dann im Hinblick auf Wirtschaft und Gesellschaft, Kultur und Religion.

Das Reich im europäischen Mächtesystem: von außen garantiert, von innen gebeutelt 2.1

Wer fragt, wie Deutschland vor der Französischen Revolution politisch verfasst war, stößt zuerst auf das Reich. Und das ist für uns Heutige ein erstaunliches Gebilde – schon weil die Umbrüche des Revolutionszeitalters die politische Sprache und das politische Denken so stark verändert haben, dass uns seither die angemessene Begrifflichkeit dafür fehlt. Das „Alte Reich" – wie es heute genannt wird, um es von dem 1870/71 gegründeten Deutschen Reich zu unterscheiden – fällt aus unseren politischen Kategorien heraus. Wir müssen unsere eigene Erfahrungswelt verlassen, um eine angemessene Vorstellung davon zu entwickeln. Schon diese Anstrengung zeigt als ein erster Befund, wie tief der Graben ist, den die Revolutionszeit zwischen der Welt davor und danach aufgerissen hat.

Was war das Alte Reich?

Machen wir uns zunächst klar, was das Reich nicht war, um darüber zu positiven Bestimmungen fortzuschreiten. Das Alte

Reich war keine Nation, keine Macht, kein Staat. Es hatte eine politisch gewollte Sonderstellung in Europa inne. Diese aber ist nur zu verstehen, wenn man es, statt auf sein Selbstverständnis zu schauen, von außen in den Blick nimmt, aus europäischer Perspektive. Dann zeigt sich: Das Reich stabilisierte das europäische Mächtesystem. Es hegte zwei rivalisierende Großmächte ein. Es gewährleistete die Existenz zahlreicher mindermächtiger Klein- und Kleinstherrschaften. Betrachten wir diese Bestimmungen im Einzelnen.

Das Reich war keine Nation.

Das Reich fiel nicht mit Deutschland zusammen. Denn zum Reich gehörten auch die südlichen Niederlande (das heutige Belgien und Luxemburg), gehörten Österreich und mit ihm Südtirol und Istrien (die heute in Italien liegen) sowie Krain (das ins heutige Slowenien ragt), gehörte Böhmen (das heutige Tschechien und die Slowakei). Dadurch bestand die Reichsbevölkerung neben Deutschen auch aus Flamen und Wallonen, Italienern, Slowenen, Tschechen und Slowaken, Polen (in Schlesien), Sorben und Wenden (in der Lausitz und in Brandenburg). Andererseits lebten viele Deutsche außerhalb des Reichs, in Ostpreußen und dem Baltikum z. B., aber auch in Ungarn, Siebenbürgen, Kroatien und anderswo. Antwerpen und Prag lagen im Reich, Danzig und Königsberg nicht. Schon daran sieht man: Es ist verkehrt, das Alte Reich als „deutsches Reich" zu bezeichnen (obwohl dies auch in den Quellen geschieht – nur mit Blick auf die deutschen Reichsglieder allerdings, womit dieser Teil aus politischen Interessen zum Ganzen erklärt wird). Das Reich war schon seinem Begriff nach ein transnationales Gebilde, heute sagen viele: ein europäisches, aber das entsprach auch nicht dem damaligen Selbstverständnis.

Richtig ist: Europa machte das Reich. Nicht nur beherrschten die Könige von England, Dänemark und Schweden auch Ländereien im Reich, über die sie Mitspracherechte in allen Reichsangelegenheiten ausübten. Seit dem Westfälischen Frieden von 1648 wurde die Reichsverfassung auch von den wichtigsten europäischen Großmächten garantiert, in der zweiten Hälfte des 18. Jahrhunderts von Frankreich, Großbritannien und Russland. Das heißt, seit 1648 bestand das Reich nicht mehr aus eigener Kraft, sondern weil die europäischen Mächte es erhielten. Gewiss gab es auch in seinem Innern Kräfte, die es wollten und trugen. Entscheidend war, dass sie jederzeit mehrere europäische Großmächte zu Hilfe rufen konnten.

Universalismus des Reichs

Vor allem zeigt der transnationale Charakter des Reichs sich in der Sprache. „Reich" (lateinisch „imperium") ist ein Gegenbegriff

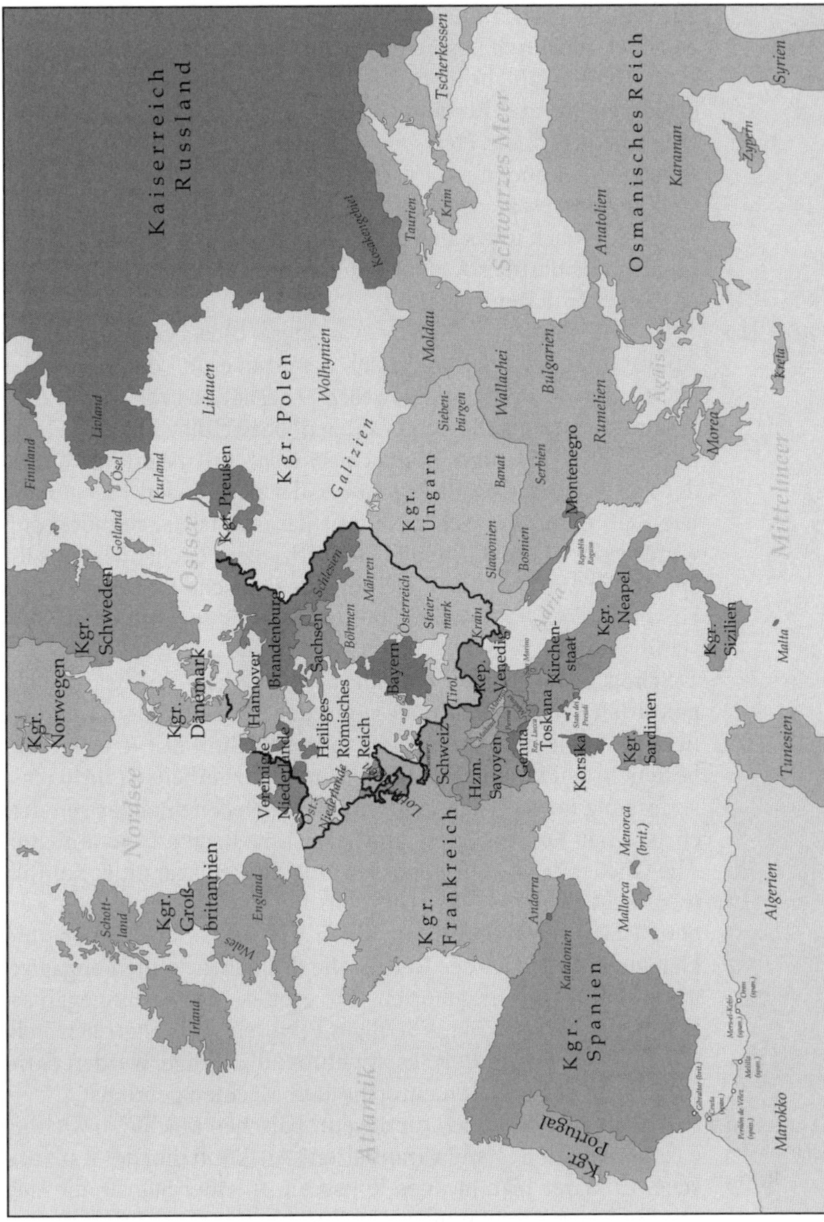

Abb. 1 Europa 1748–1766. Nach Putzger Historischer Weltatlas. 101. Aufl. Berlin 1990, S. 78 f.

zur Einzelherrschaft (lateinisch „regnum“). Die Einzelherrschaft zeichnet sich durch Besonderheit aus. Sie grenzt sich von anderen Herrschaften ab, beansprucht innerhalb dieser Grenzen Geschlossenheit und Einheitlichkeit. „Reich“ hingegen bezeichnet eine übergeordnete Herrschaft, die weder an ein Land noch an Personen gebunden ist. Deshalb ist ein Reich offen, umfassend, vielfältig. Man sagt, der Begriff des Reichs ist universalistisch, das heißt, ein Reich muss sich durch eine Idee rechtfertigen, ein Programm, das darüber Auskunft gibt, warum Einzelmächte sich in das Reich einfügen sollen.

Reichsidee

Im Fall des Alten Reichs war diese Idee ursprünglich die Anknüpfung an das Römerreich der Antike und der Schutz der lateinischen Christenheit gewesen – deshalb wurde es seit dem Frühmittelalter als „Römisches Reich“ bezeichnet, seit dem Hochmittelalter als „Heiliges Römisches Reich“, um die sakrale Würde der kaiserlichen Gewalt gegenüber der päpstlichen zu betonen. Die Beifügung „deutscher Nation“ kam im 15. Jahrhundert auf, wurde jedoch kein Bestandteil des offiziellen Reichstitels. Aus ihr sprach der Wunsch, das Reich in eine deutsche Einzelherrschaft zu verwandeln, doch drangen diese Bestrebungen niemals vollständig durch.

Schon im Mittelalter war die ursprüngliche Reichsidee hohl geworden. Deshalb hat man sie in der Neuzeit anders interpretiert. Seit dem 17. Jahrhundert sollte der Sinn des Reichs darin bestehen, den Konfessionsfrieden aufrechtzuerhalten (die Reichsverfassung gewährleistete seit 1648 das Nebeneinander von drei christlichen Konfessionen) und bestimmte Rechte zu garantieren. Alle Glieder des Reichs genossen eine Bestandsgarantie; Konflikte zwischen ihnen sollten auf dem Rechtsweg ausgetragen werden. Davon profitierten vor allem die mittleren, kleinen und kleinsten Mitglieder des Reichs, die deshalb zu seinen engagiertesten Befürwortern gehörten. Die großen Mächte hingegen sahen sich eingeschränkt. Vor allem Preußen und Österreich stellten die Existenz des Reiches zunehmend in Frage, wurden darin jedoch von den anderen europäischen Mächten gebremst.

Die politische Funktion des Reichs

Warum war das Reich für die europäischen Mächte so wichtig, dass sie seinen Bestand garantierten? Auskunft gibt der französische Aufklärer Jean-Jacques Rousseau. In einer Schrift, die sich mit der Frage beschäftigt, wie in Europa ein ewiger Friede hergestellt werden könne, analysiert er die Bedingungen, auf denen im 18. Jahrhundert die politische Ordnung Europas beruhte:

Quelle

Der Plan des ewigen Friedens

Was in Wirklichkeit das europäische Staatensystem aufrechterhält, so gut das gehen mag, ist in der Hauptsache das Spiel der Verhandlungen, die sich nahezu allzeit im Gleichgewicht halten: aber dieses System hat noch eine andere wirksamere Stütze, nämlich das Deutsche Reich, das vom Herzen Europas aus alle andren Mächte im Zaume hält und vielleicht der Sicherheit der anderen noch mehr dienen kann als seiner eigenen; durch seine Größe und die Zahl und Tapferkeit seiner Völker ein achtunggebietendes Reich, dessen Verfassung allen von Nutzen ist, die, indem sie ihm die Mittel und den Willen zu Eroberungen unterbindet, es zugleich zu einer Klippe der Eroberer macht. Unerachtet der Fehler dieser Reichsverfassung ist es doch gewiss, dass, solange es besteht, das Gleichgewicht Europas nicht verletzt werden kann, dass kein Herrscher zu befürchten hat, von einem anderen entthront zu werden, und dass der westfälische Friedensvertrag vielleicht für immer die Grundlage des politischen Systems unter uns bleiben wird. Das öffentliche Recht, das die Deutschen so gründlich studieren, ist somit noch weit wichtiger, als sie glauben, denn es ist nicht allein das germanische öffentliche Recht, sondern in gewissem Sinne das von ganz Europa.

Jean-Jacques Rousseau: Auszug aus dem Plan des Ewigen Friedens des Herrn Abbé de Saint-Pierre 1756/1761. Übersetzt v. Gertrud von Raumer. In: Kurt von Raumer: Ewiger Friede. Friedensrufe und Friedenspläne seit der Renaissance. Freiburg, München 1953, S. 343–378, hier: S. 349 f.

Das Reich war keine Macht.

Drei Feststellungen können wir dieser Analyse entnehmen: 1. Die anderen europäischen Länder hält Rousseau für „Mächte", das Reich nicht, denn seine Verfassung nahm „ihm die Mittel und den Willen zu Eroberungen". Mächte zeichnen sich dadurch aus, dass sie Kriege führen und Eroberungen machen; dazu war das Reich nicht in der Lage. Wir können den Grund hier vorwegnehmen: In den anderen europäischen Ländern lag die Entscheidung über Krieg und Frieden bei einem Souverän. Im Reich dagegen musste die Außenpolitik zwischen vier Instanzen abgestimmt werden: denjenigen seiner Glieder, die auf dem Reichstag vertreten waren, dem Kaiser, den Reichskreisen, die das Reichsheer aufstellten, den Mittel- und Großmächten im Reich. Entsprechend schwerfällig kamen Beschlüsse zustande. Auch einigte man sich wegen der vielen Interessengegensätze grundsätzlich nur auf den kleinsten gemeinsamen Nenner. Weil ihm ein Souverän fehlte, war das Reich zu einer wirksamen Außenpolitik nicht fähig. Das aber heißt, es besaß auch als Ganzes keine Souveränität.

Das Reich als Stoßdämpfer der europäischen Großmächte

2. Die anderen europäischen Mächte bildeten laut Rousseau ein „System“, das einerseits auf ihren politischen, religiösen und kulturellen Gemeinsamkeiten beruhte, andererseits auf ihrer kriegerisch ausgetragenen Konkurrenz. Das Reich hatte zwar an den Gemeinsamkeiten teil, nicht aber an dem Wettlauf um die Vorherrschaft. Insofern war es selbst kein Mitglied des europäischen Mächtesystems.

Dennoch wurde es für das System gebraucht, um dessen Spannungen abzuleiten. Indirekt gehörte das Reich also doch dazu: als Spielfeld der europäischen Großmächte, als Raum, um Verbündete und Hilfstruppen zu gewinnen, als Austragungsort der europäischen Mächtekonkurrenz. Alle großen europäischen Kriege des 18. Jahrhunderts wurden (auch) im Reich geführt.

Beispiel Siebenjähriger Krieg

Am wichtigsten war der Siebenjährige Krieg 1756–1763. Aus deutscher Sicht stellt er sich als Kampf zwischen Österreich und Preußen um die Herrschaft über Schlesien dar. Auf europäischer Ebene war er ein Ringen zwischen Frankreich und Großbritannien um die Aufteilung des Welthandels und der Kolonien und damit indirekt über die Vorherrschaft in Europa. Ausgetragen wurde es in Übersee, auf den Weltmeeren – und im Reich, denn Frankreich war mit Österreich und Russland verbündet, Großbritannien unterstützte Preußen. Insofern agierten die beiden deutschen Mächte auch, während sie eigene Interessen verfolgten, als Stellvertreter für die europäischen Rivalen.

Das Reich stabilisierte das europäische Mächtesystem also, indem es dessen Konflikte ableitete. Denn es verschaffte beiden Seiten stets so viele Verbündete, Stellvertreter und Klienten, dass sich daraus immer wieder ein neues Gleichgewicht ergab. An der Teilbarkeit des Reiches scheiterten alle Versuche der europäischen Großmächte, zur jeweils allein bestimmenden Hegemonialmacht aufzusteigen. Und genau diese hemmende Funktion war von der Gesamtheit der Großmächte gewünscht. Um Europa zu stabilisieren, musste die Reichsverfassung „Fehler“ haben, wie Rousseau schreibt, nämlich die Zerrissenheit und politische Ohnmacht des Reichs zementieren. Sie waren der Grund, warum Europa es erhielt.

Hier stoßen wir tatsächlich auf eine Blockade. Die politische Ordnung des Reiches existierte nicht aus eigener Kraft, sondern weil es für die europäischen Mächte als Verfügungsmasse und

Schauplatz ihrer diplomatisch-militärischen Machtspiele unverzichtbar war. Wirkungsvoll haben sie jede Veränderung dieser Ordnung verhindert. Das Reich konnte sich nicht weiterentwickeln, weil seine Ordnung durch die „Garantie“ von außen stillgestellt war.

Reichspatriotismus

3. Die anderen Europäer trieben Machtpolitik, die Deutschen studierten öffentliches Recht. Machtpolitik, verstanden als Kampf um Selbstbestimmung nach außen und innen, fand innerhalb des Reiches kaum statt. Wenn sie versucht wurde wie 1740–1748 im Österreichischen Erbfolgekrieg, 1756–1763 im Siebenjährigen Krieg oder 1778/79 im Bayerischen Erbfolgekrieg bildeten sich sofort breite reichsinterne und europaweite Gegenkoalitionen, die den Machtkampf ausbremsten und den Status quo zu bewahren suchten. Dadurch blieb Machtpolitik im Reich auf die beiden Einzelherrschaften beschränkt, die zu europäischen Großmächten aufgestiegen waren, auf Österreich und Preußen. Im Rest des Reichs: dem „Dritten Deutschland“ der vielen mittleren, kleinen und kleinsten Herrschaften, nahm man an diesem Politisierungsprozess nur als Zuschauer teil. Viele lehnten ihn ab. Der brutale Kampf im europäischen Mächtesystem erschien ihnen als gesetzloser Naturzustand, die Rechtssicherheit im Reich dagegen als überlegen. Diese Identifikation mit dem Reich als Rechtsgemeinschaft wird als „Reichspatriotismus“ bezeichnet. Er hat die Einstellung einiger Eliten in Deutschland zur Politik geprägt und wird uns wiederbegegnen. Deshalb ist es wichtig sich klarzumachen: Der Reichspatriotismus war eine Wendung gegen (Macht-) Politik, das heißt, er war unpolitisch oder sogar antipolitisch. Und er deutete politische Unterlegenheit, Ohnmacht und Fremdbestimmung um in zivilisatorische Überlegenheit. Er enthielt die Anweisung, sich von der Politik abzukehren und sich stattdessen auf gelehrte oder kulturelle Leistungen zu konzentrieren – was ein Aufklärer wie Rousseau durchaus anerkannte. Unter Schriftstellern konnte man damit Prestige erlangen.

Innere Reformpolitik nach 1763

Nach dem Siebenjährigen Krieg entstand eine besondere Situation, die jene allgemeinen Strukturbedingungen des europäischen Mächtesystems veränderte. Der europäische Machtkampf hatte die Großmächte erschöpft. Alle waren hochverschuldet, alle hatten erfahren, dass ihre Armeen und Flotten, ihre Einkünfte und Verwaltungen unzulänglich waren. Das bereitete einem neuen Schub von inneren Reformen die Bahn. Nur Frankreich schied daraus 1776 aus, als die Adelsopposition die Entlassung des Reformers Turgot erzwang. Preußen unter Friedrich II., Österreich unter Joseph II. und Russland unter der deutschen Zarin Katha-

Abb. 2 Jean-Michel Moreau der Jüngere: The Troelfth Cake / Le Gâteau des rois. Kupferstich v. Nicolas Noël Le Mire. London, Paris 1773. „Sold by Rob.t Sayer n° 53, in Fleetstreet et se trouve à Paris chez Le Mire rue S.t Etienne du Grez". 30,0 x 20,5 cm.

rina II. hingegen wetteiferten darum, neue Staatseinnahmen zu erschließen, die Wirtschaft zu fördern, die Verwaltung zu zentralisieren, die Staatsgewalt zu steigern. Als Großbritannien im amerikanischen Unabhängigkeitskrieg 1775–1783 seine bis dahin wichtigsten Kolonien verlor, schloss es sich ebenfalls der Politik der inneren Reformen an.

Sie führte dazu, dass die europäischen Großmächte vor allem mit sich selbst beschäftigt waren und große Kriege nach Möglichkeit vermieden. Entsprechend lockerte sich ihr Zugriff auf das Reich und damit ihre Garantie für dessen Bestand. Frankreich konnte sich aufgrund seiner exorbitanten Schulden keine außenpolitischen Anstrengungen mehr leisten und verlor rasch an Einfluss. Auch Großbritannien zog sich weitgehend vom Kontinent zurück, um seinen Kolonialbesitz neu zu organisieren. Dafür baute Russland eine Klientel im Reich auf. Nur noch in dem Dreieck zwischen Wien, Berlin und St. Petersburg wurde fortan über das

Abb. 3 Johannes Esaias Nilson: La situation de La Pologne en MDCCLXXIII. Die Lage des Königreichs Pohlen im Jahre 1773. Radierung und Kupferstich, 29 x 19,3 cm (Blatt), 19,9 x 18,7 cm (Darstellung). Braunschweig, Herzog Anton Ulrich-Museum, Signatur JENilson AB 3.172.

Reich (wie über Ost- und Südosteuropa) entschieden. Die erste Teilung Polens 1772 war Ausdruck dieser neuen Konstellation.

Zwei Bilddarstellungen zeigen, wie die Zeitgenossen das Ereignis wahrnahmen, aber auch, wie mit solchen Bildern Politik gemacht wurde.[1] Das erste Blatt stammt von dem französischen Zeichner Jean-Michel Moreau dem Jüngeren. Es wurde, verrät uns die Verlagsangabe, in London und Paris verkauft: den Hauptstädten der beiden Großmächte also, die bei der Teilung Polens nicht gefragt worden und leer ausgegangen waren. Wir sehen in der Mitte stehend den polnischen König Stanisław August Poniatowski, wie er mit der rechten Hand die Krone festzuhalten sucht, die von seinem Kopf rutscht. Das liegt an dem, was die anderen drei Gestalten tun, die um eine Landkarte Polens versammelt sind: vorne links die Zarin Katharina II. von Russland, rechts, mit dem Degen auf die Stadt Danzig weisend, Friedrich II. von Preußen, ihm gegenüber Joseph II. von Österreich in offensichtlichem Streit. Sie reißen und schneiden und teilen Polen in Stücke wie einen „Kuchen" – so der Titel des Bilds. Die Darstellung kritisiert das Geschehen, was an den satirischen Zügen zu erkennen ist, aber auch daran, dass der Ruhmesengel uns den Hintern zukehrt.

Wenige Änderungen genügen dem Augsburger Kupferstecher Johannes Esaias Nilson, um in seiner Fassung die Bildaussage ins Positive zu verkehren. Indem er Friedrichs Degen weglässt und die Risse in der Karte flickt, erscheint das Geschehen nicht länger als gierige Zerstückelung. Der polnische König ist hier gefasst und einverstanden dargestellt. Er ist es, der nach oben weist auf den Ruhm, an dessen Posaunen nun drei Fahnen hängen, was dem Ganzen – wie auch der neutralisierte Bildtitel – eine neue Richtung gibt. Denn nun feiert das Blatt die polnische Teilung als einen Akt der Friedenssicherung für Europa.

Österreichisch-preußischer Dualismus

Die Schwäche des europäischen Mächtesystems machte die beiden deutschen Großmächte zu bestimmenden Faktoren. Als Rivalen standen sie sich im Reich gegenüber; man spricht vom österreichisch-preußischen Dualismus. Im Siebenjährigen Krieg hatte Österreich seine reichste Provinz Schlesien an Preußen verloren geben müssen. Dafür drängte es auf Ersatz. Während Friedrich II. seine Beute zu integrieren und den neu erreichten Großmachtstatus Preußens zu konsolidieren suchte, wollte Joseph II. – seit den 1760er Jahren Mitregent seiner Mutter Maria Theresia in Österreich, Ungarn und Böhmen, nach deren Tod 1780 Alleinherrscher, seit 1765 zugleich Kaiser des Reichs – Österreichs Verluste an anderer Stelle ausgleichen. Diesem Ziel diente bereits die Annexion Galiziens auf Kosten von Polen 1772. Gegen das Reich wendete diese Politik sich mit dem Versuch, die österreichische Herrschaft erst auf Teile von Bayern auszudehnen, später auf das ganze Land. Die bayerische Linie der Wittelsbacher starb 1777 aus. Der durch Erbverträge vorgesehene Nachfolger aus der pfälzischen Linie wurde von Joseph II. daran gehindert, Niederbayern und die Oberpfalz zu übernehmen und sollte mit Geld und vorderösterreichischen Ländereien zwischen Freiburg und Konstanz oder den österreichischen Niederlanden abgefunden werden. Das war ein massiver Bruch des Reichsrechts durch einen Herrscher, der nicht als Kaiser, sondern als Verfechter österreichischer Großmachtinteressen handelte.

Sowohl Preußen als auch Österreich besaßen einen Anhang von mindermächtigen Reichsständen. Das Reich zerfiel in einen nord- und mitteldeutsch-protestantisch-preußischen Einflussbereich und einen südwestdeutsch-katholisch-österreichischen.

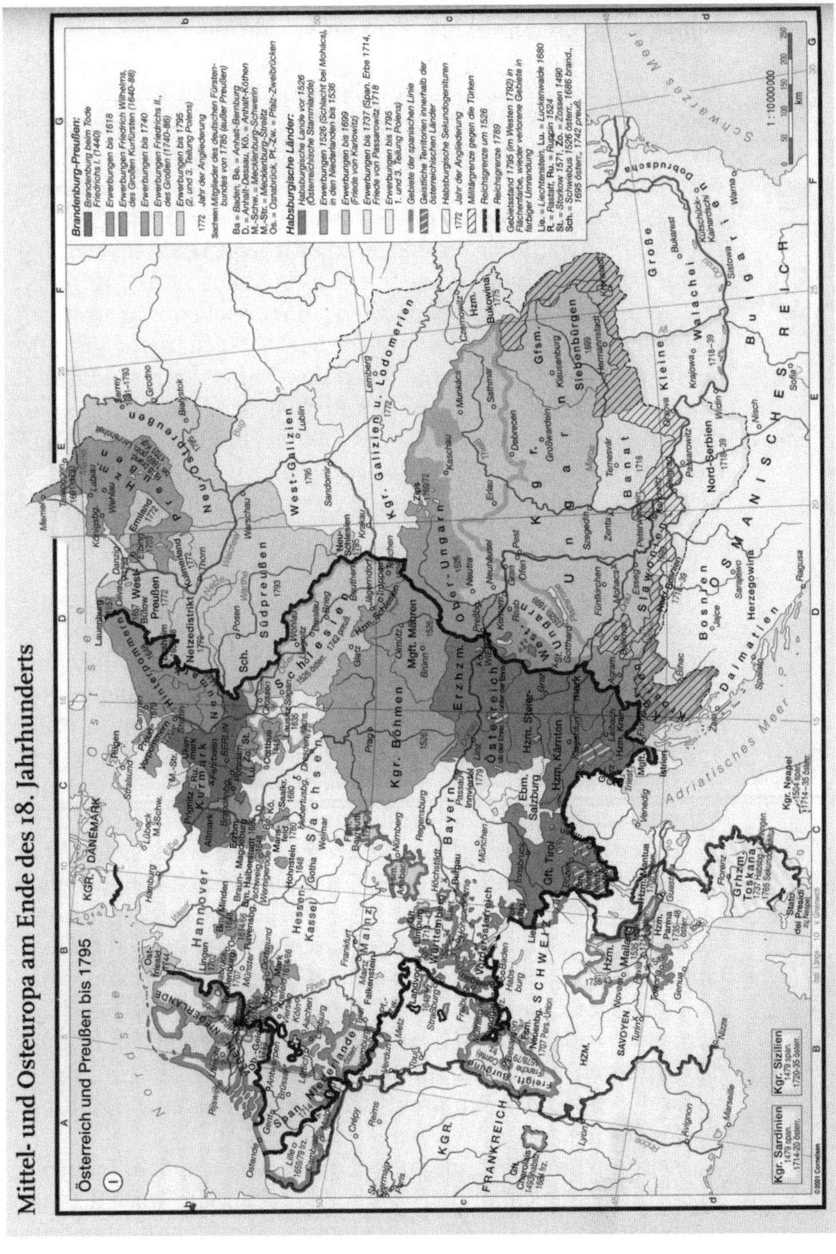

Abb. 4 H. Schulze: Österreich und Preußen bis 1795. Entstehung des deutschen Dualismus. In: F.W. Putzger Historischer Weltatlas. Neu hrsg. von Alfred Hansel. 94. Aufl., Jubiläumsausg. Bielefeld 1970, S. 89.

Schon in den Schlesischen Kriegen war der Reichstag von der preußischen Klientel gehindert worden, gegen Friedrich II. die Reichsacht zu verhängen und das Reichsheer zu mobilisieren, obwohl der Preußenkönig offensichtlich gegen Reichsrecht verstoßen hatte. In der Folge blockierte der österreichisch-preußische Dualismus zunehmend weitere Institutionen des Reiches. Das ist ein Grund, warum das Reich und die Kaiserwürde Österreich immer wertloser erschienen und Joseph II. darüber nachdachte, sie gegen handfestere Vorteile einzutauschen. Von anderen europäischen Großmächten unzureichend gebremst, verhielten Preußen und Österreich sich also nicht mehr nur untereinander wie Großmächte (nach den Prinzipien der Mächtekonkurrenz, statt nach denen des Rechts), sondern auch gegenüber anderen Reichsständen. Was sollte sie hindern, machtlosen kleinen Herrschaften die Selbständigkeit zu nehmen und das Reich zwischen sich aufzuteilen, wie sie es 1772 mit Polen begonnen hatten?

Die Antwort zeigte sich in den folgenden Jahren. Sie lautete: nichts als wiederum das eigene Großmachtinteresse. Es gebot, solange man mit inneren Reformen beschäftigt war, die andere Großmacht durch Diplomatie und Recht einzuhegen. Josephs Griff nach Bayern stieß nicht nur die österreichische Klientel vor den Kopf. Sie ermöglichte Friedrich II. von Preußen, an die Spitze der Opposition im Reich zu treten und sich, zusammen mit Russland, als Bewahrer der Reichsverfassung auszugeben, während er faktisch Eindämmungspolitik gegen Österreich trieb. Der Bayerische Erbfolgekrieg endete damit, dass Josephs Vorstoß zurückgewiesen wurde. Österreich erhielt lediglich das Innviertel, verfolgte die bayerischen Pläne in den Folgejahren jedoch weiter. Dadurch wurde Friedrich zu einer Art von protestantischem Gegenkaiser im Reich. Wer immer sich von dem dynamischen Österreich bedroht sah, suchte Schutz bei dem statuswahrenden Preußen. Solange wenigstens eine der beiden deutschen Großmächte auf Bestandssicherung ausging, trug selbst der österreichisch-preußische Dualismus zur Erhaltung des Reichs bei.

Doch zunehmend wurde auch klar, dass dies nur dem momentanen Interessenkalkül der beiden deutschen Großmächte entsprang, keinesfalls innerer Überzeugung oder Identifikation mit dem Reich. Sobald die Interessenlage sich ändern würde, stand ein großer Schlag gegen das Reich zu erwarten. Insofern war die äußere politische Ordnung in Deutschland blockiert und dennoch instabil.

Literatur

Bois, Jean-Pierre: De la Paix des rois à l'ordre des empereurs 1714–1815. Paris 2003 [erweitert die Analyse der Mächtepolitik, indem er die Mentalitäten und Kulturen der Völker einbezieht].

Duchhardt, Heinz: Altes Reich und europäische Staatenwelt 1648–1806. München 1990 [gute Einführung].

Erbe, Michael: Revolutionäre Erschütterung und erneuertes Gleichgewicht. Internationale Beziehungen 1785–1830. Paderborn 2004 [Handbuch auf dem aktuellen Forschungsstand mit einem guten systematischen Teil].

Schroeder, Paul W.: The Transformation of European Politics, 1763–1848. Oxford/New York 1994. ND 2003 [betont die Umbrüche im europäischen Mächtesystem].

Scott, Hamish M.: The Birth of a Great Power System 1740–1815. Harlow/London/New York 2006 [arbeitet gegen Schroeder Kontinuitäten heraus].

2.2 Die Reichsverfassung: zwischen Lehnsverband und Staatlichkeit

Das Reich – eine Körperschaft von Einzelherrschaften

Lässt sich durch die funktionale Betrachtung auch die innere Ordnung des Reiches verstehen? Dafür wird man zunächst klären müssen, wen diese Herrschaft betraf. Wer war das Reich? Seit dem Westfälischen Frieden galt diese Frage als entschieden: nicht der Kaiser, der sein Amt einer Wahl verdankte statt eigenem Recht, kaum Zentralgewalt besaß und vornehmlich symbolische Funktionen ausübte (er repräsentierte die Einheit und Universalität des Reiches); erst recht nicht die Bevölkerung, denn zwischen ihr und dem Reich standen die Obrigkeiten, denen sie jeweils untertan war. Diese Obrigkeiten bildeten die Rechtssubjekte, die „Glieder des Reiches". Spätestens seit 1648 war das Reich eine von außen gesicherte oder erzwungene Körperschaft von ehemaligen Zwischengewalten: Landesherren, Stadtobrigkeiten, Ritterkantonen, Landgemeinden, die durch die Westfälischen Friedensverträge für rechtlich selbständig – „souverän" – erklärt geworden waren.

Unter ihnen herrschte keine Gleichheit. Im Gegenteil liefen die komplexen Ordnungen des Reiches darauf hinaus, eine strenge Hierarchie herzustellen, die jeder Einzelherrschaft ihren eigenen Stand und Rang zuwies. Da gab es erstens Obrigkeiten, die zwar dem Herkommen nach zum Reich gehörten, nie formell ausgetreten waren, wenn es opportun war, durchaus ihre Zugehörigkeit zum Reich reaktivierten, aber weder die Reichstage besuchten, noch deren Beschlüsse (das Reichsrecht) mittrugen, noch sich an den gemeinsamen Aufgaben des Reichs beteiligten (der Reichssteuer und der Reichsarmee). Zu diesen nur noch nominellen Gliedern des Reichs gehörten im 18. Jahrhundert das Königreich Böhmen, die habsburgischen Niederlande, Savoyen sowie „Reichsitalien" (eine Gruppe von ca. 300 ehemaligen Reichsvasallen und nunmehrigen Einzelherrschaften in Oberitalien).

Reichsunmittelbarkeit

Zweitens gab es Obrigkeiten, die zwar „reichsunmittelbar" waren (was bedeutete, dass sie nur den Kaiser als Oberherrn über sich anerkannten), aber weder Sitz noch Stimme auf dem Reichstag besaßen. Dabei wären sie gern dort vertreten gewesen, übernahmen sie doch das Reichsrecht und beteiligten sich auch an den Reichsaufgaben. Zu dieser Gruppe gehörten die Reichsritter, einige Reichsklöster (vor allem von Frauen) und die „Freiorte" oder Reichsdörfer.

Reichsstandschaft

Wer schließlich drittens den Reichstag beschickte, besaß die „Reichsstandschaft", aber selbst unter den Reichsständen wurde noch einmal differenziert zwischen solchen, die nur als Korporationen vertreten waren, wie den reichsunmittelbaren Äbten, den

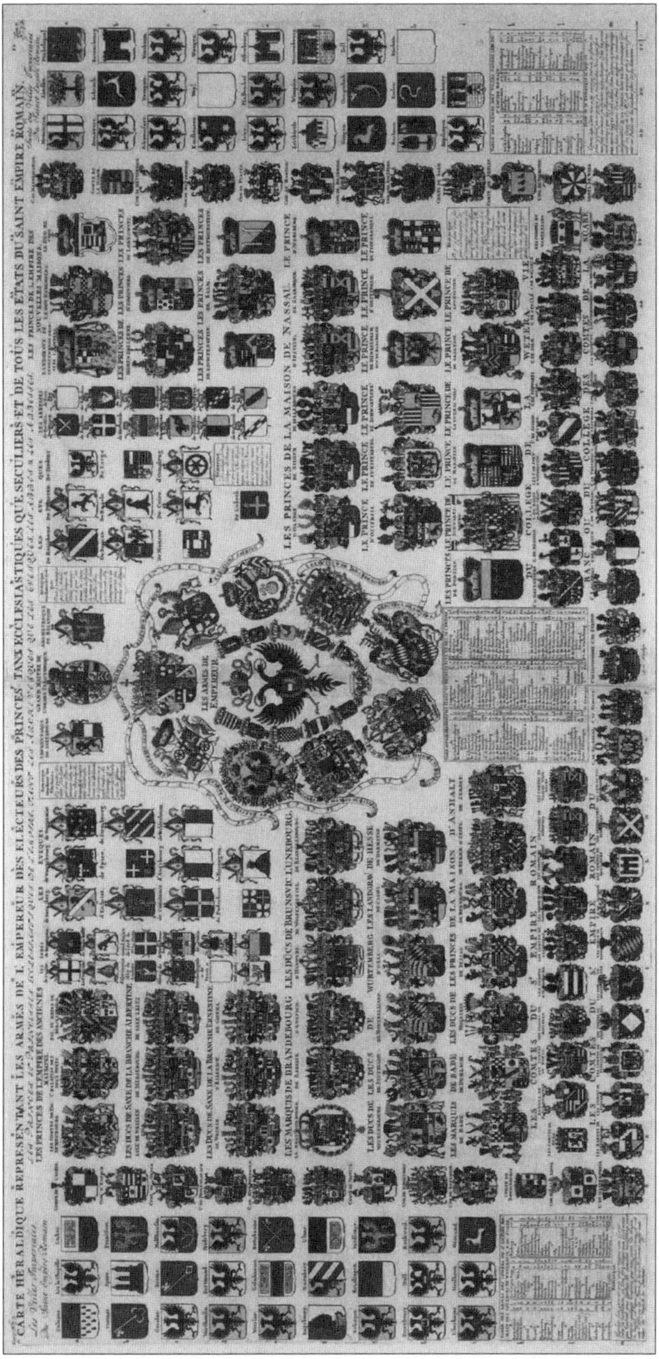

Abb. 5 Die Wappen der deutschen Reichsstände um 1711/1715. Carte Héraldique représentant les armes de l'Empereur des électeurs des princes [...] et de tous les états du Saint Empire Romain. Aus: Henri Abraham Chatelain: Atlas Historique, Bd. 7. Amsterdam 1720, Tf. 7.

reichsunmittelbaren Grafen und Freiherren sowie den Reichsstädten, und solchen, die persönlich Sitz und Stimme hatten, wie die Kurfürsten, die Reichsfürsten und die reichsunmittelbaren Bischöfe. 294 Reichsstände hat der Jurist Johann Stephan Pütter im Jahr 1792 verzeichnet.[2]

Herstellung von Rangordnung

Ein kolorierter Kupferstich vom Beginn des 18. Jahrhunderts stellt die Reichsstände dar, symbolisiert durch ihre Wappen. Der kaiserliche Doppeladler im Zentrum wird umschlossen durch einen Kreis von neun Kurfürsten (die Zahl änderte sich im 18. Jahrhundert mehrfach, die Darstellung bezieht sich auf die Jahre zwischen 1711 und 1715). Links und rechts oben umgeben dieses Zentrum die Wappen der geistlichen Reichsfürsten (auch „Reichsprälaten“ genannt), innen die der Fürstbischöfe (erkennbar an den dreieckigen Kopfbedeckungen der Bischöfe über den Wappenschilden), außen die der Fürstäbte (erkennbar an den Krummstäben). Daneben und darunter folgen die weltlichen Reichsfürsten (ihre Wappenschilde tragen Kronen und Helmziere). Die unteren beiden Reihen sowie zwei Spalten, die sich links und rechts an die Fürstenwappen anschließen, zeigen die Mitglieder von vier Grafenkollegien. Ganz außen sind in je drei Spalten links und rechts die Wappen der Reichsstädte zu sehen. Von innen nach außen, von oben nach unten symbolisiert jeder Platz in dieser Ordnung einen genau zugewiesenen, einmaligen Rang. Eben in dieser Rangzuweisung scheint der Sinn der Reichsordnung zu bestehen.

Reichssymbolik

Bekräftigt wird das, wenn man darauf achtet, wie das Reich überhaupt fassbar wurde, nämlich vornehmlich durch Zeichen – im Symbol. Wenn der Kaiser gewählt und gekrönt wurde, der Reichstag zusammentrat, die Reichsgerichte verhandelten, vollzog sich dies in Ritualen, an denen oft viele hundert Menschen beteiligt waren. Mittelbar, durch gedruckte Berichte und Bilder wie das soeben Betrachtete, erreichte es noch deutlich mehr Menschen. In all diesen Zeichensystemen ging es darum, Einzelherrschaften und Korporationen unter Bewahrung ihrer Selbständigkeit und Eigenart einen spezifischen Platz in einer universellen Ordnung zuzuweisen, das heißt: Rangordnungen zu produzieren. Wozu war das gut?

Eine Antwort finden wir wieder bei Goethe. 1811/12, als das Reich längst nicht mehr existierte, schilderte er in seiner Autobiographie, wie er 1764 als 14-Jähriger die Kaiserkrönung Josephs II. in Frankfurt erlebte. Dabei zeigt sich, was die aktive Teilhabe an diesem Ritual für die Stadtbürger bedeutete.

Quelle

Gleich den nächsten Tag war große Bewegung in der Stadt, wegen der Visiten und Gegenvisiten, welche nunmehr mit dem größten Zeremoniell abgestattet wurden. Was mich aber als einen Frankfurter Bürger besonders interessierte und zu vielen Betrachtungen veranlasste, war die Ablegung des Sicherheitseides, den der Rat, das Militär, die Bürgerschaft, nicht etwa durch Repräsentanten, sondern persönlich und in Masse, leisteten: erst auf dem großen Römersaale der Magistrat und die Stabsoffiziere, dann auf dem großen Platze, dem Römerberg, die sämtliche Bürgerschaft nach ihren verschiedenen Graden, Abstufungen und Quartieren, und zuletzt das übrige Militär. Hier konnte man das ganze Gemeinwesen mit einem Blick überschauen, versammelt zu dem ehrenvollen Zweck, dem Haupt und den Gliedern des Reichs Sicherheit, und bei dem bevorstehenden großen Werke unverbrüchliche Ruhe anzugeloben. Nun waren auch Kurtrier und Kurköln in Person angekommen. Am Vorabend des Wahltags werden alle Fremden aus der Stadt gewiesen, die Tore sind geschlossen, die Juden in ihrer Gasse eingesperrt, und der Frankfurter Bürger dünkt sich nicht wenig, dass er allein Zeuge einer so großen Feierlichkeit bleiben darf.

Johann Wolfgang von Goethe: Aus meinem Leben. Dichtung und Wahrheit. In: ders.: Autobiographische Schriften I. Textkritisch durchgesehen v. Lieselotte Blumenthal. 10. Aufl. München 1982, S. 188 [5. Buch].

Durch den gemeinschaftlich, dabei hierarchisch streng gestaffelt abgelegten Eid formierte sich die Frankfurter Stadtgemeinde neu, um eine Aufgabe im Krönungsritual zu übernehmen. So bekräftigte und bestärkte die Teilnahme am Geschehen die eigene politische Selbständigkeit. Zugleich wuchsen die Beteiligten dabei über sich selbst hinaus. Wer sie auch waren, sie „dünkt[en] sich nicht wenig", denn sie erhielten Bedeutung als Teil eines umfassenden Ganzen. Die Zugehörigkeit zum Reich erneuerte die eigene Selbständigkeit und verlieh ihr einen höheren Sinn. War das Reich also eher eine Selbstvergewisserungsquelle als eine Herrschaft?

Sofern die eigene Selbständigkeit allein auf der Teilhabe am Reich beruhte, bestand das Hauptinteresse der Reichsglieder darin, das Reich zu erhalten. In zweiter Linie ging es um die Verbesserung des eigenen Rangs, also um den Aufstieg innerhalb des Systems. Bürgerliche kauften Rittergüter, Herrensitze, Grafschaften und Adelsbriefe, Ritter stiegen zu Grafen auf, Grafen zu Fürsten, Fürsten zu Kurfürsten. In den Reichsklöstern konnten Mönche bürgerlicher Herkunft zu Äbten gewählt werden und damit die Reichsstandschaft erwerben; die Fürstbistümer öffneten Rittern den Weg, um Fürstbischöfe und damit Reichsfürsten zu werden. Offenbar lebte das Reich also auch davon, die Dynamik und Konkurrenz seiner Glieder einzuhegen – und zwar überwiegend gewaltfrei. Das scheint der zweite Sinn der Rangordnungen zu sein. Viele Rangerhöhungen hingen vom Kaiser ab oder mussten von ihm bestätigt werden. Das bildete den wichtigsten Rest von Einfluss, der ihm geblieben war. Es ist klar, dass ein solches System im Wesentlichen mit Selbsterhaltung und Rangstreitigkeiten beschäftigt war. Man hat gesagt, es war „von seiner Struktur her defensiv"[3]. Diese Beobachtung lässt sich zuspitzen: Für seine Glieder war der Sinn des Reichs die Selbstverortung auf einem gesicherten Rang.

Das Reich als Lehnsverband

Erklären wir damit vielleicht etwas zu seinem sozialen Sinn, was sich schlicht aus praktischen Notwendigkeiten ergab? Barbara Stollberg-Rilinger argumentiert, das Reich habe seinen Ursprung im Lehnswesen des Mittelalters. Im Kern sei es ein Lehnsverband geblieben. Land, Herrschaftsrechte, Ämter und Würden wurden vom Kaiser verliehen, wofür die Belehnten Gefolgschaft und Treue versprachen. Vor allem die Reichsfürsten waren durch den Belehnungsakt persönlich mit dem Kaiser verbunden. Wenn der Kaiser oder ein Vasall starb, mussten die Nachfolger diese Bindung erneuern, auch wenn die Fürsten sich dabei im 18. Jahrhundert längst durch Gesandte vertreten ließen. Abgeschafft hat man die Prozedur trotzdem nicht. Wodurch hätte man sie auch ersetzen sollen? Eine schriftlich fixierte, systematische Verfassung gab es nicht. Die Beziehungen zwischen den Gliedern des Reiches beruhten auf dem Herkommen, dem Gewohnheitsrecht, gelebter Tradition. Das heißt, das Reich war von diesen personalen Beziehungen nicht ablösbar. Seine Ordnung existierte nicht außerhalb von dem, was personifizierte Herrschaften taten und zeigten. Folglich musste die Ordnung stets aufs Neue durch die Interaktion der Personen hergestellt und sichtbar gemacht werden. Allerdings erklärt das nur, warum Symbolik für das Reich wesentlich war. Es erklärt nicht, warum alle Symbolik auf die Herstellung von Rangordnungen hinauslief.

Staatlichkeit im Reich

Die Bestimmung des Reichs als Personenverband rückt es historisch fern, indem sie auf seine mittelalterlich-feudalen Wurzeln verweist. Dagegen kehren andere Forscher die angeblich zukunftsweisenden Aspekte des Reiches hervor, indem sie es in die Geschichte der neuzeitlichen Staatsbildung einbetten. Denn der Lehnsverband sei um Institutionen ergänzt worden, die, zusammengenommen und in Wechselwirkung mit den Einzelherrschaften, Züge von Staatlichkeit und damit von früher Modernität gezeigt hätten. Als „komplementären Reichs-Staat" interpretiert Georg Schmidt das Reich. Damit ist gemeint, das Reich sei in der Neuzeit zu einem Staat geworden. Nur sei das, was den neuzeitlichen Staat ausmache:, nämlich die Ausbildung einer monopolisierten Staatsgewalt über ein Staatsgebiet mit einem Staatsvolk, im Reich nicht zentralisiert in Erscheinung getreten, in der Herrschaft eines Fürsten, sondern im Zusammenwirken verschiedener Institutionen. „Dabei organisierten – idealtypisch aufgefächert – das Reich Außenverteidigung und Rechtssystem, die Reichskreise Exekutionswesen und Infrastruktur, die Territorialstaaten Verwaltung und Disziplinierung der Untertanen."[4] Schauen wir diese, in der Forschung sehr umstrittene These genauer an!

Zunächst ist festzustellen: Sie beruht auf einem Trick. Denn von den vielen, wechselnden Bedeutungen, die der Begriff „Reich" in der Frühen Neuzeit haben konnte, greift Schmidt nur eine einzige heraus. Das „verstaatete Reich" besteht bei ihm lediglich aus dem „Regnum Teutonicorum" – das war derjenige Reichsteil, dessen Mitglieder als Reichsstände auf dem Reichstag erschienen. Alle Herrschaften, die zwar zum Reich zählten, ohne jedoch den Reichstag zu beschicken (Böhmen, die südlichen Niederlande, Savoyen, Reichsitalien), blendet Schmidt aus. So verwandelt er eine Universalherrschaft in ein „deutsches Reich". Doch selbst wenn man den Begriff auf die Reichsstände beschränkt, stößt man auf einen Verband, dem man bei- oder aus dem man austreten konnte. Mit einem eingrenzbaren Staatsgebiet hat das nichts zu tun.

Auch ein Staatsvolk ist für das Reich nicht auszumachen. Reichsangehörig waren seine Glieder: die Fürsten und anderen Obrigkeiten, nicht die Bevölkerung. Die Menschen lebten unter einer Landes- oder Stadtherrschaft, und diese regierte keineswegs stellvertretend für das Reich, sondern aus eigenem Selbständigkeits- und Machtvollkommenheitsanspruch.

Reichstag

Bleibt die Staatsgewalt. Hier trifft der Begriff „komplementär" etwas Richtiges. Herrschaft bestand im Reich aus dem Zusammenspiel verschiedener Instanzen. Da gab es als erstes den Reichstag, die Versammlung der Reichsstände. Seit 1663 tagte er permanent in Regensburg. Auf ihm wurden Angelegenheiten beraten, die das Reich als Ganzes betrafen. Falls man sich einigen konnte, galt ein „Reichsschluss" als Gesetz; der Kaiser hatte ihn zu ratifizieren. Oft kam das nicht vor. Denn das Verfahren, nach dem der Reichstag beriet, war kompliziert und zeitraubend. Es zwang den Reichstag zum Konsens und sorgte dafür, dass er so wenige Beschlüsse fasste wie möglich. Nur wo es für den Fortbestand des Reiches erforderlich war, bei der Verteidigung, oder wo übergreifende Regelungen im Interesse aller lagen, bei der Wirtschaftsgesetzgebung, gelangte der Reichstag über den Minimalkonsens hinaus.

Reichskammergericht und Reichshofrat

Als zweite wichtige Institution ist die höchste Gerichtsbarkeit im Reich zu nennen. Sie lag bei zwei konkurrierenden Gerichtshöfen: dem reichsständisch kontrollierten Reichskammergericht, das seit 1690 in Wetzlar seinen Sitz hatte, und dem kaiserlich kontrollierten Reichshofrat, der am Kaiserhof in Wien angesiedelt war. In erster Linie bestand die Aufgabe dieser Instanzen in der Wahrung des Landfriedens. Das heißt, Konflikte innerhalb der Reichsstände und reichsunmittelbaren Herrschaften sollten nicht gewaltsam, durch Fehde oder Krieg, ausgetragen werden, sondern, zumindest der Möglichkeit und dem Anspruch nach, auf dem Rechtsweg. Weniger aus Einsicht als erzwungen durch den Druck der europäischen Garantiemächte, hat dies in zahlreichen Fällen funktioniert – nicht jedoch, wenn Großmachtinteressen ins Spiel kamen wie bei der österreichischen oder der bayerischen Erbfolge. Vor allem den kleinen und mindermächtigen Herrschaften erschien das Reich daher als Binnenraum, in dem Konflikte nicht machtpolitisch ausgetragen, sondern verrechtlicht wurden. Dabei kam es nicht einmal auf die Entscheidungen an. Viele Prozesse dauerten so lange, dass die Streitfragen darüber an Schärfe verloren. Sie überhaupt vor Gericht zu verhandeln und damit möglichst lange offenzuhalten, klare Entscheidungen aufzuschieben oder durch Vergleiche zu umgehen, darin bestand die Leistung dieser Gerichtsbarkeit. Wie beim Reichstag stoßen wir auf das Prinzip, Konflikte zu vertagen und irgendwann durch Kompromisse zu beenden. Man kann das als institutionalisierte Entpolitisierung kennzeichnen.

Grundrechte im Reich?

In zweiter Linie konnten auch Untertanen vor den Reichsgerichten gegen ihre Landesherrschaft klagen, wenn diese gegen Reichsrecht verstieß, etwa indem sie Untertanen daran hinderte, ihre Konfessionsprivilegien wahrzunehmen oder ihr Auswanderungsrecht oder wirtschaftliche Betätigungsrechte. Forscher wie Georg Schmidt werten dies als Zeichen dafür, dass innerhalb des Reichs eine Staatsbürgerschaft mit persönlichen Grundrechten entstanden sei. Dagegen lassen sich historische und faktische Argumente anführen. Historisch, nämlich von der Entstehung her betrachtet, handelt es sich gerade nicht um persönliche Rechte, sondern um Korporativrechte, etwa für die Angehörigen bestimmter Konfessionen. Faktisch kann von Grundrechten nicht gesprochen werden, weil gerade die mächtigsten und bevölkerungsreichsten Reichsstände wie Österreich und Preußen sich „Privilegia de non appellandi“ gesichert hatten, Rechtsbereiche also, in denen die landesherrlichen Gerichte die letzte Instanz darstellten; gegen sie konnte an die Reichsgerichte nicht appelliert werden. Dies zeigt, dass es im Hinblick auf die Rechte keine Reichsbevölkerung gab. Die „deutsche Freiheit“, die das Reich nach Meinung der Zeitgenossen sicherte, war die Eigenmächtigkeit der reichsunmittelbaren Herrschaften, kein Partizipationsrecht der Untertanen.

Reichskreise und Reichsarmee

Als dritte Institution im Reich sind die zehn Reichskreise zu nennen. Ihre ursprüngliche Aufgabe hatte darin bestanden, die Urteile der Reichsgerichte gegen Landfriedensbrecher zu vollstrecken. Daraus hatte sich eine allgemeine Zuständigkeit für die innere Ordnung des Reichs ergeben (die „Policey“), außerdem kontrollierten die Reichskreise die Reichsmünze sowie Handel und Gewerbe, überwachten also die wirtschaftspolitische Gesetzgebung des Reichstags. Schritt für Schritt hatte sich als zweite Aufgabe die Verteidigung des Reichs nach außen dazugesellt. Nach der Reichskriegsverfassung stellten die Reichskreise bei Bedarf unterschiedlich große Kreiskontingente auf, die zusammen die Reichsarmee bildeten – die vierte wichtige Institution des Reichs (wenn auch keine ständige, denn ein stehendes Reichsheer gab es nicht). Da die reichsunmittelbaren Herrschaften einer Region die Reichskreise trugen, können diese als die Exekutive in den Reichsangelegenheiten gelten. Eine Alternative zur Landesherrschaft der Fürstentümer und Städte bildeten sie nicht.

Reichssteuer

Eine Reichssteuer finanzierte all diese Institutionen. Steuerpflichtig waren die Glieder des Reiches, also die reichsunmittelbaren Herrschaften, die in der „Reichsmatrikel“ (einer Steuerliste) geführt wurden. Nicht einmal im Hinblick auf die Belastungen gab es also eine Reichsbevölkerung.

Noch einmal: Ergeben all diese Elemente von Staatlichkeit eine komplementäre Form der Staatsgewalt? Man gewinnt eher den Eindruck, dass sie im Gegenteil der Versuch waren, Staatsgewalt im Reich zu verhindern. Zwar erbrachten die vorgestellten Institutionen jene Minimalleistungen von Staatlichkeit, die notwendig waren, um das Reich zu erhalten, wie das Gerichtswesen und die Verteidigung. Doch sorgte die Ausgestaltung der Institutionen zugleich dafür, dass jene Leistungen den Reichsständen niemals in die Quere kamen. Das zeigt sich vor allem an dem, was dem

Reich fehlte und was auch durch das Zusammenwirken der Reichsinstitutionen nicht ersetzt werden konnte, nämlich eine Regierung. Ohne Regierung konnte das Reich immer nur reagieren, niemals selbständig agieren. Damit aber fehlte ihm eben jenes Moment, das die frühneuzeitliche Staatsgewalt ausmachte, nämlich dass sie auf Zuwachs angelegt war, dynamisch, gefräßig, aggressiv; dass sie sich vom Herkommen abkoppelte und neue Zuständigkeitsbereiche eroberte; dass sie auf die Monopolisierung aller herrschaftlichen Gewalt zielte, so weit sie davon auch entfernt war. Von dieser dynamischen, herrschaftsverändernden, herrschaftsgestaltenden Kraft findet man im Reich keine Spur.

„Staats-Kranckheiten" und Reichsreformdiskussion

Das bemerkten im 18. Jahrhundert auch die Zeitgenossen. „Teutsche Staats-Kranckheiten oder Staats-Kranckheiten des Heiligen Römischen Reiches teutscher Nation" betitelte Johann Heinrich Zedler 1745 im 43. Band seines *Universal-Lexicons* einen langen Artikel. Die innere Ordnung des Reichs galt als besserungsbedürftig, um das Mindeste zu sagen. Zahlreiche Reformvorschläge wurden zur Diskussion gestellt. Liebevoll hat die Forschung sie gesammelt und als Beweis für die Lebendigkeit der Reichsverfassung angeführt. Fakt ist jedoch, dass kein einziger Vorschlag umgesetzt wurde. Von den zuständigen Eliten – den Rechtsgelehrten an den Universitäten, den Juristen in den Ministerien, den bezahlten Publizisten – wurde viel über die Reichsverfassung geschrieben, auch weil sie nach den Maßstäben der Aufklärung immer wunderlicher wirkte. Verändert, angepasst, gar weiterentwickelt haben die Reichsstände die Reichsverfassung im 18. Jahrhundert nicht mehr. Für Vitalität spricht das eher nicht.

Der Fürstenbund von 1785

Der bedeutendste Reformversuch begleitete den Fürstenbund von 1785. Sein Scheitern kennzeichnet den Zustand des Reichs vor der Französischen Revolution. Die Sorge, durch Österreich und Preußen überwältigt zu werden, hatte seit den 1760er Jahren kleine und mittlere Reichsstände zu Plänen veranlasst, sich zusammenzuschließen, um eine dritte Kraft im Reich zu bilden. Anfangs hatten sie dafür Rückhalt bei auswärtigen Großmächten gesucht, doch Großbritannien und Frankreich winkten ab. Angesichts der Selbstherrlichkeit, mit der Joseph II. und Friedrich II. im Bayerischen Erbfolgekrieg handelten, mochten Sachsen-Weimar, Anhalt-Dessau, Sachsen-Gotha und Braunschweig nicht länger auf Unterstützung von außen warten. Sie gewannen den Mainzer Erzbischof Friedrich Karl von Erthal sowie seinen Koadjutor (Nachfolger und Mitregenten) Karl von Dalberg. Damit traten ihrer Bewegung nicht nur ein amtierender und ein künftiger katholischer Kirchenfürst bei (was den Bund über eine protestantische Allianz gegen die katholische Vormacht Österreich hinaushob), vielmehr durfte der Mainzer Kurfürst als Reichserzkanzler beanspruchen, für alle Reichsstände zu sprechen. Flankiert von aufsehenerregenden Denkschriften des Publizisten in Mainzer Diensten Johannes Müller, legte Dalberg Pläne für eine umfassende Reichsreform vor. Ansetzend bei der Justiz, sollten Reichsdeputationen das Privatrecht und das Strafrecht im Reich modernisieren und vereinheitlichen, das Reichskammergericht neu ordnen und die Vollstreckung seiner Urteile erleichtern, das öffentliche Recht (also die Herrschaftsordnung des Reichs) kritisch prüfen und neu festschreiben. Dadurch wäre eine Praxis, die weitgehend auf Gewohnheitsrecht beruhte, im Geist der Aufklärung in eine systematisierte, schriftlich fixierte Verfassung verwandelt worden.

Doch nicht der Mainzer Erzkanzler gründete den Fürstenbund, sondern Friedrich II. von Preußen. Brutal zog er an den Initiatoren und Zuständigen vorbei, präsentierte sich als Beschützer der Reichsverfassung, während er sie durch seine Nichtachtung der Rangordnung gerade außer Kraft setzte. Was Friedrich wollte, war Österreich daran zu hindern, Bayern zu erwerben, indem man es gegen die habsburgischen Niederlande eintauschte (ein Plan, dem der bayerische Kurfürst nicht abgeneigt war). Als dieses Ziel erreicht war, hatte der Fürstenbund für Preußen „ausgedient" und wurde fallengelassen. Eine Reichsreform lag nicht in Preußens Interesse; sie hätte die preußische Großmachtpolitik eingeschränkt. Zugleich brachte Friedrichs Instrumentalisierung des Fürstenbunds den Kaiser gegen Dalbergs Reformpläne auf. Dadurch verweigerte sich auch Österreich, obwohl Dalbergs Vorschläge aus der kaiserlichen Publizistik stammten. Zuletzt zeigte sich, dass man sich nicht einmal innerhalb des Fürstenbunds auf gemeinsame Reformziele einigen konnte. Viele kleine Reichsstände lehnten die von Dalberg angestrebte Weiterentwicklung der Reichsverfassung als Bedrohung ihrer Besitzstände ab.

Das macht klar: Alleingelassen von den europäischen Großmächten, besaßen die mindermächtigen Reichsstände nicht die Kraft, sich gegen die preußische Instrumentalisierung zu behaupten. Das dritte Deutschland wurde zwischen den deutschen Großmächten zerrieben. Und das lag nicht nur an äußerer Schwäche, sondern auch an der Weigerung, für eine Weiterentwicklung des Reichs Besitzstände preiszugeben. So hielten die Reichsstände zuletzt stur an einer Ordnung fest, die, wie die Reformdiskussion zeigte, Legitimation und Überzeugungskraft längst verloren hatte.

Literatur

Aretin, Karl Otmar Freiherr von: Das Alte Reich 1648-1806, 3 Bd.e + Registerbd. Stuttgart 1993-2000 [umfassendste Darstellung].

Burgdorf, Wolfgang: Reichskonstitution und Nation. Verfassungsreformprojekte für das Heilige Römische Reich Deutscher Nation im politischen Schrifttum von 1648 bis 1806. Mainz 1998 [deutet die Diskussion um die Reichsreform als Ausdruck von Lebendigkeit des Reiches].

Gotthard, Axel: Das Alte Reich 1495-1806. 5., durchgesehene und bibliogr. erg. Aufl. Darmstadt 2013 [knappe Einführung].

Heiliges Römisches Reich deutscher Nation 962 bis 1806. Altes Reich und neue Staaten 1495 bis 1806. [Bd. 1:] Katalog. Hrsg. v. Hans Ottomeyer u.a. [Bd. 2:] Essays. Hrsg. v. Heinz Schilling u.a. Dresden 2006 [zeigt viele Quellen und dokumentiert in den Aufsätzen den aktuellen Forschungsstand].

Herbers, Klaus und Helmut Neuhaus: Das Heilige Römische Reich. Ein Überblick. Köln 2010 [erklären die Besonderheit des Reiches zu einem Wert].

Neuhaus, Helmut: Das Reich in der frühen Neuzeit. 2. Aufl. München 2003 [Einführung mit Forschungsbericht].

Schmidt, Georg: Geschichte des Alten Reiches. Staat und Nation in der Frühen Neuzeit 1495-1806. München 1999 [deutet das Reich als „komplementären Reichsstaat"].

Schnettger, Matthias (Hg.): Imperium Romanum – Irregulare corpus – Teutscher Reichs-Staat. Das Alte Reich im Verständnis der Zeitgenossen und der Historiographie. Mainz 2002 [dokumentiert die Debatte um die Thesen von Georg Schmidt].

Stollberg-Rilinger, Barbara: Des Kaisers alte Kleider. Verfassungsgeschichte und Symbolsprache des Alten Reiches. München 2008 [deutet das Reich als Lehnsverband und Ritualgemeinschaft].

Süßmann, Johannes: „Deutsche Freiheit" in der Frühen Neuzeit. Privileg oder Grundrecht? In: Freiheit und Unfreiheit. Mittelalterliche und frühneuzeitliche Facetten eines zeitlosen Problems. Hrsg. v. Kurt Andermann und Gabriel Zeilinger. Epfendorf 2010, S. 153-169 [kritisiert Georg Schmidts Deutung von Gerichtsrechten als Grundrechten].

2.3 Die Einzelherrschaften: Krähwinkel oder aufgeklärte Reformstaaten?

Zerteilung und Vielfalt

Nicht im Reich kam es im 18. Jahrhundert zu aufregenden Neuerungen, wohl aber in den Einzelherrschaften. Dabei zeigt sich ein buntscheckiges Bild, selbst wenn wir uns auf die reichsunmittelbaren Herrschaften beschränken. 1.789 davon hat man für das Jahr 1789 gezählt: eine „Milchstraße" von Reichsritterschaften, Mark-, Land- und Rauhgrafschaften, Reichsstädten, Fürstbischofstümern, Reichsabteien und Reichsfürstentümern.[5]

Durch Beschaffenheit, Größe, Zahl der Untertanen unterschieden sie sich ebenso wie durch ihre Verfassungen, Konfessionen, wirtschaftlichen und kulturellen Prägungen. Da gab es autokratisch regierte Großmächte wie Österreich und Preußen mit Millionen von Einwohnern, aber auch genossenschaftlich, durch eine Landgemeinde regierte Reichsdörfer wie Gochsheim bei Schweinfurt oder Sulzbach im Taunus. 80 Prozent der Bevölkerung lebten in den rund 50 weltlichen Fürstenherrschaften, zu denen neben den Großmächten die Mittelmächte Hannover, Sachsen, Bayern und die Pfalz zählten, deren Fürsten z. T. auswärtige Königskronen errungen hatten (Hannover die englische, Sachsen zeitweise die polnische, Bayern beinahe die spanische), aber auch die berüchtigten „Duodezfürstentümer" (benannt nach dem kleinsten Buchformat), die ausschließlich aus Grenzen zu bestehen schienen. Es gab Kirchenherrschaften, denen gewählte Bischöfe, Äbte, auch Äbtissinnen und Pröpste vorstanden, ebenfalls in Größe und Gewicht variierend vom Kurfürstentum Mainz mit 6.000 km² Ausdehnung bis zur Benediktinerabtei St. Georg in Isny. Es gab fast 11.500 Reichsgrafen und Reichsritter, vor allem in Schwaben, Franken und dem Rheinland, die von oft winzigen, zersplitterten Rittergütern über manchmal nur wenige Dutzend Menschen herrschten, zusammengenommen über fünf Prozent der Bewohner und Gebiete im Reich. Und es gab 51 freie Reichsstädte, darunter europäische Handelsmetropolen wie Hamburg und Frankfurt am Main, neben Provinznestern wie Giengen an der Brenz, Leutkirch im Allgäu und Zell am Harmersbach.

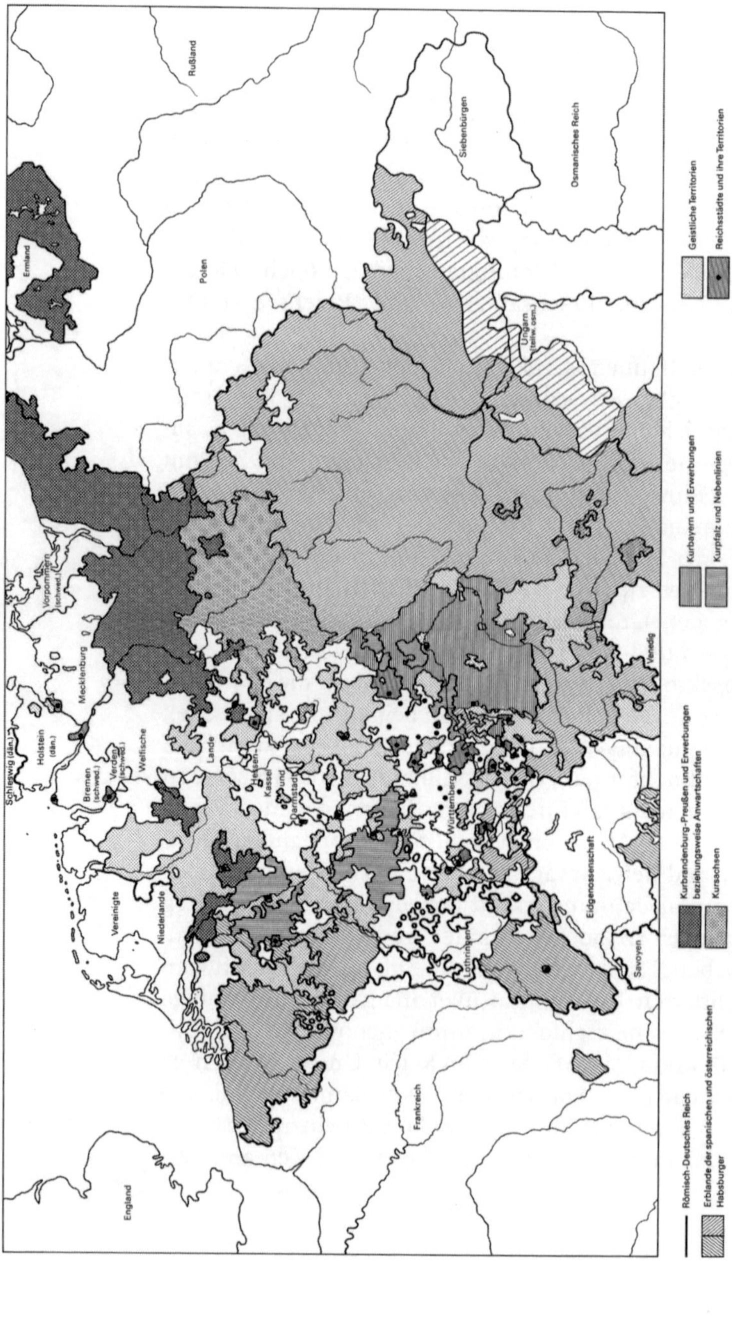

Abb. 6 Deutschland im 18. Jahrhundert (1786). In: F.W. Putzgers Historischer Schul-Atlas zur alten, mittleren und neuen Geschichte in 234 Haupt- und Nebenkarten. Bearb. und hrsg. von Alfred Baldamus und Ernst Schwabe. 29., mit der verm. und verb. 25. im wesentl. übereinstimmende Aufl. Bielefeld, Leipzig 1931, S. 88 f.

Quelle

Germanien ist beynahe wie im höchsten Alterthum frey durch seine Zertheilung und furchtbar für sich selbst und andere bey jedem Anschein einer Vereinigung der ganzen Reichsmacht.

Johannes Müller: Einleitung zu Vorlesungen über die neuere Geschichte Italiens (1786). In: ders.: Sämmtliche Werke. Bearb. v. Johann Georg Müller. Sieben und zwanzigster Theil (Nachlese kleiner historischer Schriften). Tübingen 1819, S. 192–202, hier: S. 196.

Jede Einzelherrschaft demonstrierte ihre Selbständigkeit, indem sie einige Dinge anders machte als ihre Nachbarn. So brachte die politische Fragmentierung eine kleinteilig-bunte Vielfalt hervor. Lassen sich darin dennoch gemeinsame Tendenzen entdecken?

Bauen als Ausdruck von Neuerungen

Dass die deutschen Einzelherrschaften in Bewegung geraten waren, zeigt sich schon an ihrer äußeren Erscheinung: Praktisch alle gaben sich durch rege Bautätigkeit ein neues Gesicht. Man muss bis ins Spätmittelalter zurückgehen, um eine Zeit zu finden, in der in Deutschland zuletzt so viel gebaut worden war wie im 18. Jahrhundert. Die Fürsten errichteten gigantische neue Residenzen, vorzugsweise in neu gegründeten Planstädten wie Karlsruhe oder Ludwigsburg. Wenn das nicht ging, gestalteten sie zumindest ihre alten Residenzstädte durch Anlage neuer Plätze und Straßenzüge um. Selbst Grafen und Ritter entwickelten baulichen Ehrgeiz, indem sie ihre Sitze um einen neuen Flügel ergänzten und eine Auffahrtallee anlegten. Die Klöster bauten neue Kirchen und verwandelten ihre Konventsgebäude in eine Art Residenz. In den Städten bauten die Bürger neuartige Häuser in regelmäßig angelegten neuen Vierteln oder gaben ihren alten Häusern zumindest neue regelmäßige Fassaden. Selbst die Dörfer erhielten durch neu errichtete Guts-, Amts- und Pfarrhäuser, Schulen und Brunnen ein verändertes Aussehen.

Strukturwandel von der Feudalherrschaft zur Staatsgewalt

Natürlich hatte diese Bauleidenschaft zahlreiche Gründe. Ein Geschmackswandel (erst zum späten Barock, dann zum Klassizismus) traf mit wachsendem Wohlstand zusammen, der das Um- und Neubauen ermöglichte. Veränderte gesellschaftliche Bedürfnisse spielten eine Rolle, von denen noch zu sprechen sein wird, der Rationalismus der Aufklärung. Doch zeigen die Bauten Grundsätzlicheres an: Da sie sich alle auf das vorhandene, immer häufiger aber auch auf ein erst vorgestelltes, angestrebtes, noch zu errichtendes Gemeinwesen bezogen, kann man ihnen die Vorstellungen der Bauherren über die Ordnung ihres Gemeinwesens

– und das heißt auch: über gute Herrschaft – entnehmen. Diese Vorstellungen und mit ihnen die Ordnung selbst befanden sich offenbar im Umbruch. Als Strukturwandel von der Feudalherrschaft zur Staatsgewalt hat die Forschung diesen Umbruch gekennzeichnet.

Merkmale der Feudalherrschaft

Wie das Reich, dem sie ihre Existenz verdankten, leiteten auch die Einzelherrschaften sich vom mittelalterlichen Lehnswesen her. Bis auf die Reichsstädte, die dem System nachträglich eingefügt worden waren, und die Reichsdörfer, die den letzten Rest des ehemaligen Kronguts darstellten (desjenigen Besitzes, den der Herrscher nicht verlieh, sondern verwendete, um seine Herrschaftsaufgaben zu finanzieren), waren alle reichsunmittelbaren Herrschaften aus Lehen entstanden, aus Land also, das der Herrscher als Lehnsherr oder Lehnsgeber an Vasallen als Lehnsnehmer oder Lehnsleute verlieh, damit diese Treue und Gefolgschaft leisten konnten. Nach dem mittellateinischen Wort für „Lehen" („feudum") spricht man auch von „Feudalherrschaft". Denn das Lehen war zunächst keine Sache, kein Objekt, sondern eine Beziehung zwischen Ungleichen: ein wechselseitiges und umfassendes, die Beteiligten als ganze Personen einschließendes Sozialverhältnis, zeitlich unbefristet und auf Dauer gestellt auch über alle möglichen Krisen und Konflikte hinweg, um Führung und Gefolgschaft zu ermöglichen.

Die gleichen Merkmale galten für die Sozialbeziehung zwischen dem Lehnsnehmer und den Menschen, die auf dem Land lebten, das er als Lehen erhielt. Entweder gab er Teile davon an eigene Gefolgsleute als Untervasallen weiter, oder er bewirtschaftete das Land selbst und herrschte damit über die Menschen, die darauf lebten. Denn mit dem Land waren Herrschaftsrechte verbunden: grundherrliche, die sich aus der Verfügung über das Land und die Hörigen ergaben, die es bewirtschafteten (wie Rechte auf Nutzungen und Abgaben); leibherrliche, die sich aus der Verfügung über Leibeigene ergaben (wie Rechte auf Pacht, Frondienste und Todfallabgaben); gerichtsherrliche (je nach den verschiedenen Rechtssphären und Arten von Gerichtsbarkeit); kirchenherrliche (z. B. aufgrund eines Kirchenpatronats oder seit dem Augsburger Religionsfrieden von 1555 aufgrund des „ius reformandi", des Rechts, innerhalb des eigenen Herrschaftsbereichs die Konfession zu bestimmen).

Feudalherrschaft war diffus.

Schon diese Aufzählung zeigt: Feudalherrschaft war prinzipiell eine geteilte, immer nur partielle Herrschaft. Dass all diese Rechte von ein und derselben Person ausgeübt wurden, kam selten vor. Normalerweise erstreckte Feudalherrschaft sich über viele Herren, lebte jeder Mensch in einem ganzen Geflecht von Herrschaftsbeziehungen zu Herren, die jeweils andere Rechte über ihn beanspruchten. Soziologen sagen dazu: Herrschaft war „diffus“. Auch dies gehört zu den Punkten, die unserem Denken fremd geworden sind, weil sie jenseits des Umbruchs im Revolutionszeitalter liegen: Herrschaft im Singular gab es in Feudalverhältnissen nicht. Dass wir Herrschaft in der Einzahl denken, ist Ergebnis einer Konzentration, Entpersonalisierung und Abstraktion, die zwar im 18. Jahrhundert schon im Gange, aber noch nirgendwo in Deutschland durchgesetzt war. Das verdeutlicht, wie stark unser heutiges Denken auf dem Wandel der Herrschaftsstruktur im 18. Jahrhundert beruht.

Keiner kann zwei Herren dienen, sagt das Sprichwort, drei, vier oder fünfen aber offenbar sehr wohl. Die feudale Bindung von Herrschaft an Einzelrechte brachte die verschiedenen Inhaber der Rechte in Konkurrenz. Rechte mussten, wenn sie nicht schriftlich fixiert waren, immer wieder erneuert werden. Wenn die beteiligten Personen sich nicht darum kümmerten, gerieten die Rechte in Vergessenheit, wenn die Herren ehrgeizig waren, konnten Rechte verschärft und erweitert werden. Ständig kam es zu Verschiebungen und Übergriffen. Feudalherrschaft ist durch den permanenten Wettstreit um Rechte und Zuständigkeiten geprägt. Den Untertanen eröffnete dies die Möglichkeit, konkurrierende Herrschaften gegeneinander auszuspielen und sich dorthin zu orientieren, wo es am vorteilhaftesten war.

Herrschaftsverdichtung

Aus der Konkurrenz der verschiedenen Feudalherren sind in Deutschland die Fürsten als Sieger hervorgegangen. Sowohl von oben, von Seiten ihres Lehnsherrn, haben sie Rechte übernommen, wenn das Reichsoberhaupt abwesend oder schwach war, die sogenannten „Regalien“ (Königsrechte), aber auch von unten, von Seiten ihrer eigenen Vasallen, der Städte oder Korporationen. Mit Hilfe der Regalien, die durch die Schwäche des Reichsoberhaupts an die Fürsten übergingen, vermochten sie immer mehr Herrschaftsrechte zu erobern – als „Herrschaftsverdichtung“ hat diesen Vorgang der Mittelalterhistoriker Peter Moraw bezeichnet.

Landesherrschaft

Durch Herrschaftsverdichtung verwandelten die Fürsten ihre Lehen in Länder, Lehnsherrschaft in Landesherrschaft. Auch das war zunächst noch eine Beziehung zwischen Personen, aber eben eine durch Verdichtung von Herrschaftsrechten exklusiver werdende Beziehung. Herrschaftsverdichtung schuf Sozialverbände, in denen ein Herr allein zur letzten, entscheidenden Instanz wurde, zum „soperanus“, zum „Obersten“ oder „Höchsten“, der „Souveränität“ für sich beanspruchte, was nichts anderes bedeutete als

„Letztinstanzlichkeit", aus der geraume Zeit später „Landeshoheit" wurde. Erst musste im späten Mittelalter Schriftlichkeit hinzukommen sowie die permanente Wahrung der Rechte durch eigene Beauftragte (Ämter), damit aus dem Land als Personenverband das Land als Herrschaftsbereich, als Territorium werden konnte. Um es wenigstens ansatzweise der Willkür des Landesherrn zu entziehen, entwickelte man die Vorstellung, ein Land, verstanden als ein Gebiet, auf dem Menschen lebten, über die ein Herr besonders viele und wichtige Rechte besaß, sei ein „Patrimonium", ein Familienerbe, das zusammengehalten und den Nachkommen verbessert oder vermehrt hinterlassen werden solle. Landesherrschaft blieb an die Person des Fürsten gebunden, aber sie wurde zunehmend als dynastisches Vermögen betrachtet, als Sache, die der Fürst innerhalb einer Verwandtschaftskette nur verwaltete. Landesherrschaft wird daher auch als „patrimoniale Herrschaft" gekennzeichnet.

Dynastische Politik und Mehrfachherrschaften

Das Verständnis als Familienvermögen machte Landesherrschaft beweglich. Um sie für die Familie zu mehren, musste man mit dem Vermögen arbeiten. Man konnte es zwischen verschiedenen Söhnen teilen, damit mehrere Erben auf Zuwachs arbeiten. Man konnte es Töchtern zur Mitgift geben, wenn die eigenen Söhne oder man selbst dafür andere, günstigere Länder erheirateten. Dafür wurden Länder zerstückelt, auseinandergerissen, neu zusammengesetzt, je nach dynastischem Vorteilsstreben und dem Zufall von Geburt und Erbe. Stabile Landesherrschaft konnte so nur schwer entstehen. Vielmehr war Fürstenherrschaft im 15. und 16. Jahrhundert durch die Bildung von zusammengesetzten oder „Mehrfachherrschaften" charakterisiert (Franz Bosbach). Dabei wurden mehrere selbständige Länder, die räumlich weit auseinanderliegen konnten, unter einem Fürsten in Personalunion zusammengefügt. Man sieht, der Auf- und Ausbau der Landesherrschaft war ein langwieriger, keineswegs einliniger oder zielgerichteter Prozess.

Landstände

Immerhin provozierte der dynastische Gebrauch der Landesherrschaft Reaktionen bei den Beherrschten. Städte mochten nicht unter eine andere Herrschaft kommen als ihre Nachbarn, wichtigsten Handelspartner oder ihr Umland. Amtleute mochten für keine andere Fürstenfamilie arbeiten als für die, mit der sie jahrzehntealte Verbindungen unterhielten. Landgemeinden mochten nicht an Herren kommen, die ihre Gewohnheitsrechte missachteten. Die Notwendigkeit, diese Interessen gegenüber dem Landesherrn zu vertreten, ließ die Untergewalten eines Landes sich zusammenschließen zur „Landschaft". Es entstanden die

„Landstände" als Repräsentanten des Landes gegenüber dem Landesherrn. Um Steuern bewilligt zu bekommen oder altes Recht zu verändern, wurden sie auch von diesem gebraucht. Auf Landtagen versammelte er sie. Obwohl dort wie auf dem Reichstag jeder Stand eifersüchtig auf seine wenn auch nur partielle Selbständigkeit und Besonderheit bedacht war und auch die Landtage hierarchisch in Kurien gegliedert waren (bestehend zumeist aus Geistlichkeit, Rittern und Städten, in manchen Gegenden waren auch der höhere Adel oder die Landgemeinden durch eigene Kurien vertreten), entwickelten die Landstände sich vielerorts zu Sachwaltern der Zusammengehörigkeit und Einheit eines Landes.

Landesherrschaft war nicht der moderne Staat.

Landesherrschaft allein ergab noch keinen Staat. Denn sie vermochte keineswegs alle Herrschaftsrechte zu monopolisieren. Die sogenannten „autogenen", auf Geburt statt auf Lehen beruhenden Rechte der adligen Grundherren (wie Leibherrschaft, niedere Gerichtsbarkeit, Vogteiherrschaft) blieben von der Landesherrschaft so gut wie unberührt, ebenso viele Rechte von Städten und Landgemeinden, von Ritterschaften, Stiften und Klöstern, von Zünften, Bruderschaften, Häusern und anderen Korporationen. Landesherrschaft blieb auf diese Unterherren angewiesen, besaß sie doch weder das Personal noch die Möglichkeiten, um deren Aufgaben zu übernehmen. Deshalb ist fraglich, ob sie dies überhaupt anstrebte. Man gewinnt eher den Eindruck, dass sie sich damit begnügte, die Unterherren einzubinden, ihnen ansonsten aber ihre Eigenmächtigkeit beließ. Auch gab es Gebiete (vor allem im Südwesten des Reiches), in denen die Herrschaftsrechte zwischen so vielen ungefähr gleichstarken oder durch Reichsunmittelbarkeit geschützten Herren geteilt waren, dass alle Arrondierungsversuche scheiterten, klare Grenzziehungen zwischen den Landesherrschaften nicht zu erreichen waren. Das Dorf Pflaumloch bei Nördlingen beispielsweise bestand aus 36 Bauernhöfen, die zu sieben verschiedenen Grundherrschaften gehörten. Welchem Territorium sollte es zugerechnet werden? Nach innen wie nach außen behielt Landesherrschaft also feudale Züge. Sie sollte als eigene Herrschaftsform zwischen der Lehnsherrschaft und dem modernen Staat mit seiner monopolisierten Staatsgewalt begriffen werden.

Die europäische Mächtekonkurrenz als Antrieb

Damit Landesherrschaft dynamisch wurde und über ihre feudalen Wurzeln hinausstrebte, musste also etwas hinzukommen. Das war zum einen die europäische Mächtekonkurrenz, zum andern die Aufklärung. Wenn ehrgeizige Fürsten ihre Länder durch Heiratsverbindungen oder Eroberungen vermehren wollten, etwa in den zahlreichen Erbfolgekriegen, die stets dann ausbrachen, wenn eine Dynastie ausstarb und es um die Neuverteilung ihrer Länder ging, begaben sie sich in eine gefährliche Arena. Denn auf dieser Kampfstätte zählte nicht das Recht, auf das man sich gleichwohl ständig berief, vielmehr wurden Erfolge durch Bündnisse und Kriege erreicht, also durch Diplomatie und Militär. Um hier mithalten zu können, musste man Machtpolitik betreiben. Aus einer Landesherrschaft musste eine europäische Macht werden. Denn der Westfälische Frieden hatte durch seine Bestandsgarantie für alle reichsunmittelbaren Herrschaften die Verhältnisse im Reich so weit eingefroren, dass Expansion unter Normalbedingungen nur außerhalb des Reiches möglich schien. Das ist der Grund, warum alle großen und mittleren Herrschaften des Reichs, Österreich, Bayern, Sachsen, Hannover, Preußen, im 18. Jahrhundert über das Reich hinausgriffen und versuchten, sich als Akteure im europäischen Mächtesystem zu etablieren – mit sehr unterschiedlichem Ergebnis. Langfristig hatten nur die Großmächte Österreich und Preußen Erfolg; Hannover blieb durch die Personalunion mit Großbritannien darin eingebunden.

Absolutismus

Um in Europa als Bündnispartner oder Kriegsgegner ernstgenommen zu werden, musste man etwas bieten: eine entschlossene, staatskluge Regierung, einen diplomatischen Apparat, ein stehendes Heer (und eventuell eine Marine), Festungen, einen Hof, der die eigenen Ansprüche in der europaweit verstandenen Sprache der Repräsentation kommunizierte. Das kostete Geld, viel mehr Geld, als eine gewöhnliche Landesherrschaft einbrachte. So zwang die Machtentfaltung nach außen zur Herrschaftssteigerung nach innen. Steuern mussten verstetigt und erhöht werden, wofür der Fürst die Zustimmung der Landstände gewinnen oder ihren Widerstand brechen musste. Weitere Einnahmen mussten erschlossen werden, etwa indem der Fürst Stände und Korporationen zu Abgaben zwang, die bislang davon befreit waren, wofür er ebenfalls ihren Widerstand brechen und Privilegien reduzieren musste. Die Wirtschaftskraft eines Landes musste gesteigert werden, etwa indem der Fürst Straßen oder Kanäle bauen ließ, vorhandene Gewerbe förderte, neue ins Land holte, den Handel regulierte und kontrollierte, wofür er seine Herrschaft um neue Zuständigkeiten erweitern und auf neue Handlungsfelder ausdehnen musste. Die Bevölkerungszahl musste erhöht werden, etwa indem der Fürst Zuwanderer ins Land holte, wofür er unter Umständen deren abweichende Konfession dulden und den Widerstand der Alteingesessenen dagegen brechen musste. Um seine Herrschaft derart zu intensivieren, musste der Fürst selbst regieren und dazu einen Verwaltungsapparat aufbauen, der seine Beschlüsse umsetzte. Mächtekonkurrenz nach außen und Herrschaftssteigerung nach innen bedingten einander, schaukelten sich gegenseitig hoch. Der Krieg nach außen gegen andere europäische Mächte erforderte den Kampf nach innen gegen die Sonderrechte der Landstände, Korporationen und Unterherren. Zugleich schuf er die Notlagen und Ausnahmezustände, die einerseits immer weitergehende Zwangsmaßnahmen rechtfertigten, andererseits Zusammenhalt, Solidarisierung, ja Identifikation der Bevölkerung mit der Herrschaft erzeugten. Die Machtpolitik nach außen führte zur Machtpolitik nach innen. Erst sie hat Landesherrschaft in einem bislang ungekanntem Maße dynamisiert und entgrenzt. Erst sie ließ die Apparate entstehen (Regierung, Verwaltung, stehendes Heer, den Hof), die den Fürsten so unabhängig von den Unterherren machte, dass er auf die Idee kommen konnte, ihnen, also dem Land, als verselbständigte Staatsgewalt gegenüberzutreten. Das bezeichnet man als Absolutismus (von lat. „absolutus“ = „losgelöst“, „ungebunden“).

Absolutismus

Die Absolutismus-Kontroverse

Der Absolutismus-Begriff gehört zu den am stärksten umstritten der Frühneuzeitforschung. Viele Historikerinnen und Historiker lehnen ihn ab – vorgeblich, weil der Absolutismus überall nur Anspruch und Entwicklungstendenz geblieben sei, ohne die angestrebte Monopolisierung der Staatsgewalt wirklich zu erreichen (was niemand je bestritten hatte), in Wirklichkeit aber teils aus pragmatischen, teils aus weltanschaulichen Gründen. Pragmatisch bereitet es Schwierigkeiten, den Begriff für die deutschen Einzelherrschaften des 17. und 18. Jahrhunderts fruchtbar zu machen, erst recht für das Reich, weil die Reichsverfassung dynamische Machtpolitik ausbremste und nur Österreich und Preußen solche Machtpolitik betrieben. Gerade diese beiden Mächte aber stoßen in der gegenwärtigen deutschen Forschung auf wenig Interesse: Österreich, weil man die Beschäftigung damit den österreichischen Kolleginnen und Kollegen überlässt, Preußen, weil es durch die Deutungen des 19. und frühen 20. Jahrhunderts als Inbegriff des kleindeutsch-protestantischen Machtstaats diskreditiert erscheint. Das führt zu den weltanschaulichen Vorbehalten gegen den Absolutismus-Begriff: Er impliziere eine Perspektive von oben und rücke eine Machtpolitik ins Zentrum, die heute von vielen abgelehnt wird.

Wenn hier für die Fortentwicklung des Absolutismus-Begriffs plädiert wird, dann aus drei Gründen. Erstens war es historisch nun einmal so, dass die Staatsgewalt von den Fürsten zusammenerobert wurde, ob uns Heutigen das behagt oder nicht. Durch die Revolutionen ist sie zur „Volkssouveränität" geworden – schon der sorgfältige Umgang mit diesem Erbe in der Gegenwart erfordert, sich seiner Herkunft bewusst zu bleiben. Berechtigt ist die Forderung, die Perspektive von oben, von der Fürstenherrschaft und ihren Apparaten aus, zu ergänzen durch die Sicht der betroffenen Bevölkerung. Gab es eine Nachfrage nach intensivierter, entfesselter Staatsgewalt? Gab es gesellschaftliche Entwicklungen, Probleme, Konflikte, die solche Nachfrage produzierten? Gab es gesellschaftliche Gruppen, die von der absolutistischen Machtpolitik profitierten und sich deshalb mit ihr verbündeten? Schon die ältere Absolutismus-Forschung hat von einem Bündnis zwischen absolutistischen Fürsten und Drittem Stand gesprochen, neuere Arbeiten über die Ständeordnung, auf die noch einzugehen sein wird, weisen auf das Zusammenwirken der „gebildeten Stände" hin. Doch wie es im Einzelnen zustande kam und konkret funktionierte, bleibt zu klären.

Zweitens droht das Absehen von Österreich und Preußen die deutsche Frühneuzeitforschung zu provinzialisieren. Die für Deutschland bestimmende Wechselwirkung zwischen der deutschen und der europäischen Geschichte bekommt man ohne diese beiden Mächte nicht in den Blick. Für sie aber war die Machtpolitik der entscheidende Entwicklungsimpuls. Das führt zu dem dritten und wichtigsten Argument: Nur der Absolutismus-Begriff vermag die Entwicklung von der Landesherrschaft zur modernen Staatsgewalt zu erklären. Kein anderer Begriff leistet dies, schon gar nicht reicht, wie oben dargelegt, der Begriff der Landesherrschaft selbst. Solange man das Aufkommen der Staatsgewalt nicht anders zu erklären vermag, gibt es zum Absolutismus-Begriff keine Alternative.

Aufklärung

Der zweite Faktor, der den deutschen Einzelherrschaften im 18. Jahrhundert einen Schub versetzte, war die Aufklärung. Hundert Jahre nach Beginn dieser Bewegung hat der Königsberger Philosophieprofessor Immanuel Kant sie nachträglich auf den Begriff gebracht.

Quelle

Was ist Aufklärung?

Aufklärung ist der Ausgang des Menschen aus seiner selbstverschuldeten Unmündigkeit. Unmündigkeit ist das Unvermögen, sich seines Verstandes ohne Leitung eines anderen zu bedienen. Selbstverschuldet ist diese Unmündigkeit, wenn die Ursache derselben nicht am Mangel des Verstandes, sondern der Entschließung und des Mutes liegt, sich seiner ohne Leitung eines anderen zu bedienen. Sapere aude! Habe Mut, dich deines eigenen Verstandes zu bedienen! ist also der Wahlspruch der Aufklärung.

Immanuel Kant: Beantwortung der Frage: Was ist Aufklärung? In: Berlinische Monatsschrift 4 (1784), S. 481–494, hier S. 481.

Kant bestimmt die Aufklärung nicht als eine Weltsicht, sondern als ein Handeln, einen Prozess. Dieser führt von der intellektuellen Unmündigkeit zur Mündigkeit, von der Abhängigkeit zur Selbständigkeit. Er vollzieht sich durch Selbstdenken, dadurch, dass man sich zum Herrn seines eigenen Verstandes macht. Kant setzt offenbar voraus, dass dies in der Vergangenheit nicht der Fall war. Vor der Aufklärung waren die Menschen unmündig und abhängig, durch Aufklärung werden sie mündig und selbständig. Das erfordert nach Kant „Entschließung" und „Mut": moralische Tugenden also. Die intellektuelle Verselbständigung ist von der moralischen nicht zu trennen. Bewusstwerdung geht mit Selbstbestimmung einher. Beides läuft auf einen Begriff hinaus, den Kant an dieser Stelle nicht nennt, der aber der Schlüsselbegriff seiner Moralphilosophie darstellt, den der Autonomie. Wir können Aufklärung daher mit Kant als eine Bildungsbewegung definieren, die für sich beansprucht, dass durch sie der Mensch zu intellektueller Selbständigkeit und moralischer Autonomie gelangt.

Aufklärung und Öffentlichkeit

Das wichtigste Mittel der Aufklärung ist das Selbstdenken. Doch fällt es dem isolierten Menschen schwer. Nur innerhalb eines Publikums kann es entstehen, wie Kant sagt, das debattiert, wobei die Beteiligten sich gegenseitig anspornen und kritisieren. Dies aber setzt den ungehinderten „öffentlichen Gebrauch der Vernunft" voraus, mit einem modernen Begriff gesagt: Öffentlichkeit. Aufklärung ist eine intellektuelle und moralische Befreiungsbewegung durch öffentliches Räsonieren.

Aufklärung als Traditionskritik

Öffentliches Räsonieren heißt für Kant Beseitigen von allem, was das Selbstdenken hemmt. Für Kant und viele andere Aufklärer war das in erster Linie die Konfession. Aber auch alles andere, was den Prinzipien und Resultaten der eigenen Vernunft zuwiderlief (der Preuße Kant nennt das Militär und das Steuersystem), sollte kritisiert und reformiert werden. Schritt für Schritt erfasste die aufklärerische Kritik alle Autoritäten, Traditionen und Hierarchien. Die gesamte Lebenswelt sollte nach dem Maßstab der Vernunft neu geordnet werden. Möglichst viele Menschen sollten in die Lage versetzt werden, kraft ihrer Vernunft ein besseres, glücklicheres, selbstbestimmtes Leben zu führen. Damit erweist Aufklärung sich als ein Programm radikaler Traditionskritik und umfassender Reform. Überkommene Autoritäten und die Tradition wurden entmachtet, das vormals gute Alte galt den Aufklärern als Zustand der Unmündigkeit, der Blick wurde von der Vergangenheit auf die Zukunft gerichtet, auf die positiven Ziele, die durch die Aufklärungsbewegung erreicht werden sollten.

Wechsel der Zeithorizonte

So vollzog die Aufklärung einen Wechsel der Zeithorizonte, der Epoche gemacht hat. Während des gesamten Mittelalters und der Frühen Neuzeit hatte man sich an Vergangenem orientiert und daraus die Maßstäbe für die Gegenwart bezogen. Seit der Aufklärung beziehen wir uns auf Zukünftiges, wirkt die Hoffnung stärker als das Gedenken. Die Aufklärung bringt die Idee des Fortschritts auf. Sie ist ein Kennzeichen der Moderne. Auch deshalb hat Reinhart Koselleck die Aufklärung als „Sattelzeit" charakterisiert, als Übergang zwischen Alteuropa und der Moderne.

Aufgeklärter Absolutismus

Der Wechsel der Zeithorizonte zeigt die innere Verwandtschaft zwischen Aufklärung und Absolutismus. Auch die absolutistische Herrschaft war auf die Zukunft gerichtet, auf Machtsteigerung, Eroberung. Auch sie setzte auf Reformen. Auch sie beanspruchte, vernünftig zu sein. Dass er nach Unordnung, Wirren, Bürgerkrieg eine neue, geometrische, vernünftige Ordnung einführe, war die wichtigste Rechtfertigung Ludwigs XIV. für alle Neuerungen seiner Herrschaft. Die besten Künstler, Schriftsteller, Wissenschaftler Frankreichs hatte er an der Ausgestaltung dieser Ordnung beteiligt. Indem sie den Vernunftanspruch ernstnahmen, auch als die ludovizische Herrschaft in den 1690er Jahren in die Krise geriet, entstand die französische Aufklärung. Am Hof Ludwigs XIV. verfassten der Prinzenerzieher François Fénelon und der Marschall Vauban die ersten frühaufklärerischen Schriften. Auch wenn sie dort als Opposition wahrgenommen und verboten wurden, zeigt sich an diesem Ursprung der Aufklärung eine Möglichkeit, von der im 18. Jahrhundert vor allem deutsche Fürsten Gebrauch machten. Sie gingen ein Bündnis mit der Aufklärung ein. Die systematische Förderung und Indienstnahme der Aufklärung durch die Fürstenherrschaft bezeichnet man als „aufgeklärten Absolutismus".

Aus Sicht der Fürsten half die Aufklärung ihnen, die Staatsgewalt zu entfesseln und zu dynamisieren. Die Traditionskritik der Aufklärung diskreditierte die überkommenen Vorrechte, Besonderheiten, Eigenmächtigkeiten der Unterherren und Korporationen, die der Machtsteigerung der Fürsten im Weg standen. Die Berufung auf die Vernunft lieferte der absolutistischen Fürstenherrschaft neue Legitimation. Die aufklärerische Durchmusterung und Prüfung aller Ordnungen und Lebensbereiche (der Politik, des Rechts, der Religion, der Bildung) entwickelte die Vorlagen für fürstliche Reformpolitik. Man kann von einer Symbiose zwischen absolutistischer Fürstenherrschaft und Aufklärung sprechen.

Beispiel Naturrechtslehre

Ein Beispiel ist die aufklärerische Neudeutung des Naturrechts. Seit der Antike galt das Naturrecht als eine von drei Rechtsquellen neben dem göttlichen Recht und dem positiven Recht. Im Zeitalter der Glaubenskriege hatten die Fürsten sich in erster Linie auf das göttliche Recht berufen, wie es von den Theologen je nach Konfession ausgelegt worden war; das Naturrecht hatte keine bedeutende Rolle gespielt. Die Aufklärung verschob die Gewichte. Denn die Natur galt als vernünftig: Sie zeigte der Vernunft, was notwendig war. Dadurch rückte das Naturrecht unter den drei Rechtsquellen an die erste Stelle. Alle Naturrechtslehren aber, die politische Denker und aufklärerische Juristen in Deutschland formulierten, liefen darauf hinaus, dass der Fürst das Recht, ja sogar die Pflicht habe, das bestehende positive Recht zu reformieren, zu systematisieren, zu vereinheitlichen. Das entfesselte und dynamisierte die fürstliche Gewalt. Hatte der Fürst zuvor bloß als Vollstrecker des göttlichen Rechts und Bewahrer des überkommenen guten alten Rechts gegolten, so verwandelten die aufklärerischen Naturrechtslehren ihn in einen Rechtsreformer, der die gesamte Rechtsordnung nach den Maßstäben der Vernunft neu gestalten sollte. Gestützt auf diese Legitimation, haben die mächtigsten absolutistischen Fürsten das Recht in ihren Ländern neu kodifizieren lassen: Friedrich II. durch das „Allgemeine Landrecht für die Preußischen Staaten" (ALR), nach jahrzehntelangen Vorarbeiten 1794 in Kraft gesetzt; Joseph II. durch das „Allgemeine Bürgerliche Gesetzbuch" (Josephinisches Gesetzbuch) und das „Allgemeine Gesetzbuch über Verbrechen und deren Bestrafung" (Josephinisches Strafgesetzbuch) von 1787.

Die Kontroverse um den aufgeklärten Absolutismus

Aufgeklärter Absolutismus?

Auch der Begriff des „aufgeklärten Absolutismus" ist in der Forschung umstritten, teils aus den gleichen Gründen wie der Absolutismus-Begriff, teils weil man speziell den „aufgeklärten Absolutismus" als Widerspruch in sich empfand, führe die Aufklärung in der Hand der Fürsten doch nicht zur Selbstbestimmung, sondern zu obrigkeitlicher Gängelung und Disziplinierung, zu „Despotismus", wie es in den Quellen heißt.[6] Diese Beobachtung trifft zu, nur ist sie kein Einwand gegen den Begriff, sondern bestätigt, was er meint. Das sagt schon Wilhelm Roscher, der den Ausdruck 1847 (!) prägte:

„Endlich der aufgeklärte Absolutismus, wie ihn [...] Friedrich II. und Joseph II. repräsentieren, der sich in dem Wahlspruche: Le roi, c'est le premier serviteur de l'état! [Der König ist der erste Diener des Staates, JS] über alle Formen hinwegsetzt, und nach den scharfsinnigsten Regeln der Theorie aus seinen Untertanen möglichst zahlreiche, wohlhabende und aufgeklärte Instrumente seines Willens zu bilden sucht. [...] Im Namen des Staates kann der ‚erste Diener' desselben viel ungenirter Gut und Blut des Volkes in Anspruch nehmen, als in seinem eigenen. [...] Durch die systematischere Eintheilung der Provinzen und Fächer, die straffe angezogene Büreaukratie, den raschern, nicht mit Formalien beschwerten Gang der ‚Staatsmaschine' sind die letzten natürlichen Schranken aufgehoben; die vagen, vieldeutigen Begriffe der Aufklärung, des Gemeinwohls etc. können sie nicht ersetzen."[7]

Aufgeklärter Reformstaat

Vielleicht kann man es so formulieren: Im aufgeklärten Absolutismus war die Aufklärung Mittel, nicht Zweck. Sie wurde von den Fürsten instrumentalisiert, um ihre Herrschaft in einem bis dahin ungekannten Maße zu dynamisieren. Unbeabsichtigt führte dies dazu, wie die Metapher vom Fürsten als erstem Diener seines Staates zeigt, dass Herrschaft durch ihre Rationalisierung und Systematisierung auch von der Person des Fürsten ablösbar schien. Friedrich II. kennzeichnet seine Herrschaft im „Politischen Testament" von 1752 als „System", als unpersönliche, allein auf der Vernunft beruhende Mechanik, auch wenn deutlich wird, dass er sie ersonnen hat und dass nur ein rastlos tätiger Fürst wie er sie aufrechtzuerhalten vermochte. Mit dem Soziologen Max Weber kann man dies als „Versachlichung" von Herrschaft bezeichnen. Im aufgeklärten Absolutismus verwandelte Fürstenherrschaft sich in Staatsgewalt. Deshalb spricht Walter Demel vom „aufgeklärten Reformstaat".

Reformpolitik in Preußen und Österreich

Wie tief hatte dieser Strukturwandel die deutschen Einzelherrschaften bis 1789 erfasst? Am stärksten war er in die beiden deutschen Großmächte eingedrungen, weil die europäische Mächtekonkurrenz und der österreichisch-preußische Dualismus sie zu ständiger Effizienzsteigerung zwang. Sowohl Friedrich II. als auch Joseph II. verstanden sich als Aufklärer. Sie umgaben sich mit Aufklärern, beriefen sie als Ratgeber an ihre Akademien, als Lehrer an ihre Universitäten, als Beamte in ihre Ministerien. Sie ließen Aufklärer die Reformprojekte entwerfen, durch die sie ihre Macht steigerten: die Verwaltungsreformen, Justizreformen, Wirtschaftsreformen, Agrarreformen, Steuerreformen, Heeresreformen, die religiöse Toleranzpolitik. Dafür wurden sie von den Aufklärern gefeiert. „In diesem Betracht ist dieses Zeitalter das Zeitalter der Aufklärung oder das Jahrhundert Friederichs", schrieb Kant 1784 in seiner schon zitierten Schrift; eine „siècle de Frédéric", ein „Zeitalter Friederichs" hatte bereits 1742 der französische Aufklärer Voltaire vor Augen.[8] Unter der jahrzehntelangen Regierung der beiden Monarchen etablierten die Aufklärer sich in den Ministerien und Verwaltungen, der Justiz und im Bildungswesen, in den Kirchenleitungen und den städtischen Oberschichten als tonangebende Gruppe. Wien und Berlin wurden zu Zentren der Aufklärung, ebenso die preußischen Universitätsstädte Halle und Königsberg.

Reformpolitik in den mindermächtigen Herrschaften

Entscheidend war, dass die aufgeklärt-absolutistische Reformpolitik von den Großmächten ausstrahlte auf die mittleren und kleinen Einzelherrschaften im Reich. Die Großmächte gingen voran, sie zeigten die Möglichkeiten und setzten die Maßstäbe, an denen die Mindermächtigen sich orientierten. Auch wenn man im Reich von der europäischen Mächtekonkurrenz abgeschirmt blieb, zu weit durfte man hinter die Großmächte nicht zurückfallen, ohne die eigene Selbständigkeit als rückständig und überlebt erscheinen zu lassen. Umgekehrt konnte man sie glanzvoll neu rechtfertigen, wenn in einer kleinen Herrschaft gelang, wofür die großen zu schwerfällig waren. Bei geschickter Politik konnte Kleinheit zum Vorzug der Einzigartigkeit werden. So kam es im 18. Jahrhundert zu einem förmlichen Wettlauf um Reformen in den Einzelherrschaften des Reichs. Leopold Friedrich Franz formte sein Fürstentum Anhalt-Dessau in ein Mustergut mit Landschaftsgarten um. Karl Friedrich hob in der Markgrafschaft Baden 1783 die Leibeigenschaft auf, schaffte die Folter ab und wagte sich wirtschaftspolitisch weiter vor als alle Großmächte. Anna Amalia und ihr Sohn Karl August verwandelten ihr Land Sachsen-Weimar durch die Berufung von Wieland, Goethe und Herder in das literarische Zentrum Deutschlands. Kurfürst Friedrich Karl von Erthal reformierte die Universitäten von Mainz und Erfurt und baute ein umfassendes System der Sozialfürsorge auf. Sein jüngerer Bruder Franz Ludwig von Erthal gab dem Hochstift Bamberg ein modernes Strafgesetzbuch. Wilhelm Graf von Schaumburg-Lippe presste aus seinem Ländchen eine Armee heraus, verschaffte sich damit Einkünfte als Kriegsunternehmer, erbaute die Festung Wilhelmstein im Steinhuder Meer und sicherte auf diese Weise die Selbständigkeit gegen Hessen-Kassel. In der abgelegenen Grafschaft Erbach im Odenwald führte Graf Franz die Elfenbeinschnitzerei ein, um seiner bettelarmen Bevölkerung ein Heimgewerbe zu verschaffen. Abt Benedikt Maria Angehrn verschaffte seinem Kloster Neresheim die Reichsstandschaft, baute mit seinen Einkünften eine vorzügliche Bibliothek auf und ermöglichte anerkannte naturkundliche Forschungen. Die Beispiele ließen sich mehren.

Grenzen des aufgeklärten Absolutismus

So eindrucksvoll diese Reformleistungen die Vitalität der deutschen Einzelherrschaften belegen, versachlichte Staatsgewalt entstand dadurch nicht. Dafür fehlten den Kleinfürsten die Möglichkeiten, um die Macht der Unterherren zu brechen. Vielerorts konnten sie absolutistische Herrschaft nur spielen, während die eigentliche Gewalt bei den Landständen blieb. Karl Eugen von Württemberg machte seine Hofhaltung zu einer der glänzendsten in Europa, musste wegen seiner Schulden 1770 aber einen „Erbvergleich" mit der bürgerlichen Ehrbarkeit schließen, der die ständischen Freiheiten erneuerte. Friedrich II. von Hessen-Kassel umging seine Stände, indem er im Amerikanischen Unabhängigkeitskrieg Soldaten an Großbritannien vermietete, um mit den Einnahmen in Kassel eine großartige Residenz zu errichten. In Sachsen bestimmte der Landtag sogar die Regierungspolitik und veranlasste seinerseits eine Reformpolitik, um die Schulden des Landes zu reduzieren. Viele Fürsten und die meisten Reichsstädte standen am Rand des Bankrotts und waren dadurch politisch nicht mehr handlungsfähig. Selbst in den Großmächten stieß die Reformpolitik an Grenzen. Als Friedrich II. 1786 starb, ging eine Welle der Erleichterung durch Preußen. Der Nachfolger Friedrich Wilhelm II. beendete die meisten Reformen, führte die Zensur wieder ein und berief eine reaktionäre Regierung. Joseph II. musste vor seinem Tod 1790 das Scheitern seiner Reformpolitik erleben. Der Versuch, den Ungarn und Niederländern die Vorrechte zu nehmen, um sie einer einheitlichen Zentralverwaltung zu unterstellen, führte zu Aufständen, die von Josephs Nachfolger Leopold II. nur durch große Zugeständnisse an die Provinzialstände beendet werden konnten. Auch in Österreich gerieten die Reformen ins Stocken, formierte sich eine ständische Reaktion. Seine hochgespannten Ziele, müssen wir feststellen, hat der aufgeklärte Absolutismus nicht erreicht. Hinter dem, was er denkmöglich machte und begann, blieb seine Realität weit zurück.

So gelangen wir zu einem gemischten Fazit: Obwohl wir in den Einzelherrschaften des Reichs in der Tat vielfältige Entwicklungen angetroffen haben, geriet diese Dynamik Ende der 1780er Jahre ins Stocken. Sowohl Österreich als auch Preußen hatte sie in die Krise geführt. Der aufgeklärte Absolutismus war an Grenzen gestoßen, über die er nicht hinausgelangte. Und wir werden sehen, dass es innere Hemmungen gab, über die er nicht hinausgelangen konnte.

Literatur

Asch, Ronald G. und Heinz Duchhardt (Hgg.): Der Absolutismus – ein Mythos? Strukturwandel monarchischer Herrschaft in West- und Mitteleuropa (ca. 1550–1700), Köln, Weimar, Wien 1994 [versammeln die Einwände gegen den Absolutismus-Begriff].

Bahlcke, Joachim: Landesherrschaft, Territorien und Staat in der Frühen Neuzeit. München 2012 [mustergültiger Problemaufriss].

Bosbach, Franz: Mehrfachherrschaft – eine Organisationsform frühmoderner Herrschaft. In: Membra unius capitis. Studien zu Herrschaftsauffassungen und Regierungspraxis in Kurbrandenburg (1640–1688). Hrsg. v. Michael Kaiser und Michael Rohrschneider. Berlin 2005, S. 19–34.

Demel, Walter: Vom aufgeklärten Reformstaat zum bürokratischen Staatsabsolutismus. 2., um einen Nachtrag erweiterte Aufl. München 2010 [zeigt die verschiedenen Felder fürstlich-aufgeklärter Reformpolitik; ausführlicher ders.: Reich, Reformen und sozialer Wandel. Stuttgart 2005].

Freist, Dagmar: Absolutismus. Darmstadt 2008 [knappe Einführung].

Koselleck, Reinhart: Kritik und Krise. Eine Studie zur Pathogenese der bürgerlichen Welt. Freiburg, München 1959 u. ö. [klassische Deutung der Symbiose von Absolutismus und Aufklärung].

Krüger, Kersten: Die landständische Verfassung. München 2003 [zeichnet die Landstände als Vorläufer der modernen Parlamente].

Reinalter, Helmut (Hg.): Lexikon zum aufgeklärten Absolutismus in Europa. Herrscher – Denker – Sachbegriffe. Wien 2005.

Reinalter, Helmut und Harm Klueting (Hgg.): Der aufgeklärte Absolutismus im europäischen Vergleich. Wien, Köln, Weimar 2002 [Standardwerk u. a. mit einem Aufsatz über „Die Grenzen des aufgeklärten Absolutismus"].

Reinhard, Wolfgang: Geschichte der Staatsgewalt. Eine vergleichende Verfassungsgeschichte Europas von den Anfängen bis zur Gegenwart. 3. Aufl. München 2002.

Schilling, Lothar (Hg.): Absolutismus, ein unersetzliches Forschungskonzept? Eine deutsch-französische Bilanz. München, Wien 2008 [sammelt Verteidiger und Befürworter des Absolutismus-Konzepts].

Walther, Gerrit: [Art.] Aufklärung. In: Enzyklopädie der Neuzeit. Hrsg. v. Friedrich Jaeger, Bd. 1. Stuttgart, Weimar 2005, S. 791–834 [hervorragende Einführung].

Weis, Eberhard: Der aufgeklärte Absolutismus in den mittleren und kleineren deutschen Staaten. In: Zeitschrift für Bayerische Landesgeschichte 42 (1979), S. 31–46.

Wirtschaft, Bevölkerung, Umwelt: Impulse von unten 2.4

Bisher ist es in diesem Kapitel um Veränderungen gegangen, deren Anstöße von außen und von oben kamen: aus dem Selbstbehauptungsstreben der deutschen Großmächte im europäischen Mächtesystem wie aus den Anläufen zur Staatsbildung bei den Regierungen. Im Folgenden sollen dagegen Entwicklungsimpulse von unten in den Blick genommen werden. Sie gingen von einem Strukturwandel der wirtschaftlichen und gesellschaftlichen Ordnung aus. Beide Ordnungen hingen, wie wir sehen werden, eng zusammen. Nur aus darstellerischen Gründen werden wir ihre Entwicklung von der Wirtschaft her erschließen, nicht weil diese vorrangig gewesen wäre. Gewiss folgt die Wirtschaft einer eigenen Handlungslogik, ebenso gewiss hängt sie von sozialen und kulturellen Rahmenbedingungen ab. Auf beiden Ebenen lassen sich in der zweiten Hälfte des 18. Jahrhunderts qualitative Veränderungen ausmachen.

Erweiterte Subsistenzwirtschaft

Bis zu diesem Zeitpunkt erscheint das Wirtschaften in Deutschland als „erweiterte Subsistenzwirtschaft". Der Begriff ist von dem lateinischen Wort „subsistentia" abgeleitet, das „Bestehen aus sich selbst" bedeutet, aus eigenen Mitteln also. In der Wirtschaft ist damit Selbsterhaltung durch Selbstversorgung gemeint, eine statische Wirtschaftsform, weil sie weder auf Tausch mit anderen angewiesen ist, noch auf Wachstum zielt. Ihr entspricht eine Wirtschaftsgesinnung der (Selbst-)Genügsamkeit. Wenn das Bedarfsminimum gesichert ist, hört die Anstrengung auf. Überschüsse werden auf Festen demonstrativ verbraucht, Muße hat einen hohen Stellenwert. Möglich war solche Subsistenzwirtschaft allerdings nur in Großbetrieben wie z. B. Grundherrschaften mit Herrenhof und vielen nachgeordneten Bauernstellen oder später großen Gutshöfen. Solche Großbetriebe hat es gegeben. Sie waren aber, weil man die Grundherrschaften teilte und den Besitz immer stärker zersplitterte, bereits im Hochmittelalter zur Ausnahme geworden. Seit dieser Zeit arbeiteten die meisten Menschen in Deutschland in Kleinbetrieben, die, mehr oder weniger spezialisiert, nur einige Güter produzierten bzw. bestimmte Leistungen erbrachten. Das stellte die Menschen vor die Notwendigkeit, andere Güter und Leistungen des täglichen Bedarfs durch Tausch zu erwerben. Dafür musste man etwas anbieten können. Das heißt, die Menschen standen vor der Notwendigkeit, Überschuss zu erwirtschaften oder ihre Arbeitskraft zu verkaufen. So hielt seit dem Hochmittelalter, ablesbar an dem Aufkommen von Märkten und Städten, ein dynamisches Prinzip Einzug in das

Wirtschaften. Wir können es als marktwirtschaftliches Prinzip bezeichnen. Auf dreierlei Weise hat der Markt die Subsistenzwirtschaft bis zum 18. Jahrhundert erweitert:

Erweiterung durch Spezialisierung

Ein starker Impuls ging von Spezialisierungen aus. Sie waren in der Landwirtschaft schon deshalb unvermeidlich, weil die Bodenbeschaffenheit und das Kleinklima vielerorts nur spezifische Erzeugnisse hergaben. Auf Hochweiden z. B. konnte nur Viehzucht betrieben werden, über die man zwar Käse, Fleisch und Tiere erhielt, das benötigte Getreide hingegen musste man aus dem benachbarten Tiefland einführen. Wo die Produzenten oder Zwischenhändler Käse, Fleisch und Tiere gegen Getreide tauschten, konnten Städte entstehen, die dann von Nahrungsmitteln aus beiden Regionen lebten, weil die städtischen Handwerker Kleidung, Werkzeuge und Gefäße für die Bauern produzierten, während die städtischen Fernhändler ihnen Gewürze und Schmuck verkauften. Zudem ermöglichten solche Spezialisierungen Arbeitsmigration. Da die Viehhaltung auf den Hochweiden vergleichsweise wenig Arbeitsaufwand erforderte, konnten von dort Arbeitskräfte saisonal im Tiefland mit seiner arbeitsintensiven Landwirtschaft oder in den Städten aushelfen. Ähnliche Spezialisierungen und Arbeitsmigrationen erzwang der arbeitsintensive Weinbau, der nur an steilen Südhängen, oft an Flussrändern, möglich war. Der Färberwaid, eine Pflanze, aus deren Blättern ein begehrter Blaustoff gewonnen wurde, gedieh nur auf bestimmten Böden, etwa im Thüringer Becken oder in der Lausitz. Während die Bauern sich dort auf den Waidanbau spezialisierten, stiegen Städte wie Erfurt und Görlitz, wo der Waid verarbeitet wurde, zu Zentren des überregionalen Handels auf. Zugleich siedelten sich dort Gewerbe an, die den Farbstoff verwendeten, etwa Blaufärber in der Tuchherstellung und ihre Zulieferer, die Tuchmacher. So zog jede Spezialisierung weitere Arbeitsteilung nach sich und verknüpfte lokale Märkte mit regionalen und überregionalen. Damit kam eine marktwirtschaftliche Dynamik in Gang. Man gewöhnte sich daran, die eigenen Produkte als Waren anzusehen, die auf einem Markt zirkulierten. Die Produktion dieser Waren begann sich am Tauschwert zu orientieren. Geldwirtschaft setzte sich durch.

Erweiterung durch Fernhandel

Sehr alt ist der Eintausch von unersetzlichen Rohstoffen, die man nicht selbst gewinnen konnte. Salz beispielsweise benötigte jedermann, um Lebensmittel zu konservieren und zu würzen. Da es jedoch nur an wenigen Stellen aus Salzstöcken abgebaut, aus Meerwasser gewonnen oder aus Sole gesotten werden konnte, mussten die Menschen es über große Entfernungen herbeiholen.

Der gesamte Ostseeraum, einschließlich der dortigen Konservierung von Fisch, lebte von Salz, das aus Lüneburg stammte und über Lübeck verteilt wurde. Salzburg verdankt seinen Aufstieg der Marktfunktion für das „weiße Gold", das in den nahegelegenen Bergwerken abgebaut und über die Salzach transportiert wurde. Genauso begehrt waren Edelmetalle wie Gold und Silber, das seit dem 16. Jahrhundert aus den spanischen Kolonien in Südamerika nach Europa geholt wurde, aber auch Luxuswaren und Konsumgüter wie Gewürze, Seide, Porzellan aus Indien und China, Edelsteine aus Afrika, Zucker, Kaffee und Schokolade aus der Karibik. Wenn ein Produkt nur durch Handel zu bekommen war, konnte dieser von je her auch sehr weite Strecken überwinden.

Die Fernhändler gingen bei der Etablierung des Marktprinzips voran. Sie mussten weltläufig sein und einen weiten Horizont haben. Und sie konnten große Vermögen anhäufen, was sie zu Pionieren der Geldwirtschaft werden ließ. Indem sie die doppelte Buchführung und den Wechsel entwickelten, die ersten Banken und Börsen gründeten, brachen sie dem Handelskapitalismus die Bahn. In der Frühen Neuzeit entstand ein Welthandel, an den viele deutsche Städte und Höfe angeschlossen waren.

Die hohen Kosten der eingeführten Güter und die kulturelle Überlegenheit, die sie symbolisierten, stachelten dazu an, gleichwertigen Ersatz im eigenen Wirtschaftsraum zu entwickeln. So brachten im 17. Jahrhundert Glaubensflüchtlinge die Seidenweberei nach Krefeld, im 18. Jahrhundert suchte Friedrich II. eine preußische Seidenproduktion aufzubauen. Systematische Förderung durch den sächsischen Kurfürsten und polnischen König ließ 1708 Johann Friedrich Böttger und Ehrenfried Walther von Tschirnhaus herausfinden, wie man Porzellan herstellte. Bald übertraf die Meißener Porzellan-Manufaktur die fernöstliche Konkurrenz. Sie wurde zu einer bedeutenden Einnahmequelle und verschaffte Sachsen unsterblichen Ruhm.

Erweiterung durch Lohnarbeit

Noch folgenreicher erwies sich, dass die Subsistenzwirtschaft auch durch Lohnarbeit erweitert wurde. Bis zum Beginn des 19. Jahrhunderts lebten rund 90 Prozent der deutschen Bevölkerung auf dem Land bzw. in Orten bis höchstens 5.000 Einwohnern.[9] Das heißt, Deutschland blieb während des gesamten 18. Jahrhunderts äußerlich ein Agrarland. Doch bestand die Landbevölkerung keineswegs ausschließlich aus Bauern, die davon leben konnten, dass sie eigenes oder gepachtetes Land bebauten. Vielmehr bewirtschafteten Schätzungen zufolge fast vier Fünftel der Bauern Betriebe, die durch Erbteilung so klein geworden waren, dass sie nur mit Nebenverdiensten über die Runden kamen. Und was schon für die Kleinbauern galt, betraf noch stärker die vielen landarmen oder sogar landlosen Landbewohner. Da gab es die unterbäuerlichen Kätner, Kötter oder Kossäten, die in einer Kate bzw. einem Kotten lebten: keinem vollwertigen Hof, sondern nur einem Häuschen, oft am Rande des Dorfes oder außerhalb, auf schlechtem Boden gelegen. Da ihre Erträge keinen Haushalt ernährten, mussten sie sich Zusatzeinnahmen verschaffen. In der gleichen Lage waren die Gärtner, obwohl der Gemüse- und Obstanbau auf ihrem Kleinbesitz selbst schon arbeitsintensiv war. Häusler oder Büdner besaßen zwar ein Haus, oft mit Gärtchen und Ziege, aber kein Land und mussten daher von ihrer Arbeitskraft leben. Noch eine Stufe tiefer standen die Tagelöhner, die sich auf großen Landgütern verdingten. Sie wurden nur bei Bedarf beschäftigt, besaßen immerhin noch ein Zuhause und dadurch oft auch eine eigene Familie. Umgekehrt verhielt es sich mit den Männern und Frauen, die als Dienstboten arbeiteten. Sie hatten feste Arbeitsverträge, lebten jedoch auf der Gesindestube und in Schlafkammern bei ihren Arbeitgebern und mussten daher für die Dauer ihrer Beschäftigung auf Familiengründung verzichten. Daneben gab es Landhandwerker wie Müller, Schmiede, Metzger, Bäcker, Wirte, nicht zuletzt auch die Manufakturarbeiter. In vielen Regionen machten diese landarmen oder landlosen Landbewohner bis zur Hälfte der Landbevölkerung aus – bei steigender Tendenz, wie wir sehen werden. All diese Menschen konnten sich aufgrund ihrer Landarmut nicht selbst versorgen. Alle mussten hinzuverdienen. Und alle taten dies, indem sie ihre Arbeitskraft verkauften, entweder auf den Höfen, Gütern, in den Manufakturen von anderen oder zuhause, in Heimarbeit. Teils als Nebenverdienst, teils als Haupterwerb wanderte die Lohnarbeit in das Wirtschaften der Landbevölkerung ein. Rechnet man die Kleinbauern und die Landarmen bzw. Landlosen zusammen, so waren rund 90 Prozent aller Landbewohner darauf angewiesen, mehrere solcher Tätigkeiten zu kombinieren. Nimmt man die Tagelöhner, Manufaktur- und Heimarbeiter in den Städten hinzu, dann wird deutlich, dass die überwältigende Mehrheit der wirtschaftenden Bevölkerung von Lohnarbeit abhängig war.

Konjunkturen der erweiterten Subsistenzwirtschaft

Das Eindringen des Marktes brachte Dynamik in die erweiterte Subsistenzwirtschaft. Zwar handelte es sich auf allen drei Ebenen keineswegs um „vollkommene“ (soll heißen offene und freie) Märkte. Zahlreiche Gewohnheitsrechte, Privilegien, Machtungleichgewichte griffen erheblich in das Marktgeschehen ein. Trotzdem verwandelte es mit der Zeit Lebensmittel, Arbeit und Landbesitz in Wirtschaftsgüter, deren Wert mit Preisen beziffert werden konnte. Abhängig von Angebot und Nachfrage begannen diese Preise zu schwanken. Das führte zu massiven Wechselwirkungen innerhalb des Systems. Sie ergaben zyklische Wirtschaftsschwankungen, kurz-, mittel- und langfristige, die von den Menschen wie blindes Schicksal oder göttliche Strafen erlitten wurden, weil die Ursachen im Dunkeln lagen.

Mangelkrisen

Ein Beispiel für kurzfristige Schwankungen waren die häufig auftretenden Mangelkrisen. Die meisten Kleinbauern, landarmen oder landlosen Landbewohner wirtschafteten ständig am Rande des Mangels. Jede Missernte, jede Wetterkatastrophe minderten ihr ohnedies kümmerliches Einkommen. Zwar stiegen dann die Lebensmittelpreise, aber nicht so stark, dass es die Ernteausfälle wettgemacht hätte. Die Gutsherren und Großbauern benötigten weniger Arbeiter; die Stadtbewohner mussten mehr Geld für Lebensmittel ausgeben und konnten dadurch weniger gewerbliche Güter und Dienstleistungen nachfragen – damit sanken die Verdienstmöglichkeiten auch in der Lohnarbeit und im Heimgewerbe. Solche Mangelkrisen bedeuteten Hunger, dem, wenn er längere Zeit anhielt, Seuchen folgten.

Mittelfristige Schwankungen ergaben sich aus Veränderungen der Rahmenbedingungen, etwa wenn ein Krieg begann oder ein Frieden, wenn Städte zerstört oder wiederaufgebaut wurden, wenn etwas die Verkehrswege blockierte oder freigab, wenn neue Produkte aufkamen oder die Obrigkeiten durch Zölle, Preisdiktate, Münzverschlechterungen, neue Gesetze in das Wirtschaftsgeschehen eingriffen. Am stärksten wirkten die langfristigen Schwankungen sich aus. Sie beruhten vor allem auf Klimaveränderungen und der Bevölkerungsentwicklung.

Kleine Eiszeit

So gingen die durchschnittlichen Jahrestemperaturen auf der Nordhalbkugel der Erde ab dem Beginn des 15. Jahrhunderts deutlich zurück. Die Winter wurden härter und dauerten länger. Flüsse froren zu, Gletscher drangen vor. Das Polarmeer, das im Mittelalter schiffbar gewesen war und Grönland, das die Wikinger besiedelt hatten, versanken im Packeis. Auch die Sommer blieben kühl und feucht; der Weizen verfaulte auf dem Halm. Mit großen Unterschieden von Region zu Region brachen die landwirtschaftlichen Erträge ein – in der Forschung ist von der spätmittelalterlichen Agrarkrise die Rede. Teuerungen, Hungersnöte und Seuchen waren die Folge. Notgedrungen lernten die Menschen sich anzupassen. In manchen Gegenden wechselten sie die angebauten Getreidesorten, andere Flächen, die zuvor landwirtschaftlich genutzt worden waren, mussten aufgegeben werden und fielen brach. Erst um die Mitte des 19. Jahrhunderts stiegen die durchschnittlichen Jahrestemperaturen wieder an. Diese Klimaphase wird in der Forschung als „Kleine Eiszeit" bezeichnet. Immer aufs Neue belastete sie die Wirtschaft durch extreme Wetterereignisse. So war der Winter des Jahres 1783/84 einer der kältesten, die in Mitteleuropa je verzeichnet wurden. Das folgende Hochwasser im Februar 1784 mit Eisgang an Rhein, Main, Neckar und Elbe zerstörte nicht nur zahlreiche Brücken und Häuser, vielerorts markiert es den Höchststand, den Überschwemmungen bis heute erreicht haben.

Bevölkerungsentwicklung

Auch die Bevölkerungsentwicklung wirkte sich massiv auf die Wirtschaft aus. Bevölkerungswachstum etwa steigerte die Nachfrage und heizte damit die Preisentwicklung an. Wenn man sich für den gleichen Geldbetrag weniger kaufen konnte, hieß das, der Geldwert sank. Das führte dazu, dass die Menschen ihre Ausgaben auf das Lebensnotwendige konzentrieren mussten: die Nahrungsmittel. So konnte auch Bevölkerungswachstum Mangelkrisen auslösen. Andererseits wurde die Landwirtschaft dadurch zu einem besonders lukrativen Wirtschaftszweig. Es lohnte sich, in sie zu investieren, etwa indem man neue Flächen urbar machte oder durch Innovationen Erträge steigerte. Das wiederum verschaffte mehr Menschen Arbeit.

Grenzen der Dynamik

Allerdings müssen wir uns klarmachen: So unverkennbar die erweiterte Subsistenzwirtschaft Konjunkturen unterworfen war, bewegten sich ihre Schwankungen innerhalb eines fest umrissenen Bereichs. Die Dynamik dieser Wirtschaftsform blieb beschränkt. Denn auf allen drei genannten Ebenen stieß die Marktentwicklung an Grenzen.

Abgeschottete, kleinteilige Wirtschaftsräume

Die regionale Spezialisierung und Arbeitsteilung funktionierten nur zwischen unmittelbar benachbarten Regionen oder solchen, die über Seeschiffsverkehr verbunden waren. Jeden weitergehenden Austausch verhinderten die exorbitanten Transportkosten. Die Straßen befanden sich in miserablem Zustand. 1786, beim Tode Friedrichs II., gab es in Preußen keine einzige befestigte Chaussee. Hinter dieser Vernachlässigung stand die Absicht, den Güterverkehr auf den Wasserstraßen zu halten, den Flüssen, weil dort jede größere Stadt und jeder Landesherr von alters her Zölle kassierten. Das machte auch den Binnenschiffsverkehr teuer, abgesehen davon, dass viele Flüsse weder bei winterlichem Eis und Hochwasser noch bei sommerlicher Dürre überhaupt befahrbar waren. So stark hing man in den alteingefahrenen, teuren Verkehrsverbindungen fest, dass die meisten Wirtschaftsräume kleinteilig und vielfach voneinander abgeschottet blieben. Die politische Zersplitterung mit ihren vielen Landesgrenzen, Zöllen,

Währungen, Gesetzen trug zur wirtschaftsräumlichen Kleinteiligkeit bei. Es kam im 18. Jahrhundert vor, dass in einem Landstrich nach einer Missernte die Menschen hungerten, während wenige Kilometer entfernt nichts davon zu bemerken war. Und niemand kam auf die Idee, die Grenze durch eine neue Verbindung zu überbrücken.

Randständigkeit gegenüber dem Welthandel

Auch der Fernhandel blieb ein beschränkter Wirtschaftssektor. Er durchflocht zwar viele Wirtschaftsräume und band Deutschland in die Weltwirtschaft ein. Doch galt dies nur für einige Güter. Insgesamt ging von diesem Bereich wenig verändernde Wirkung aus. Das lag u. a. daran, dass Deutschland gegenüber dem Welthandel ins Hintertreffen geraten war. Seit die Seemächte Amerika entdeckt hatten und um die Südspitze Afrikas nach Südostasien segelten, verliefen die bedeutendsten Handelswege nicht mehr zwischen Nord- und Ostsee und dem Mittelmeer oder zwischen West- und Osteuropa, sondern durch den Atlantik und in den Pazifik. Aus einer vormals zentralen Funktion als europäischer Handelsdrehscheibe rückte Deutschland an die Peripherie, während Länder, die zuvor randständig gewesen waren, wie England, jetzt die Knotenpunkte des Welthandels bildeten. Von der Gründung der frühneuzeitlichen Kolonialreiche blieb Deutschland ausgeschlossen, damit auch von den immensen Vermögen, die man andernorts über den Handel mit der neuen Welt verdiente. Die finanzwirtschaftlichen Innovationen, die für diesen Handel entwickelt wurden, etwa Kapitalgesellschaften, kamen verspätet ins Land. Mochte Deutschland in den Welthandel eingebunden bleiben, gegenüber den westeuropäischen Handelsmächten England, Frankreich und den Niederlanden fiel es zurück.

Geringes Bevölkerungswachstum bis 1750

Nichts zeigt deutlicher, wie wenig die erweiterte Subsistenzwirtschaft bei aller Bewegung von der Stelle kam, als die Bevölkerungsentwicklung. Was zwischenzeitlich an Zuwachs erreicht wurde, rafften Hungersnöte, Seuchen und Kriege fast vollständig wieder hinweg.

So unsicher die Schätzungen sind, auf denen diese Zahlen beruhen, so anachronistisch die Räume sind, auf die sie sich beziehen (Deutschland in den Grenzen von 1914! Österreich in den heutigen Grenzen!), sie verdeutlichen die Tendenz, auf die es hier ankommt. Zu Beginn des 14. Jahrhunderts könnten etwa 15 Millionen Menschen in Deutschland gelebt haben. Durch die Pest ging diese Zahl bis zum Jahr 1400 wohl um ein Drittel auf ca. zehn Millionen zurück. Es dauerte fast 200 Jahre, ehe die Bevölkerung sich von diesem Einbruch erholte und im Jahr 1580

Tabelle 1: Bevölkerungsentwicklung in Deutschland (1914), Österreich und der Schweiz 1500–1800

Zeit	Deutschland		Österreich		Schweiz	
	B	WR	B	WR	B	WR
1500	9				0,6	
1520	10	5				
1530	10,8	7,2	1,5[1])			
1540	11,7	7,5				
1550	12,6	7,2				
1560	13,5	7,1				
1570	14,4	5,8				
1580	15,0	4,6				
1590	15,7	4,1				
1600	16,2	3,2	1,8	2,6	0,9	4,1
1618	17,1	3,2				
1650	10	-13,4				
1700	14,1	8-10	2,1	1,5	1,2	2,9
1750	17,5	4	2,7	5		
1800	22	4	3,1	2,8	1,7	3,5

B: geschätzte Bevölkerung in Millionen WR: jährl. Wachstumsrate in Promille

[1]) 1527

Tab. 1 Nach Christian Pfister: Bevölkerungsgeschichte und historische Demographie 1500-1800. München 1994, S. 10, Tabelle 1.

wieder die 15 Millionen-Marke erreichte. Dann kam der Dreißigjährige Krieg, der die Zahl der Menschen in Deutschland abermals um mehr als ein Drittel reduzierte. Erst im Jahr 1750 wurde der Vorkriegsstand wieder erreicht. Die Bevölkerungszahl lag damit gerade einmal 13 Prozent höher als im Jahr 1300. Bezogen auf einen Zeitraum von 450 Jahren ist dieses Wachstum minimal.

Das zeigt: Offenbar war die Bevölkerungszahl an Kapazitätsgrenzen gebunden, die auch die erweiterte Subsistenzwirtschaft nicht zu verschieben vermochte. Zu nennen ist an erster Stelle die

Versorgung mit Nahrungsmitteln. Trotz regionaler Spezialisierung und des Handels blieb sie von dem abhängig, was innerhalb der kleinteiligen Wirtschaftsräume erzeugt wurde. Und dieser landwirtschaftliche Ertrag ließ sich kaum steigern. So viele Wachstumsimpulse die eingebauten Marktprinzipien auch geben mochten, was über die verfügbaren Nahrungsressourcen hinauswuchs, ging durch Hunger, Seuchen und Krieg immer wieder zugrunde. Über Hunderte von Jahren konnte die Bevölkerungszahl daher nur schwanken, kaum wirklich steigen. Auch die erweiterte Subsistenzwirtschaft gelangte also im Ergebnis über die elementare Reproduktion nur geringfügig hinaus. Umso aufregender ist, was in der zweiten Hälfte des 18. Jahrhunderts geschah.

Bevölkerungsexplosion

Alle Quellen deuten darauf hin, dass die Bevölkerungsentwicklung begann, die bis dahin unverrückbar scheinenden Grenzen hinter sich zu lassen. In manchen Regionen Deutschlands wuchs die Zahl der Menschen zwischen 1750 und 1800 um mehr als die Hälfte, in einigen Regionen hat sie sich sogar verdoppelt.[10] Um die Wende zum 19. Jahrhundert sollen in Deutschland rund 22 Millionen Menschen gelebt haben, anderen Schätzungen zufolge sogar mehr als 25 Millionen. Wenn das stimmt, bekam das Wachstum eine neue Qualität. Schaut man sich an, wie die Entwicklung im 19. Jahrhundert weiterging, dann wird deutlich: Die Bevölkerung wuchs auf einmal exponentiell. Deshalb bezeichnet die Forschung diesen Zuwachs als „Bevölkerungsexplosion".

Neuartigkeit dieser Entwicklung

Damit setzte eine Entwicklung ein, die sich erst in den 1970er Jahren umkehrte, als die Bevölkerung in Deutschland wieder zu schrumpfen begann. Das verdeutlicht: In der zweiten Hälfte des 18. Jahrhunderts vollzog sich ein Durchbruch. Damals begann etwas Neues, das in ein anderes Zeitalter führte, in die Moderne. Wie ist diese neuartige Entwicklung zu erklären?

In der Historischen Demographie – das ist die Disziplin, die sich mit der Bevölkerungsentwicklung in der Geschichte beschäftigt – stimmt man in einem Punkt überein: Die Ursachen waren komplex, Aussagen darüber sind schwer überprüfbar. Änderungen in verschiedenen Lebensbereichen kamen zusammen – daher hängt es in hohem Maße von der Fragestellung und den Voraussetzungen ab, welche Faktoren man betont. Drei Erklärungsansätze, die auf den Strukturwandel der Wirtschaft abheben, seien hier erörtert.

Erste mögliche Ursache: Die feudalen Heiratsbeschränkungen entfielen.

Der erste Erklärungsansatz besteht darin zu sagen, die Bevölkerungszahl wuchs, weil bestimmte Hemmungen wegfielen, die sie zuvor daran gehindert hatten. Die Menschen des 18. Jahrhunderts lebten in einer Mangelgesellschaft, viele am Rande des Existenzminimums. Hunger und Not erinnerten sie immer aufs Neue daran, dass die Möglichkeiten zur Bedarfsdeckung beschränkt waren. Jede Überbeanspruchung stellte die Solidargemeinschaften vor Probleme. Deshalb entwickelten sie Strategien, um die soziale Belastung in Grenzen zu halten. Fortpflanzung war in der Gesellschaft der Frühen Neuzeit sozial streng eingehegt.

Eine Strategie bestand darin, den Nachwuchs verhältnismäßig spät zu verheiraten. In der Frühen Neuzeit lag das durchschnittliche Heiratsalter bei Männern und Frauen zwischen 25 und 30 Jahren, bei Begüterten, weil sie warten mussten, bis sie den Hof oder das Geschäft übernehmen konnten; bei Unbegüterten, weil sie sich die Mittel zur Familiengründung durch Arbeit etwa als Dienstboten erst verdienen mussten. Bereits dies reduzierte die Möglichkeit, in der Ehe ein Kind zu empfangen (und nur eheliche Kinder galten als rechtmäßig und durften erben) auf einen Zeitraum von 15 bis 20 Jahren. Zudem galt als wünschenswert, dass Kinder von ihren Müttern gestillt wurden und zwar lange, bis zu zwei Jahren. Obwohl viele Frauen sich nicht daran hielten, vergrößerte die Norm doch den Abstand zwischen den Geburten auf durchschnittlich 30 Monate und reduzierte damit abermals die Geburtenzahl. Wenn die Normen beachtet wurden, konnten aus einer Ehe maximal sechs bis acht Kinder hervorgehen. Die tatsächliche Geburtenzahl lag darunter, nämlich bei durchschnittlich vier bis sechs Kindern. So viele mussten es auch sein, denn die Kindersterblichkeit war hoch. Zwischen zehn Prozent und 40 Prozent aller Säuglinge starben im ersten Lebensjahr. Wenig mehr als 60 Prozent aller Neugeborenen erreichten ein fortpflanzungsfähiges Alter.

Eine weitere Strategie bestand darin, den Zustand der Ehelosigkeit zu honorieren. Freiwilliger Heiratsverzicht, etwa aus religiösen Gründen, war angesehen; bis zu 20 Prozent aller Menschen trafen in einigen Gegenden diese Entscheidung.

Die wirksamste Strategie lief darauf hinaus, die Einwilligung zur Ehe an hohe Voraussetzungen zu knüpfen. Eine Heiratsverbindung war in der Frühen Neuzeit keine Privatangelegenheit der Brautleute. Sie wurde von den Herkunftsfamilien ausgehandelt, auch die Taufpaten sprachen mit, bei Leibeigenen oder Hörigen die Leib- bzw. Grundherren, sonst die Patrone. Zudem musste die Ehe von der Gemeinschaft akzeptiert werden, in der die Eheleute leben wollten. Das lag daran, dass jede Ehe einen Haushalt begründete, eine Wirtschaftseinheit, wenn man so will, ein kleines Unternehmen. Alle hatten ein Interesse daran, dass dieses Wirtschaftsunternehmen überlebensfähig war, sonst fielen die Eheleute ihren Herkunftsfamilien, Herren oder der Gemeinde zur Last. Staatliche Sozialfürsorge gab es nicht. Daher redeten die Solidargemeinschaften mit, die in der Not die Last zu schultern hatten, und achteten darauf, dass der neue Haushalt angemessen ausgestattet wurde, um wirtschaftlich überleben zu können. Das bedeutete: Eine Ehe musste standesgemäß sein, und die Brautleute mussten so viel Besitz und Arbeitsmöglichkeiten vorweisen, dass die standesgemäße Nahrung gesichert war. An dieser hohen Klippe sind in der Frühen Neuzeit viele Heiratsvorhaben gescheitert.

In der zweiten Hälfte des 18. Jahrhunderts könnte diese soziale Kontrolle nachgelassen zu haben. Einige Forscher vermuten, dass in manchen Gegenden, vor allem im Westen und Süden Deutschlands, Leibeigenschaft und Hörigkeit an Geltung verloren, sei es weil immer mehr Herren sie in monetär entlohnte Dienst- oder Pachtverhältnisse umwandelten, sei es weil die Abhängigen sich freikauften. Damit verloren die Herren ihr Einspruchsrecht. Die feudalen Heiratsbeschränkungen traten außer Kraft. Wenn dies zutrifft, kann die Bevölkerungsexplosion als Anzeichen für einen tiefgreifenden Wandel auch der Sozialbeziehungen und der gesellschaftlichen Ordnung gedeutet werden. Davon wird im Abschnitt 3.5 noch mehr zu sagen sein.

Zweite mögliche Ursache: Die Verdienstmöglichkeiten nahmen zu.

Die zweite Erklärung geht davon aus, dass die Menschen auch ohne feudale Kontrolle wirtschaftlich rational gehandelt haben werden. Sie hätten nicht so viel und offenbar frühzeitiger als zuvor geheiratet, wenn sie für die neuen Haushalte keine Verdienstmöglichkeiten gesehen hätten. Das bedeutet: Die Verdienstmöglichkeiten müssen sich vermehrt haben. Inwiefern?

Heimarbeit

Machen wir uns klar, von welchen sozialen Gruppen die Bevölkerungsexplosion ausging. Erste Beobachtung: Die Stadtbewohner trugen so gut wie nichts dazu bei. Die Städte wuchsen in der zweiten Hälfte des 18. Jahrhunderts kaum, auch nahm ihre Zahl nicht zu. Die Bevölkerungsexplosion fand ausschließlich auf dem Land statt. Zweite Beobachtung: Sie wurde vor allem von den landarmen und landlosen Unterschichten getragen, nicht von den Bauern, erst recht nicht vom Adel. Das gibt uns einen Hinweis: Die Bevölkerungsexplosion ging von den Menschen aus, die vor allem vom Verkauf ihrer Arbeitskraft lebten. Das deutet darauf hin, dass die Beschäftigungsmöglichkeiten in der Lohnarbeit zunahmen. Und es wird, gemessen an marktwirtschaftlichen Maßstäben, zu einem rationalen Verhalten, wenn man annimmt, dass die vielen Kinder zusammen mit den Frauen ebenfalls arbeiteten. Mit anderen Worten: Die Erklärung könnte in einer Ausweitung der Heimarbeit liegen.

Verlagssystem

Wie kam die Heimarbeit auf das Land? Die Antwort lautet: durch das Verlagssystem. Als „Verlag" bezeichnet man in der Frühneuzeithistorie eine Organisationsform des produzierenden Gewerbes; Schwerpunkte waren die Textil- und die Eisenbranche. Die Organisation bestand darin, dass ein Kaufmann Fertigprodukte wie Leinwand und Stoffe einsammelte und „verlegte" (das heißt: vertrieb), die von vielen Produzenten in ihren eigenen Wohnungen hergestellt worden waren, etwa durch Spinnen und Weben. Der Verleger übernahm also die Markterkundung und den Vertrieb auf überlokalen Märkten, lagerte die eigentliche Produktion aber dezentral aus. Dadurch sparte er nicht nur Anlagekapital und Betriebskosten, benötigte er doch keine eigenen Produktionsstätten und brauchte weder für Licht noch für Heizung zu sorgen, vor allem vermied er das Beschäftigungsrisiko. Denn bezahlt wurden die Heimarbeiter nur für ihre Produkte. Nie konnten die Heimarbeiter sich ihrer Beschäftigung sicher sein. Wenn der Verleger Absatzschwierigkeiten hatte, kaufte er nicht oder vergab keine Aufträge. Wenn die Heimarbeiter nicht auf andere Verleger oder alternative Beschäftigungen ausweichen konnten, gerieten sie in Abhängigkeit. Dann nahm das Arbeitsverhältnis schnell ausbeuterische Züge an. Dennoch brachte das Verlagssystem Arbeit auf das Land. Bei guter Konjunktur konnte man darin sogar überdurchschnittlich viel verdienen und auf diese Weise immer größere Familien landarmer Menschen ernähren.

Einwenden lässt sich gegen diesen Erklärungsansatz: Das Verlagssystem war alt. Es entstand bereits im Spätmittelalter in Flandern, Italien und im Hanseraum. Spätestens als das Städtewachstum in einigen Landstrichen und die Kolonialisierung großen Bedarf an erschwinglichen Textilprodukten erzeugten, verbreitete es sich über weite Teile Deutschlands. Das heißt, es setzte aufnahmefähige Auslandsmärkte voraus. Es schloss „die Weber in den abgelegenen Gehöften der Niederlausitz ganz so wie die Spinner in den Dörfern des Ravensberger Landes" an den Weltmarkt an.[11] Über mehrere Instanzen, und zwar den Zwischenmeister, den Verleger, den Großhändler, den Spediteur, den Kleinhändler am Absatzort, durchwanderte das Produkt als Warenkapital Länder und Meere. Aus einem Kaufmann machte das Verlagssystem einen Unternehmer, aus Landhandwerkern Heimarbeiter. Das Verlagssystem umging und schwächte das städtische Zunfthandwerk. Es proletarisierte zudem die Landbevölkerung. Insofern drang mit ihm der Kapitalismus in die frühneuzeitliche Subsistenzwirtschaft vor. Was hat sich in der zweiten Hälfte des 18. Jahrhunderts daran geändert?

Neuerungen im 18. Jahrhundert

Denkbar ist zum einen, dass gerade in diesem Zeitraum lange gewachsene Quantität in eine neue Qualität umschlug. Für immer mehr Produkte machten rührige Verleger, unterstützt von den fürstlichen Obrigkeiten, dem städtischen Zunftgewerbe Konkurrenz. Dadurch entstanden immer neue Verlage, oder die bestehenden Verlage weiteten ihre Produktpalette aus. In immer weitere Regionen drangen sie vor, auch in abgelegene, immer mehr Menschen boten sie Arbeit. Bereits im Spätmittelalter waren durch das Verlagssystem förmlich Gewerbelandschaften entstanden. Jetzt trieben die Verlage die Gewerbedichte so sehr in die Höhe, dass die „Hausindustrie", wie die ältere Forschung die verlegerisch organisierte Gewerbeproduktion genannt hat,[12] mancherorts zur bestimmenden Arbeits- und Lebensform aufstieg.

Zum andern wird mit neuen Impulsen argumentiert. Offenbar stieg in der zweiten Hälfte des 18. Jahrhunderts der Absatz von verlegten Produkten massiv an. Ursachen könnten das Bevölkerungswachstum im Inland sein, aber auch eine verstärkte Nachfrage auf Auslandsmärkten, nicht zuletzt in Übersee. „Zwischen 1748/49 und 1789/90 wurden im Durchschnitt 75 Prozent der schlesischen Leinenausfuhr nach Westeuropa und Übersee verfrachtet. Ein Beobachter nannte 1787 den hessischen Leinwandhandel den ‚Hauptcanal, durch welchen spanisches Gold und Silber in unsere Cassen fließt', er sei geradezu das ‚hessische Peru und Ostindien'."[13] Das deutet auf eine signifikante Ausweitung des Außenhandels hin. Steigende Absatzmöglichkeiten verschafften dem Verlagssystem eine Hochkonjunktur. Die Verlage wurden größer und komplexer. Die Calwer Zeughandelskompanie etwa griff Ende der 1780er Jahre auf rund 5.000 Arbeiter zurück und kombinierte das Verlagssystem mit einem zentralen Manufakturbetrieb. Verlagssystem und Manufakturwesen konnten zusammenwachsen. Mancherorts gingen daraus die ersten Fabriken hervor.

Anfänge des Konsums

Daran zeigt sich noch eine Neuerung. Verlegte oder in Manufakturen erzeugte Produkte wurden nicht als Einzelstücke für den konkreten Bedarf hergestellt, sondern in großer Zahl für einen Markt, der sich in anderen Ländern oder Kontinenten befinden konnte. Damit gingen eine Standardisierung und Anonymisierung einher, die Gebrauchsgegenstände in Konsumgüter verwandelten. Denn auf dem Markt traten die Güter mit Produkten von ähnlichem oder sogar höherem Gebrauchswert in Konkurrenz. Daher mussten sie diese Konkurrenz entweder durch einen günstigeren Preis ausstechen oder durch einen höheren symbolischen Wert, etwa indem sie ihren Käufern und Nutzern als Statussymbole dienten. Wer es sich leisten konnte, trug farbiges Kattun oder Seide statt Wolle und Leinen, trank Kaffee oder Schokolade statt Bier oder Wein und benutzte dazu Porzellan statt Zinn oder Töpferware. So hielt in der zweiten Hälfte des 18. Jahrhunderts auch in Deutschland Einzug, was man viel später als „Konsumgesellschaft“ bezeichnet hat. Allerdings blieb dieses Phänomen zunächst weitgehend auf Luxusgüter für die höheren Stände beschränkt. Immerhin dehnte es sich von der höfischen Gesellschaft auch auf bürgerliche Kreise aus. Das zeigt sich an der breiten Aufmerksamkeit, die der Luxus und die Mode in den Zeitschriften des 18. Jahrhunderts fanden. Auch die Konsumkritik nahm darin bereits breiten Raum ein.

Protoindustrialisierung

Viele Forscherinnen und Forscher sagen, in der zweiten Hälfte des 18. Jahrhunderts habe das kapitalistische Verlagssystem quantitativ wie qualitativ so große Bedeutung erlangt, dass es die Grenzen der erweiterten Subsistenzwirtschaft sprengte und ein explosives Bevölkerungswachstum ermöglichte. Unter dem Begriff der „Protoindustrialisierung“ ist diese These in die Literatur eingegangen. Er soll das qualitativ Neue ausdrücken, das hier aus der erweiterten Subsistenzwirtschaft ausbrach. Allerdings ist er von verschiedenen Seiten in Frage gestellt worden.
Mikrohistorische Fallstudien zu einzelnen Regionen haben gezeigt: Auch in Gewerbelandschaften konnte die Bevölkerungszahl stagnieren, etwa weil feudale oder familiale Heiratsbeschränkungen in Kraft blieben. Offenbar mussten also mehrere Faktoren zusammenwirken, neben den Beschäftigungsmöglichkeiten auch Besitzverhältnisse, Familienstrukturen, Erbrecht, Herrschaftsverhältnisse, Mentalitäten. Das Konzept der Protoindustrialisierung darf nicht als Universalschlüssel für die Erklärung der Bevölkerungsexplosion missverstanden werden.
Vor allem jedoch zielt die Kritik auf die teleologische Perspektive, die in den Begriff eingebaut ist. Das griechische Wort „prōtos“ bedeutet „der erste“. Das Kunstwort „Proto-Industrialisierung“ heißt also wörtlich „erste Industrialisierung“. Gemeint ist, was zur Industrialisierung hinführte.[14] Damit wird eine Erscheinung des 18. Jahrhunderts im Hinblick auf eine spätere Erscheinung des 19. und 20. Jahrhunderts gedeutet bzw. umgekehrt: Die Industrialisierung, unbestritten ein Kennzeichen der Moderne, wird ins 18. Jahrhundert zurückverlängert.

Diese Kontinuitätsbehauptung haben die Kritiker vielfach durchlöchert. Hausindustrie und Manufakturen konnten zu Fabriken zusammenwachsen – in vielen Fällen entstanden die Fabriken jedoch unabhängig von jenen älteren Formen gewerblicher Produktion. Die Fabrikarbeiter konnten aus Heimarbeiterfamilien stammen – in vielen Fällen kamen sie aber auch aus den Gruppen der Tagelöhner oder Kleinbauern. Verleger konnten sich in Industrieunternehmer verwandeln – zahlreiche Unternehmer kamen jedoch aus dem Handwerk. Gewerbelandschaften konnten zu Industrieregionen werden – in manchen Fällen verfielen die Heimgewerbe aber auch und die Region kehrte zur Landwirtschaft zurück.
Das zeigt: Was heute „Protoindustrialisierung" genannt wird, lief keineswegs notwendig auf Industrialisierung hinaus. Auch ist die Industrialisierung durch die Protoindustrialisierung nicht hinreichend erklärt. Insofern besitzt der ältere Forschungsbegriff der „Hausindustrie" Vorzüge.

Dritte mögliche Ursache: Gewinnorientierte Landwirtschaft verbesserte die Ernährungsgrundlage.

Das Neue in der zweiten Hälfte des 18. Jahrhunderts war nicht die Industrialisierung, sondern die Bevölkerungsexplosion. Und sie ist mit den wachsenden Verdienstmöglichkeiten in der Heimindustrie und dem Nachlassen sozialer Heiratsbeschränkungen noch nicht hinreichend erklärt. Denn die wachsende Zahl der Menschen hätte nicht lange überlebt, wenn es für sie nichts zu essen gegeben hätte. Also muss die Nahrungsmittelversorgung besser geworden sein und zwar erheblich. Hier setzt der dritte Erklärungsansatz an. Er führt die Verbesserung auf die Kommerzialisierung der Landwirtschaft zurück.

Landwirtschaftliche Erträge sind noch schwerer zu schätzen als Bevölkerungszahlen. Nur für große, professionell geführte Betriebe existieren Rechnungsbücher. Vieles muss man indirekt aus Steuerlisten schließen. Wie schnell die zeitgenössische Gelehrtendiskussion über Anbaumethoden und Fruchtsorten in der Praxis ankam, ist umstritten. Gleichwohl zeigt sich, dass man im 18. Jahrhundert systematisch daran gearbeitet hat, die Landwirtschaft auszuweiten und zu intensivieren. Ein aufklärerischer Herrscher wie Friedrich II. ließ ab 1747 das Oderbruch trockenlegen, womit er „im Frieden eine Provinz eroberte", denn auf dem gewonnenen Land konnte er, publizistisch gefeiert, in 33 neuen Dörfern mehrere zehntausend Einwanderer ansiedeln. Ebenso rodete man Wälder oder begann, selbst karge Böden zu bewirtschaften. Erst jetzt wuchs die landwirtschaftlich bebaute Fläche über die Expansionen des Hochmittelalters und des 16. Jahrhunderts hinaus. Wichtiger noch: Fürst Leopold Friedrich Franz von Anhalt-Dessau legte auf den Weiden und Feldern, die er durch Wasserbaumaßnahmen an Mulde und Elbe gewann, Mustergüter an, wo neue Fruchtsorten wie die Kartoffel und neue Anbaumethoden wie die verbesserte Dreifelderwirtschaft vorgeführt wurden, um die einheimischen Bauern zu Innovationen zu veranlassen. Zahlreiche Fürsten gründeten Landwirtschaftsschulen, Kenntnisse wurden gesammelt, verschriftlicht, systematisiert, Land- und Forstwirtschaft stiegen zu wissenschaftlichen Disziplinen auf. Auch legten die Regierungen Getreidespeicher an, um Missernten und Mangelkrisen abfedern zu können.

Indem die wachsende, zahlungskräftige Bevölkerung nach Nahrungsmitteln verlangte, bescherte sie der Landwirtschaft eine Konjunktur. Der Wert landwirtschaftlicher Erzeugnisse wuchs und damit der Wert des Bodens. Man konnte gewinnbringend in Landwirtschaft investieren. Innovationen zahlten sich aus. Das machte die Menschen nicht nur aufnahmebereiter für Neuerungen, es verlieh auch den längst vorhandenen Kommerzialisierungstendenzen in der Landwirtschaft neuen Schub. Statt für die Selbstversorgung (und sei es über benötigte Tauschware) produzierten immer mehr Landwirte für den Gewinn. Dafür versuchten sie ihre Höfe oder Güter in selbständige Betriebe umzuwandeln. Lange hatte die Dorfgemeinschaft entschieden, wann und womit welches Land zu bebauen war. Jetzt brachen vor allem die Gutsbesitzer und Großbauern aus dem Flurzwang aus. Sie kündigten Gemeinschaftsleistungen und Dienste, lösten ihre Anteile aus den Allmenden (dem Gemeindeland) heraus, verweigerten Überfahrtsrechte, sperrten vormals öffentliche Wege. Die gleiche Entwicklung schritt in den Feudalbeziehungen zwischen Grund- bzw. Leibherren und Hörigen voran. Wer konnte, wandelte sie in Pachtverhältnisse oder Lohnarbeit um. Großbauern und Gutsherren entwickelten sich zu Unternehmern. Wenn dann noch ihre Forderung Gehör fand, die alten Feudalrechte zu ändern – was viele Fürsten im Zuge der aufklärerischen Rechtsetzung tatsächlich versuchten –, konnten vormals lehnsgebundene Landgüter verkäuflich werden wie Privateigentum. In Preußen führte dies im 18. Jahrhundert zu einer regelrechten Güterspekulation. Angeheizt durch obrigkeitlich subventionierte Kreditinstitute (die sogenannten „Landschaften"), die Güter taxierten und günstige Hypothekenkredite vergaben, begannen viele Adlige einen schwungvollen Handel auf Pump. Binnen weniger Jahrzehnte wechselten große Teile des Landes z. T. mehrfach die Eigentümer. Es ist klar, dass dadurch die Bindung an den

Besitz und an die Menschen, die darauf lebten, an Geltung verlor. Viele Adlige ließen ihre Güter von Verwaltern bewirtschaften, die auf den neuen Landwirtschaftsschulen ausgebildet worden waren und als professionelle Angestellte sowohl die technologischen Innovationen als auch den Umbau der Sozialverhältnisse vorantrieben. So weit drangen die Marktprinzipien vor, dass auch der Handel mit Nahrungsmitteln neue Reichweiten eroberte. Die Wirtschaftsräume wurden größer und dies scheint, zusammen mit dem Produktionszuwachs, die Lebensmittelversorgung der wachsenden Bevölkerung ermöglicht zu haben.

Strukturwandel zur kapitalistischen Marktwirtschaft

Insgesamt wird man die Bevölkerungsexplosion in der zweiten Hälfte des 18. Jahrhunderts als ein Symptom verstehen können, das mehrere verschiedene, wenngleich eng verwobene Wandlungen der Wirtschafts- und Sozialstruktur anzeigt. Hatten diese Entwicklungen eine gemeinsame Richtung? Hier wird die Ansicht vertreten, dass dies der Fall war. Und zwar lassen sie sich alle als Strukturwandel von der erweiterten Subsistenzwirtschaft zur kapitalistischen Marktwirtschaft interpretieren.

Definition

Kapitalismus

Als „kapitalistisch" kennzeichnen die Ökonomen eine Wirtschaftsordnung, die vorrangig auf dem Produktionsfaktor Kapital beruht, anstatt – wie die Subsistenzwirtschaft – auf den Produktionsfaktoren Boden und Arbeit. Dabei gilt als „Kapital" alles, was durch Güterproduktion bereits erwirtschaftet worden ist, aber vom Verbrauch ausgenommen wurde, um es für die Produktion neuer Güter zu verwenden. Darunter fällt zum einen das sogenannte „Real-" oder „Sachkapital": diejenigen Güter, die für die Produktion neuer Güter gebraucht werden wie Häuser, Werkzeuge, Maschinen (Karl Marx spricht von „durch die Arbeit selbst produzierten Produktionsmittel[n]")[15]. Zum andern fällt darunter erwirtschaftetes und akkumuliertes Geldvermögen, das Verfügungsgewalt über sämtliche Wirtschaftsgüter verschafft, sogar über die anderen Produktionsfaktoren Boden und Arbeit.

Adam Smith

Aufgebracht hat die Unterscheidung zwischen den Produktionsfaktoren Boden, Arbeit und Kapital der schottische Aufklärer Adam Smith (1723-1790) in seinem Hauptwerk *An Inquiry into the Nature and Causes of the Wealth of Nations* von 1776. Noch im gleichen Jahr erschien es unter dem Titel *Untersuchung der Natur und Ursachen von Nationalreichthümern* auch auf Deutsch. Die Führungsschichten im Reich haben es rasch rezipiert. Ausgehend von einer Moralphilosophie, die das wirtschaftliche und gesellschaftliche Handeln auf den Eigennutz des Einzelnen gründet, fand Smith zu der oben umrissenen Definition und beschrieb, wie das Kapital einzusetzen sei, um Ertrag oder Gewinn zu erzielen. Das Werk läuft darauf hinaus, die Bildung, Ansammlung und Verwendung von Kapital zu rechtfertigen, weil das Gewinnstreben des Einzelnen über die „unsichtbare Hand" des Marktes das Volkseinkommen, die einheimische Erwerbstätigkeit und die Versorgung der Menschen besser fördere als jeder andere Wirtschaftsfaktor.

Quelle

Der Wohlstand der Nationen

Wenn daher jeder einzelne soviel wie nur möglich danach trachtet, sein Kapital zur Unterstützung der einheimischen Erwerbstätigkeit einzusetzen und dadurch dieses so lenkt, dass ihr Ertrag den höchsten Wertzuwachs erwarten lässt, dann bemüht sich auch jeder einzelne ganz zwangsläufig, dass das Volkseinkommen im Jahr so groß wie möglich werden wird. Tatsächlich fördert er in der Regel nicht bewusst das Allgemeinwohl, noch weiß er wie hoch der eigene Beitrag ist. Wenn er es vorzieht, die eigene nationale Wirtschaft anstatt die ausländische zu unterstützen, denkt er nur an die eigene Sicherheit, und wenn er dadurch die Erwerbstätigkeit so fördert, dass ihr Ertrag den höchsten Wert erzielen kann, strebt er lediglich nach eigenem Gewinn. Er wird in diesem wie auch in vielen anderen Fällen von einer unsichtbaren Hand geleitet, um einen Zweck zu fördern, der keineswegs in seiner Absicht lag. Es ist auch nicht immer das Schlechteste für die Gesellschaft, nicht beabsichtigt gewesen zu sein. Indem er seine eigenen Interessen verfolgt, fördert er oft diejenigen der Gesellschaft auf wirksamere Weise, als wenn er tatsächlich beabsichtigt, sie zu fördern.

Adam Smith: Der Wohlstand der Nationen. Eine Untersuchung seiner Natur und seiner Ursachen. Aus dem Englischen neu übertragen nach der fünften Auflage (letzter Hand) [1789] v. Horst Claus Recktenwald. München 1974, S. 370 f. [=Buch IV, Kapitel II].

Das war ein neuer Ansatz, um die Wirtschaft zu verstehen. Er machte Adam Smith zum Gründervater der „klassischen Nationalökonomie". Sein Werk können wir als Beispiel dafür verstehen, wie ein Denker die Neuerungen seiner Zeit auf neue Begriffe bringen kann. Die Begriffs- und Theoriebildung verarbeitet hier die realhistorischen Vorgänge. Sie bringt die Tendenz zum Kapitalismus an den Tag.

Bereits dessen Definition verdeutlicht, dass die kapitalistische Wirtschaftsordnung aus der erweiterten Subsistenzwirtschaft hervorgegangen ist, aber den dort eingehegten Anteil des Marktes mit seinen Prinzipien der Überschussproduktion und Gewinnorientierung verabsolutiert. Das Kapital emanzipiert sich gleichsam von den anderen Produktionsfaktoren. Es bricht aus der erweiterten Subsistenzwirtschaft aus und unterwirft alle wirtschaftlichen – und damit auch die darauf beruhenden sozialen – Beziehungen seiner Logik. Damit entfesselt es eine ungeheure Dynamik. Denn Kapital verlangt nach Kapitalvermehrung. Das Prinzip, dem es seine Entstehung verdankt (etwas nicht zu verbrauchen, sondern zur weiteren Produktion zu verwenden), heizt ununterbrochen ein Drängen nach Wachstum an. Damit ist der Kapitalismus ein Merkmal und eine zentrale Bedingung der Moderne.

Hemmnisse des Strukturwandels

Wie weit war der Strukturwandel von der erweiterten Subsistenzwirtschaft zur kapitalistischen Marktwirtschaft in Deutschland bis 1780 vorgedrungen? Bei allen Dynamisierungen, denen wir begegnet sind, darf man den entscheidenden Punkt nicht übersehen – dem Strukturwandel standen massive Hemmnisse entgegen. Nur drei seien hier benannt: die Feudalrechte, die politische Instrumentalisierung der Wirtschaft und die Ständeordnung.

Feudale Rechtsordnung

Die kapitalistische Marktwirtschaft beruht darauf, nicht nur Wirtschaftsprodukte wie Gebäude und Werkzeuge, sondern auch Produktionsfaktoren wie Land, Rohstoffe und Energie in Kapital zu verwandeln, das heißt: sie zu privatisieren. Nur was einem Unternehmer frei verfügbar ist, kann als Kapital verwendet werden. Diesen Vorstellungen von Privateigentum und freier Verfügung stand die überkommene Rechtsordnung entgegen. Das begann schon damit, dass es in Deutschland kein einheitliches Recht gab. Da die Gesetzgebung die landesherrliche Souveränität anzeigte, hat jeder Reichsstand sie eifrig betrieben und zwar jeder auf seine eigene Weise. Schon dadurch blieb das Reich unterhalb des Reichsrechts in viele verschiedene Rechtsräume geteilt. Die gleiche komplexe Gemengelage wiederholte sich innerhalb der einzelnen Territorien. Selbst wo es fürstliche Rechtskodifikationen gab wie in Österreich und Preußen, blieben sie von einer konsequenten Vereinheitlichung weit entfernt. Für viele Materien begnügte man sich damit, örtliche Gewohnheitsrechte nebeneinanderzustellen und durch das „gemeine Recht" (so bezeichnete man das allgemein verbindliche Recht) lediglich zu überwölben. Immerhin konnten konkurrierende Rechtssphären dadurch in eine Hierarchie gebracht werden, während sie in den anderen Territorien mit schwächeren Obrigkeiten miteinander kollidierten. Streitende Parteien vermochten die unterschiedlichen Gerichtsbarkeiten gegeneinander auszuspielen und sich ihr Recht dort zu suchen, wo es für sie am günstigsten war: vor den lokalen Gerichtsherren, den kirchlichen, den landesherrlichen oder dem Reich. Da diese Konkurrenz der Rechtssphären auf der feudalen Diffusion von Herrschaft und Gerichtsbarkeit beruhte, können wir sie als „feudale Rechtsordnung“ bezeichnen.

Vorrang der Vergemeinschaftungen

Heute werden Fragen des Eigentums und des wirtschaftlichen Handelns durch das Privatrecht geregelt. Es setzt das selbstbestimmte Handeln des Einzelnen voraus. Im 18. Jahrhundert entdeckten die Aufklärer diese Selbstbestimmung erst; die feudale Rechtsordnung kannte sie nicht. Niemand war ein selbständiges Rechtssubjekt im heutigen Sinn. Kinder, Frauen, Leibeigene, Abhängige, Gesinde, Handwerkergesellen konnten die meisten Geschäfte nur mit Zustimmung ihrer Väter, Herren, Meister oder Patrone tätigen. Diese wiederum waren an die Mitentscheidung von Gemeinschaften und Korporationen gebunden, etwa dem Familienverband, der Gemeinde, der Zunft. Auch über Eigentum konnte kaum jemand frei verfügen. Denn das Recht schützte die lokalen Gemeinschaften, nicht den Einzelnen. Beispielsweise hatten viele Adlige ihr Eigentum in „Familienfideikommisse“ verwandelt, ein Sondervermögen, das weder geteilt noch verkauft werden durfte und für das auch die Weitergabe durch Erbe genau vorgeschrieben war. Kaufmännisches und handwerkliches Vermögen unterlag dem Schutz, aber eben auch der Mitbestimmung durch Gilden und Zünfte, bäuerliches durch den Grundherrn und die Gemeinde, grundherrliches durch den Landesherrn und die Ritterschaft. Der einzelne Mensch war in der Frühen Neuzeit kein isoliertes, autonomes Subjekt, sondern primär Mitglied von Gemeinschaften und Korporationen. Dies wurde durch das Recht festgeschrieben. Auch die neuen, aufgeklärten Rechtskodifikationen vermochten es nicht zu ändern.

Kameralismus

Zu den Hemmnissen der kapitalistischen Marktwirtschaft gehörte ferner die obrigkeitliche Wirtschaftspolitik. Das erscheint paradox, haben ehrgeizige Obrigkeiten die Wirtschaft doch systematisch gefördert. So wichtig war ihnen die Wirtschaftslenkung, dass sie den nötigen Sachverstand an den Universitäten systematisieren ließen und auf diese Weise eine neue Wissenschaft begründeten: die „Kameralistik“. Als „Kameralismus“ wird die obrigkeitliche Wirtschaftspolitik des 17. und 18. Jahrhunderts auch in der Forschung bezeichnet, allerdings nur in Deutschland und Österreich. Die nichtdeutschsprachige Forschung fasst die Sache unter dem Begriff des „Merkantilismus", während hierzulande die meisten Historikerinnen und Historiker den Kameralismus als eine spezifisch deutsche Variante vom westeuropäischen Merkantilismus unterscheiden.[16]

Politische Instrumentalisierung der Wirtschaft

Die Wortgeschichte verrät, worum es ging. „Kameralismus" kommt von „Kammer": dem Raum, wo die Vorräte oder Schätze aufbewahrt wurden und dem Personal des fürstlichen Haushalts, das dafür zuständig war, diese Schätze zu verwalten. Kameralismus heißt also systematisierte, prinzipiengeleitete Verwaltung der obrigkeitlichen Einnahmen und Ausgaben durch eigens dafür geschulte, professionalisierte Beamte, heißt in heutigen Worten Finanzbürokratie. Ihr erklärtes Ziel bestand darin, für den „gemeinen Nutzen" zu sorgen, für das Gemeinwohl oder sogar – in Anknüpfung an die praktische Philosophie – für die „Glückseligkeit" (*eudaimonía*). Das lief darauf hinaus, dass die Finanzverwaltung für zuständig erklärt wurde, einerseits den Untertanen ein Auskommen zu sichern, während sie andererseits der Obrigkeit die Mittel verschaffte, um Gemeinschaftsaufgaben wahrzunehmen. Wir stoßen hier auf ein weiteres Beispiel dafür, wie die Aufklärung in Deutschland den Umbau der Landesherrschaft zur Staatsgewalt rechtfertigte und den Obrigkeitsstaat stärkte. Denn was das Gemeinwohl erforderte, bestimmte die Regierung. Für Österreich und Preußen hieß Gemeinwohl militärische Selbstbehauptung in der Konkurrenz mit den anderen europäischen Großmächten. Unter den kleineren Reichsständen prägten sich unterschiedliche Zielsetzungen und Wirtschaftsstile aus, je nachdem ob sie sich für höfische Pracht verausgabten (wie Württemberg oder Hessen-Kassel), für kirchliche Herrlichkeit (wie Salzburg, Würzburg und die Reichsabteien) oder einen „Musenhof" finanzierten (wie Sachsen-Weimar oder Hessen-Darmstadt). Gemeinsam war ihnen das Bemühen, die Abschöpfung der Untertanen so weit zu rationalisieren, dass niemand überlastet wurde und die Staatseinnahmen trotzdem stiegen. Hauptsächlich unter diesem Gesichtspunkt haben die Kameralisten die Wirtschaftspolitik betrachtet. Der Kameralismus lief also auf die politische Instrumentalisierung der Wirtschaft heraus. Das erklärt die Impulse, die von ihm ausgingen, wie seine Grenzen.

Erfolge im primären und sekundären Wirtschaftssektor

Zu den Impulsen gehört, dass die Kameralisten alle Wirtschaftszweige förderten, die dem eigenen Land Einkünfte verhießen. In den deutschen Territorien waren das nach Lage der Dinge die Land- und Forstwirtschaft, der Bergbau und die gewerbliche

Produktion (modern gesprochen: der primäre und der sekundäre Wirtschaftssektor). Dahinter blieben Verkehr, Handel und Finanzwirtschaft (der tertiäre Sektor) zurück, weil die meisten deutschen Länder zu klein waren, zu weit von den Haupthandelsrouten entfernt lagen und anders als England, Frankreich, die Niederlande, Spanien, auch Russland nicht über Kolonien verfügten. Das ist der Hauptgrund, warum die deutschsprachige Forschung den Begriff des „Merkantilismus" meidet, rückt dieser doch die Handelspolitik in den Mittelpunkt.

Von der Förderung der Landwirtschaft war im Zusammenhang mit dem Absolutismus bereits die Rede. Diese Förderung hat zur Kapitalisierung des Agrarsektors maßgeblich beigetragen. Auch das Verlagswesen und die Hausindustrie entwickelten sich so dynamisch, weil sie von den Kameralisten unterstützt wurden. Damit gewann die gewerbliche Produktion gegenüber der Landwirtschaft an Gewicht, wenn auch nicht so stark, dass der sekundäre Wirtschaftssektor den primären schon überrundet hätte. Trotzdem leitete die Hausindustrie große Teile der (Land-)Bevölkerung in den sekundären Sektor über, weil sie ihnen erlaubte, in Form ihrer Gärtchen und kleinerer Parzellen Lands ein Standbein in der agrarischen Selbstversorgung zu behalten, um Einkommensschwankungen in der Lohnarbeit abfedern zu können.

Manufakturen

Deutlich weniger Erfolg hatte die kameralistische Wirtschaftspolitik mit ihrer Förderung von Manufakturen. Als „Manufaktur" (von lateinisch „manus" = „Hand" und „facere" = „machen, erbauen, herstellen") bezeichnet man einen gewerblichen Großbetrieb, der mehrere, arbeitsteilig zerlegte Produktionsvorgänge unter einem Dach zusammenfasste, in einer Porzellanmanufaktur z.B. das Formen der Rohlinge, Gießen, Brennen, Glasieren und Dekorieren. Auf diese Weise sollten große Stückzahlen von immer gleichen Produkten hergestellt werden. Diese Tendenz zur Massenproduktion unterschied die Manufaktur vom zünftigen Handwerksbetrieb. Dass sie alle Arbeitsschritte zusammenführte, unterschied sie von der Hauswirtschaft. Dabei herrschte Handarbeit vor, Maschinen kamen kaum zum Einsatz, das unterschied die Manufaktur von der Fabrik. In die Zukunft wiesen die starke Arbeitsteilung und dass für die Produzenten Wohnen und Arbeiten auseinandertraten. Trotzdem führte kein direkter Weg von der Manufaktur in die Fabrik. Das lag daran, dass die meisten Manufakturen nur aufgrund von Subventionen und Staatsaufträgen existierten. Die Obrigkeiten privilegierten sie, um ihre stehenden Heere mit Uniformen, Stiefeln und Waffen auszurüsten oder um prestigeträchtige Luxusgüter wie Porzellan und Spiegel herzustellen. Ohne diese Unterstützung waren nur wenige Manufakturen rentabel. Insofern kann die Manufaktur als Symbol dafür gelten, dass ganze Gewerbezweige durch die kameralistische Wirtschaftspolitik künstlich herbeisubventioniert wurden, also in anderen Worten: dass sie auf Staatswirtschaft beruhten.

Hemmnis durch Gängelung

Damit wird klar, warum der Kameralismus den Strukturwandel zur kapitalistischen Markwirtschaft hemmte. Er gängelte die Wirtschaft, suchte sie zu lenken und zu kontrollieren. Wo immer es ihm möglich war, griff er in den Markt ein. Beispielsweise errichtete er Monopole oder Kartelle für die Produktion und den Handel mit bestimmten Gütern, die er durch Verordnungen und hohe Schutzzölle verteidigte, um sie dann in Lizenz an einzelne Unternehmer zu verpachten. Der Freihandel erschien ihm als Gefahr und wurde ebenso bekämpft wie jede Form der spontanen, eigennützigen Wirtschaftsaktivität. Zwar nahmen die Kameralistik-Professoren an den Universitäten schon früh die neuen Wirtschaftslehren aus dem Ausland zur Kenntnis, die Alternativen zum Kameralismus boten, Schutzzölle kritisierten und Freihandel forderten, so die „Physiokraten“ François Quesnay und Victor de Mirabeau, so die Schotten Adam Smith und Adam Ferguson. Doch ins Deutsche übertragen und zur Richtlinie für eine liberalere Wirtschaftspolitik gemacht hat man sie (mit Ausnahme der Markgrafschaft Baden) vor der Revolution nicht. Der wirtschaftliche Strukturwandel zur kapitalistischen Marktwirtschaft stieß auf politische, rechtliche und institutionelle Schranken, die innerhalb des bestehenden Systems nicht zu überwinden waren.

Literatur

Braudel, Fernand: Sozialgeschichte des 15. bis 18. Jahrhunderts. Aus dem Französischen v. Siglinde Summerer u.a. Bd. 1: Der Alltag. Bd. 2: Der Handel. Bd. 3: Aufbruch zur Weltwirtschaft. München 1985–86 [klassische Gesamtdarstellung].

Cerman, Markus und Sheilagh C. Ogilvie (Hgg.): Protoindustrialisierung in Europa. Industrielle Produktion vor dem Fabrikzeitalter. Wien 1994.

Ebeling, Dietrich und Wolfgang Mager (Hgg.): Protoindustrie in der Region. Europäische Gewerbelandschaften vom 16. bis zum 19. Jahrhundert. Bielefeld 1997.

Ehmer, Josef: Bevölkerungsgeschichte und historische Demographie 1800–2000. München 2004 [Einführung und Forschungsbericht].

Ehmer, Josef: Heiratsverhalten, Sozialstruktur, ökonomischer Wandel. England und Mitteleuropa in der Formationsperiode des Kapitalismus. Göttingen 1991.

Gömmel, Rainer: Die Entwicklung der Wirtschaft im Zeitalter des Merkantilismus 1620-1800. München 1998 [Einführung und Forschungsbericht].

Groh, Dieter: Strategien, Zeit und Ressourcen. In: Ökonomie und Zeit. Hrsg. v. Eberhard K. Seifert. Frankfurt/M. 1988, S. 131–188 [gute Einführung in die Prinzipien der Subsistenzwirtschaft].

Mager, Wolfgang: Landwirtschaft und ländliche Gesellschaft auf dem Weg in die Moderne. In: Helmut Berding, Etienne François und Hans-Peter Ullmann (Hgg.): Deutschland und Frankreich im Zeitalter der Französischen Revolution. Frankfurt/M. 1989, S. 59–99.

Mager, Wolfgang: Protoindustrialisierung und Protoindustrie. Vom Nutzen und Nachteil zweier Konzepte. In: Geschichte und Gesellschaft 14 (1988), S. 275–303 [referiert die Forschungskontroverse und nimmt wichtige Differenzierungen vor].

Militzer, Stefan: Klima, Umwelt, Mensch (1500–1800). Studien und Quellen zur Bedeutung von Klima und Witterung in der vorindustriellen Gesellschaft, 3 Bd.e Leipzig 1998 [enthält auch eine umfangreiche Quellensammlung].

Pfister, Christian: Bevölkerungsgeschichte und historische Demographie 1500-1800. 2. Aufl. München 2007 [gute Einführung].

Reith, Reinhold: Umweltgeschichte in der Frühen Neuzeit. München 2011 [Einführung und Forschungsbericht].

Sabean, David Warren: Property, Production, and Family in Neckarhausen, 1700-1870. Cambridge u. a. 1990 [mustergültige Mikrostudie].

Schlumbohm, Jürgen: Lebensläufe, Familien, Höfe. Die Bauern und Heuerleute des Osnabrückischen Kirchspiels Belm in proto-industrieller Zeit, 1650-1860. 2., durchgesehene Aufl. Göttingen 1997.

Schrage, Dominik: Die Verfügbarkeit der Dinge. Eine historische Soziologie des Konsums. Frankfurt, M., New York 2009 [aktuelle Darstellung aus soziologischer Sicht].

Wallerstein, Immanuel Maurice: The Modern World System, 3 Bd.e. New York 1974, 1980, 1988. Deutsch u.d.T.: Das moderne Weltsystem. Übersetzt v. Gerald Hödl und David Mayer, 3 Bd.e. Wien 1998, 2004. [klassische Darstellung über das Aufkommen des Kapitalismus in Europa und seinen Durchbruch zur weltweit vorherrschenden Wirtschaftsform].

Von der Ständeordnung zur bürgerlichen Gesellschaft 2.5

Das stärkste Hemmnis für die wirtschaftliche und gesellschaftliche Dynamisierung war die überkommene Sozialordnung. Der Sprache der Quellen folgend, wird sie als „Ständeordnung" bezeichnet. Damit stoßen wir abermals auf einen dieser sperrigen Begriffe, die uns durch die Revolutionszeit fremd geworden sind. Zwei verbreitete Missverständnisse müssen wir zunächst ausräumen.

Die Ständeordnung ist keine Gesellschaftsstruktur.

Die Gliederung nach Ständen beschreibt keine Gesellschaftsstruktur. Denn sie beruht auf keinem der Merkmale, die eine Gesellschaft kennzeichnen, weder auf ihrer Wirtschaftsform noch auf ihrer sozialen Schichtung noch auf ihrer Ideologie. Da diese Kategorien fest in unseren Köpfen verankert sind, neigen wir unwillkürlich dazu, die Stände trotzdem als Schichten zu betrachten und ihre Unterscheidung als Ideologie anzusehen. Dass wir die Sache damit schon im Ansatz verfehlen, hat die Forschung erst nach langen Irrwegen erkannt.

Die Ständeordnung ist nicht einmal eine Gesellschaft.

Dahinter steckt ein noch schwierigeres Problem. Bereits unser Begriff der „Gesellschaft" enthält Vorstellungen, die erst durch die Französische Revolution geschaffen worden sind. So verstehen wir unter Gesellschaft zum einen die Gesamtheit von Sozialbeziehungen, die dem Staat – bzw. allgemeiner gesagt: der Herrschaft – vorausliegen, unabhängig von ihm da sind, jedenfalls von ihm unterschieden werden können. Bis zur Mitte des 18. Jahrhunderts hingegen bezeichnete der Ausdruck „societas civilis sive res publica" („bürgerliche Gesellschaft oder Gemeinwesen") die politische Herrschaft über diesen Verband immer mit. Daher bestand diese Gesellschaft zum anderen ausschließlich aus den politisch berechtigten Bürgern, die zudem nicht für sich allein, sondern als Häupter ganzer Gemeinschaften (von Frauen, Kindern, Haushaltsangehörigen, Abhängigen) öffentliche Aufgaben wahrnahmen, während heute jede Privatperson am gesellschaftlichen Leben teilhaben darf, sofern sie geschäftsfähig ist, sprich: über Mündigkeit und Privateigentum verfügt. Daraus ergibt sich, dass die Ständeordnung keine Gesellschaft im heutigen Sinn bezeichnen kann. Folglich sollte man auch nicht von „Ständegesellschaft" sprechen und die Erwartung wecken, man könne die Gesellschaft vor der Revolutionsepoche beschreiben. Vor der Revolution gab es das, was wir unter „Gesellschaft" verstehen, allenfalls in insularen Ansätzen, nicht aber flächendeckend. Was es gab, war ein Sozialgebilde, aus dem die moderne bürgerliche Gesellschaft hervorgegangen ist. Wie haben wir es uns vorzustellen?

Stand als Gemeinschaftsbezug

Was wir mit der Ständeordnung zu greifen bekommen, ist die Selbstbeschreibung der vorrevolutionären Sozialform – eine idealisierte, auf andere Fragen als die unsrigen antwortende Ordnungsvorstellung. Sie teilte die Menschen nicht nach ihrem Besitz oder ihrer Macht ein, sondern funktional, nach den Aufgaben, die jede/r für die Allgemeinheit erfüllte. Das Denken hinter der Ständeordnung ging davon aus, dass der Mensch von Natur aus ein „zoon politikon" ist, ein soziales Wesen, das stets mehreren Gemeinschaften angehört: in erster Linie einem „Haus" (was sowohl den Haushalt meinte als auch die Familie), aber auch Korporationen (wie z. B. einer Adelsgesellschaft, einem Ritterkanton, einer Gilde oder Zunft, einem Kloster, einer Universität), der dörflichen oder städtischen Gemeinde, der Kirchengemeinde, nicht zuletzt einem Land bzw. politischen Gemeinwesen. Diese Gemeinschaften galten als gegeben und gottgewollt, sie waren ihren Mitgliedern vorgeordnet. Man hatte sich einzuordnen und gemäß den eigenen Möglichkeiten zu deren Erhaltung beizutragen. Wie das geschah, ob als Frau oder Mann, als Kind oder Erwachsener, als Knecht oder Herr, als Lehrender, Wehrender oder Nährender, entschied über Ort und Stellung jedes Menschen. Stand hieß also, auf Gemeinschaften bezogen, in sie eingebunden, ihnen verpflichtet zu sein. Wir können sagen: Die Ständeordnung bestimmte den Menschen von seinen Gemeinschaftsbindungen her.

Vielfalt ständischer Bestimmungen

Da jeder Mensch mehreren Gemeinschaften – und über sie unterschiedlichen Rechtskreisen – angehörte, ergaben sich daraus vielfältige Bestimmungen. Die Herkunft war von Bedeutung (also der Stand von Vater und Mutter), aber auch das Lebensalter, der Bildungsgang (wer eine Universität besucht hatte, gehörte den „gebildeten Ständen" an), der Beruf, der Familienstand, das Geschlecht. Das Bayerische Landrecht von 1756 nennt zehn ständische Unterscheidungen, das Allgemeine Preußische Landrecht von 1794 immerhin noch drei: Geburt, Ausbildung, Beruf. Demgegenüber stellt die Einteilung in Klerus, Adel und Dritten Stand eine grobe Vereinfachung dar. Sie ist an der Gliederung der Ständeversammlungen orientiert, in denen die politisch bevollmächtigten Häupter der Gemeinschaften saßen. In Form der Reichs- und der Landstände haben wir solche Ständeversammlungen kennengelernt, als wir die politischen Verfassungen betrachteten. Die viel umfassendere Ständeordnung muss man davon klar unterscheiden. Auch die Feudalordnung, die sich aus der Verfügung über Land und Leute ergab (Grundherrschaft und Lehnswesen), machte nur einen Teil der Ständeordnung aus. Denn diese umfasste schon auf dem Lande auch die freien Bauern, dazu die Bewohner der Städte, Mitglieder der Universitäten, Menschen bei Hofe, Amtsträger – lauter Menschen, deren Stand nicht von den Feudalverhältnissen ableitbar war.

Mehrdimensionalität der Ständeordnung

Die Ständeordnung hatte eine praktische Seite, weil mit jeder gemeinschaftlichen Bestimmung Rechte und Pflichten verbunden waren. So genossen Kleriker das Vortrittsrecht, weil ihre Sorge für das Seelenheil einmal als die wichtigste Aufgabe überhaupt gegolten hatte, brauchten Adlige keine Steuern zu bezahlen, weil sie durch militärische oder zivile Amtstätigkeit ihre ganze Existenz in den Dienst des Gemeinwesens stellen sollten, hatten Stadtbürger keine Soldaten für das stehende Heer zu stellen, weil sie durch ihre wirtschaftliche Betätigung zur Finanzierung der Armee beitrugen. Diese Sonderrechte, die sich aus jedem Stand ergaben, werden als „Privilegien“ bezeichnet. Trotzdem würde man zu kurz greifen, wenn man die Ständeordnung nur als äußerlichen Rechtsstatus ansähe. Vielmehr übersetzte sie sich für jeden Menschen in die Pflicht, die eigenen Aufgaben für die verschiedenen Gemeinschaften nach bestem Wissen und Können zu erfüllen. Gemeinschaftsbindung hieß Gemeinschaftsverpflichtung – das hatten die Menschen durch eine strenge Pflichtethik verinnerlicht. Deshalb galt der Stand als fester Teil der Persönlichkeit. Er zeigte sich nicht nur in der Kleidung, Körperhaltung und Redeweise, er beherrschte auch das Denken und das Selbstverständnis. Die ständischen Bestimmungen wurden zur zweiten Natur. Dabei mussten sie im alltäglichen Zusammenleben immer aufs Neue hergestellt werden. Der Stand war keine fertige Sache. Vielmehr ergab er sich aus einer Fülle von Sozialbeziehungen, in denen er sich tagein, tagaus erneuerte. Insofern wurden die ständischen Bestimmungen lebenspraktisch reproduziert. Nicht zuletzt besaßen sie auch eine metaphysische Dimension. Sie gehörten zu einem Denken, das die Welt als Kosmos betrachtete: als ein wohlgeordnetes, harmonisches Ganzes, eine göttliche Schöpfung, in der alles seinen festen, vorherbestimmten Ort hat. Eng war die Ständeordnung mit den christlichen Glaubenslehren und einem hierarchischen politischen Denken verknüpft.

Gewollte Ungleichheit

Insgesamt kann man sagen, die Ständeordnung war ein System gewollter Ungleichheit. Diese Ungleichheit wurde lange Zeit nicht als anstößig empfunden, im Gegenteil: Sie galt als notwendig und erstrebenswert. Dabei lebten diese Ungleichen viel enger zusammen als wir heute: auf einem Gutshof z. B. der adlige Grundherr mit seiner adligen Familie, der Hauslehrer aus dem Klerus, die Knechte, Diener und Mägde aus dem Dritten Stand.

Auch in den Ratsstuben der Städte, an den Kollegien der Universitäten, in den Gasthäusern an den Landstraßen arbeiteten und wohnten die Angehörigen mehrerer Stände unter einem Dach, aßen an denselben Tischen, schliefen z. T. in denselben Betten. Trotzdem blieben die Standesunterschiede unberührt. Insofern haben wir es mit einem stark integrierten Sozialgefüge zu tun.

Marktwirtschaft erfordert Rechtsgleichheit von Einzelnen.

Damit wird klar, warum die Ständeordnung dem Strukturwandel zur kapitalistischen Marktwirtschaft entgegenstand. In der Ständeordnung blieb die wirtschaftliche Betätigung wie alle anderen Aktivitäten der Menschen ihren Gemeinschaftsverpflichtungen unterworfen. Dagegen bedeutet Marktwirtschaft, dass die wirtschaftenden Subjekte autonom agieren (wir sind diesen Zusammenhang am Beispiel der Ehe begegnet). Bezogen auf die Rechtsverhältnisse hieß das, Marktwirtschaft verlangt nach Wirtschaftssubjekten, die über sich selbst bestimmen können: Arbeiter mit Verfügung über die eigene Arbeitskraft, Unternehmer und Kapitalanleger mit ungehemmter Privatinitiative, Verbraucher mit freien Kaufentscheidungen. Hörige und Leibeigene, Zunfthandwerker und Patrimonialherren besaßen diese Selbstbestimmung nicht. Wenn die Marktwirtschaft durchgesetzt werden sollte, bedurfte es folglich eines neuen Prinzips: Die Menschen mussten aus ihren Gemeinschaftsverpflichtungen herausgelöst, sie mussten in selbstbestimmte Einzelne verwandelt werden. Und diese Einzelnen mussten alle die gleichen Rechte erhalten, um jede Art von Geschäftsverhältnis und Vertragsbeziehung eingehen zu können.

Wir sehen, wie eng Wirtschaftsform und Sozialordnung zusammenhängen. Mehr noch: Wenn die Marktwirtschaft schon die freie wirtschaftliche Teilhabe jedes Einzelnen und daher Rechtsgleichheit verlangt, liegt dann nicht nahe, dass die gleichberechtigten Wirtschaftssubjekte auch auf politische Teilhabe pochen? Damit ergäbe sich ein weiterer Zusammenhang mit der Herrschaftsform, also mit der Politik. Nicht als Abhängigkeiten nur in eine Richtung sind diese Zusammenhänge allerdings zu verstehen, sondern als Wechselwirkungen. So konnte die Entfaltung der Marktwirtschaft durchaus durch die Ständeordnung gehemmt werden. Um zu beurteilen, wie stark dieser Widerstand war, müssen wir zunächst danach fragen, ob es Entwicklungen in der Sozialordnung gab, die auf die Freisetzung des Einzelnen von seinen Gemeinschaftsbindungen und auf Gleichberechtigung hinausliefen, mit einem Begriff aus der Soziologie ausgedrückt: auf Vergesellschaftung. Dann werden wir zu prüfen haben, wie bestimmend diese Entwicklungen waren.

Tendenzen zur Aufwertung des Einzelnen

Dass dem einzelnen Menschen unabhängig von seinen Gemeinschaftsbezügen personale Würde und Rechte zukommen, ist eine alte Idee. Sie findet sich bereits in antiken Naturrechtslehren und erhielt durch das Christentum einen mächtigen Rückhalt. Die Renaissance-Humanisten fügten den Gedanken hinzu, der Mensch könne sich durch Bildung ein zweites Mal, nun aber selbst erschaffen. Indem er systematisch seine geistigen, körperlichen und sozialen Anlagen entwickle, könne er zum Schöpfer der eigenen Persönlichkeit werden. Dafür müsse er sich mit den besten Vorbildern messen (für die Humanisten waren das die Literatur, das Denken und die Kunst der Antike), um diese in ständigem Wettstreit auch mit Gleichgesinnten bei der Gestaltung der eigenen Lebensverhältnisse womöglich zu übertreffen. Hier finden wir einen Ansatz dazu, die Stellung des Einzelnen aus seiner individuellen Leistung in Konkurrenz mit anderen abzuleiten. Allerdings wurde dies lange Zeit nur für Mitglieder der Gelehrtenrepublik zum bestimmenden Prinzip, für Hofkünstler und für den humanistisch geprägten Adel – für kleine, wenn auch einflussreiche Leistungseliten also.

Reduzierung der Standesunterschiede durch den Absolutismus

Ein starker Impuls zur Einebnung der Standesunterschiede ging vom Strukturwandel der Herrschaft aus. Was wir als „Absolutismus" bezeichnet haben, nämlich dass eine Herrschaftsinstanz die Souveränität beanspruchte, damit aus den Kreisen der Feudalgewalten heraus- und ihnen als Souverän gegenübertrat, veränderte über die Herrschaftsstruktur grundlegend auch die Sozialordnung. Denn schon strukturell wurden damit alle anderen Herrschaftsträger von „conregnantes" (Mitregierenden) zu „subiecti" (Untertanen) zurückgestuft. Selbst wenn sie ihre Herrschaftsbefugnisse behielten oder sogar neue hinzugewannen, sollten sie diese nicht mehr aus eigenem Recht ausüben, sondern im Namen des Souveräns. Damit verloren sie an Eigenmächtigkeit. Das betraf nicht nur die Mitglieder der Ständeversammlungen (wie der Landtage in Preußen und Österreich), es erfasste die politisch bevollmächtigten Korporationen wie Provinzregierungen, Stadträte, Gemeinderäte, Universitäten, Orden, und es erreichte die Grundherren und Haushaltsvorstände vor Ort.

Policeyordnungen entwerteten die Korporationen.

Das zeigt sich an den „Policeyordnungen". So nannte man Verordnungen, über die mit dem Argument, Gefahren abwehren und das Gemeinwohl fördern zu müssen, die Obrigkeiten regulierend in immer weitere Bereiche des menschlichen Zusammenlebens eingriffen. Das reichte vom Brandschutz, Seuchenschutz, Arbeitsschutz über die Normierung von Maßen und Gewichten, gewerblichen Erzeugnissen und standesgemäßer Kleidung bis hin zur

Armenpflege und Schulpolitik. Keine Gemeinschaft blieb von solchen Eingriffen verschont. Dadurch blieb auch kein Bezug auf diese Gemeinschaften, keine ständische Bestimmung gewiss und unwandelbar. Nachhaltig wurde die Ständeordnung durch die aufklärerische Policey ausgehöhlt. „Ihr Leitbild ist der dem Gesetz unmittelbar unterstehende Untertan."[17]

Residenzstädte als Kerne ständeübergreifender Geselligkeit

Am deutlichsten zeigte sich die Entwicklung zur Relativierung der Standesunterschiede in den Residenzstädten. Über 100 davon gab es im Reich (mehr als doppelt so viele wie Reichsstädte), darunter so große wie Wien und Berlin, glanzvolle wie Dresden, Potsdam und Kassel für weltliche Herrschaften, Salzburg, Würzburg, Bonn und Mainz für Kirchenherrschaften, vorwiegend aber mittlere und kleine wie Weimar, Gotha, Dessau, Darmstadt, Arolsen. Was dort geschah, hatte paradigmatischen Charakter. Es setzte Maßstäbe und strahlte auf weitere Städte aus. Und zwar verkehrten in den Residenzstädten Menschen ganz unterschiedlichen Standes. Auf der einen Seite die Hofgesellschaft mit ihren Kavalieren aus altem und neuem Adel, Hofchargen und Lakaien, ihren Offizieren und Militärs, ihrer Beamtenschaft aus geadelten oder (noch) nicht geadelten Ministern, den Juristen, Schreibern und Amtsdienern, auch ihren von nah und fern zuziehenden Schriftstellern, Künstlern, Musikern, Architekten, Kunsthandwerkern und Luxuswarenhändlern, dazu die herbeisubventionierten Manufakturbetreiber, Transportunternehmer, Verleger, Bankiers — lauter Personenkreise, die sich nicht über ihre Herkunft, sondern über ihre Beziehung zu Hofe definierten, dabei Standesschranken überschritten oder quer dazu standen. Auf der anderen Seite befanden sich die traditionalen Mitglieder der Stadtgemeinde: eingesessene Handelsleute, Zunfthandwerker, Ackerbürger und Gärtner, die von der Versorgung der Hofgesellschaft lebten, Gesellen, Gesinde, Tagelöhner. Hinzu kamen in katholischen Städten Mitglieder von geistlichen Korporationen wie Domkapitulare, Stiftsherren, Ordensleute, mancherorts auch die Professoren und Studierenden einer Universität. Man kannte sich (die meisten Residenzstädte waren sehr überschaubar), man hatte geschäftlich miteinander zu tun, man traf sich bei Einzügen und Huldigungen, man feierte kirchliche und weltliche Feste zusammen, man vertrieb sich zunehmend gemeinsam die Zeit. Dabei vermittelte das Hofleben die Umgangsformen, um Standesunterschiede zu überbrücken oder immer häufiger auch um davon abzusehen. Bereits die Galanterie war eine solche standesüberschreitende Verhaltensform, auch wenn sie von den Aufklärern als „Affektion" kritisiert und in der zweiten Hälfte des 18. Jahrhunderts durch das „ungezwungene", „natürliche" Verhalten der Menschen „von Stand" ersetzt wurde – wobei es nicht mehr darauf ankam, von welchem Stand eigentlich. Kurzum, zuerst in den Residenzstädten entwickelte sich jenes ständeübergreifende gesellschaftliche Leben, das Ernst Hinrichs als „société absolutiste" bezeichnet hat.[18]

Divertissement als Medium

Entscheidend wurde, dass die Menschen der verschiedenen Stände zunehmend auch ihre Muße teilten. Die Städte waren zu klein, um sich aus dem Weg zu gehen, daher musste man eine Beschäftigung finden, an der alle teilhaben konnten. In der Tradition höfischen Lebens wurde dies neben dem Glücksspiel und der Erotik das Divertissement. Wörtlich bedeutet der Begriff „Zeitvertreib". Im übertragenen Sinn kann man darunter die aktive Beteiligung an künstlerischen und geistigen Betätigungen verstehen. Wir würden „Kultur" dazu sagen. Doch passt dieser Begriff nicht für das 18. Jahrhundert, weil er eine Verselbständigung künstlerischer Werke und eine Trennung von Produktion und Rezeption voraussetzt, die damals nicht existierten. Man las sich vor, sprach darüber, schrieb selbst in der Art des Gelesenen. Man ging ins Konzert, spielte selbst vor, musizierte gemeinsam. Man besuchte die Oper und das Theater, tanzte, übernahm Rollen, brachte Stücke zur Aufführung, verfasste eigene Schau- oder Singspiele. Man zeichnete „nach der Natur", kopierte Gemälde, stellte sie kostümiert mit Beleuchtung zu „lebenden Bildern" nach. Wenn die Geselligkeit in den Residenzstädten die Standesschranken überschritt, stand sie im Zeichen des Divertissements.

Dann kamen Frauen und Männer zusammen, Junge und Alte, Liebhaber der Künste („Dilettanten", wie man damals ohne abwertenden Beigeschmack sagte) und professionelle Künstler, Adlige und Bürgerliche, Fürsten, Beamte, Experten. Diese soziale Erweiterung ist auch an den Orten ablesbar, wo man sich traf. Neben das fürstliche Schloss traten die Oper, das Theater, das Casino, Wandelgänge von Badeorten, Kaffeehäuser, Gärten, Empfangsräume in Privathäusern, Salons, in denen die Frauen den Ton angaben, Freimaurerlogen oder andere Geheimgesellschaften. Die Geselligkeit wurde mobil. Sie schuf sich Orte, die nicht zufällig zu öffentlichen oder halböffentlichen Räumen wurden.

Ursprünglich war der Prater bei Wien ein kaiserliches Jagdgebiet gewesen.[19] Die Hauptallee hatte man für die Hetzjagd angelegt. 1765 verzichtete Joseph II. demonstrativ auf sein exklusives Nutzungsrecht und öffnete das Gelände für die Allgemeinheit. Rasch stieg es zum beliebten Naherholungsgebiet der Wiener Bevölkerung auf. Als Wäldchen vermittelte der Prater einen Ein-

Abb. 8 Laurenz Janscha: Versammlung der schönen Welt bey den Kaffee-Häusern in der großen Prater-Allee. L'Assemblée aux Caffées dans la grande Allée du Prater. Radierung v. Johann Ziegler, koloriert 32 x 42 cm (Platte). Wien 1794. Wieder in: Wiener Straßenbilder im Zeitalter des Rokoko. Die Wiener Ansichten von Schütz, Ziegler, Janscha 1779–1798. Beschreibendes Verzeichnis eingeleitet und bearbeitet v. Dr. Ignaz Schwarz. Mit einem Prolog v. Rudolf Hans Bartsch. Wien 1914, Nr. 54.

druck von Natürlichkeit und Ungezwungenheit: Hier sollte man die Standesschranken hinter sich lassen, sollte man ganz Mensch sein können. Das Blatt und sein Titel zeigen, dass diese Verheißung vor allem „der schönen Welt" zugutekam: Menschen aus besser gestellten Kreisen, mit Geld und freier Zeit, an der Mode orientiert statt an der ständischen Kleiderordnung, Menschen, die sehen und gesehen werden wollten. Ihnen bot der Prater den erforderlichen öffentlichen Raum. Man konnte sich treffen und unterhalten, in den Kaffeehäusern spielte Musik, auch Beethoven gab dort Konzerte. Entsprechend sehen wir Männer und Frauen, Militärs und Zivilisten, Adlige, Bürgerliche, einen Mann aus dem Volk, lose gruppiert, müßig schlendernd, im Gespräch.

Das Divertissement bot Themen, gemeinsame Unternehmungen und die Möglichkeit, sich unabhängig vom Stand auszuzeichnen. Wenn Friedrich II. von Preußen mit seiner Hofkapelle eine eigene Komposition aufführte, demonstrierte er, dass er sich auch dabei als „der erste Diener“ in eine höhere Sache einordnen, sich diese durch sein Können, nicht weil er König war, aber auch unterordnen konnte. Dass die Familie Mozart, nach Herkunft und Beruf bessere Handwerker, an allen europäischen Höfen und höchst selbstbewusst mit Fürsten und Adligen verkehrte, verdeutlicht, wie stark die Standesschranken hinter dem Divertissement zurücktreten konnten.

Die Bedeutung der Bildung

Allerdings setzte es Sachverstand und Können voraus. Man musste Sprachen beherrschen und Literatur kennen. Man musste ein Instrument spielen, singen und tanzen können. Man musste etwas von Theaterstücken, Musik und Malerei verstehen und das eigene Urteil geistreich und kurzweilig formulieren. Man musste das Spiel der Gleichheit beherrschen, ohne dem Stand der anderen zuwiderzuhandeln. Modern gesprochen: Man benötigte kulturelle Kompetenz. In der Sprache der Quellen: Man musste gebildet sein. War das Divertissement das Medium der ständeübergreifenden Geselligkeit, dann führte der Zugang dazu über Bildung. Mit anderen Worten: Durch Bildung konnte man über den eigenen Geburts- und Berufsstand hinausgelangen. Bildung war der Schlüssel zur sozialen Anerkennung, oft zum sozialen Aufstieg. Denn wer über Bildung verfügte, zählte zu den höheren Ständen. Die studierten Theologen, Juristen und Mediziner kamen im Rang dem Adel gleich. Häufig wurden sie nobilitiert. Das verschaffte der Bildung außerordentliche Wertschätzung.

Bei näherer Betrachtung zeigt sich hier ein Paradox. Eben das Mittel, das die ständische Ungleichheit überwinden half – Bildung – und das eine freiwillige Geselligkeit von Gleichberechtigten ermöglichte – Beteiligung an künstlerischen und geistigen Tätigkeiten –, richtete zugleich eine neue soziale Schranke auf: jetzt zwischen den Gebildeten und den Ungebildeten; zwischen denen, die über die Voraussetzungen verfügten, um mittels kultureller Partizipation an der neu entstehenden Gesellschaft von Gleichen teilzuhaben und den vielen anderen, die davon ausgeschlossen blieben, weil ihnen die Voraussetzungen fehlten; zwischen der „schönen Welt“, deren Mitglieder sich „Bürger“ zu nennen begannen, und dem „Volk“. Auch die Geselligkeit des Divertissements schloss mehr Menschen aus als ein, weil sie eine anspruchsvolle, geistesaristokratische Praxis war. Was sie von den ständischen Exklusionen unterschied, war ihre Offenheit: Im Prinzip konnte sich über Bildung jede/r den Zugang dazu verschaffen. In der Realität gab es erhebliche Hindernisse.

Die Hochschulen als Vermittler der neuen Bildung

Erworben wurde Bildung in Deutschland an den Hochschulen. Mochten in anderen Ländern die Aufstiegschancen über die großen Städte, den Hof oder die Kirche verteilt werden, in Deutschland musste man eine Universität, eine Akademie oder eine Hohe Schule besucht haben, um in eine Ämterlaufbahn eintreten oder einen der freien Berufe ausüben zu dürfen. Auch der Adel schickte seine Söhne daher an die Universität, eine Ritterakademie oder Offiziershochschule (seine Töchter, Frauen überhaupt, damit die Hälfte der Bevölkerung blieben von höherer Bildung offiziell ausgeschlossen, soweit sie über öffentliche Institutionen vermittelt wurde), die Kirchen verlangten ihren Pfarrern ein universitäres Examen ab, in den Reichsstädten genoss der akademisch gebildete Ratsherr den höheren Rang gegenüber dem Kollegen, der nur eine Handelsschule besucht hatte. So führte an den Hochschulen kein Weg vorbei. Das sicherte ihnen die Aufmerksamkeit der Landesherren, die sie gegründet hatten, meist über Kuratorien oder Minister kontrollierten und im Zeichen der Aufklärung reformierten. Lateinische Gelehrsamkeit und akademische Umständlichkeit wurden jetzt als „Pedanterie" kritisiert und zurückgedrängt. Ausgehend von den Reformuniversitäten Halle (gegründet 1694) und Göttingen (gegründet 1732/34) ging man zur deutschen Sprache über, bemühte sich um praxisnähere Inhalte und änderte vor allem das Ziel der Hochschulbildung: Nicht mehr zum Gelehrten sollte man dort werden, sondern zum gewandten Welt- und Hofmann, der sich zugleich als Spezialist für eine juristische, kameralistische, militärische oder technische Aufgabe einem Landesherrn und dem Gemeinwohl nützlich machen konnte. Das heißt, man nahm neben der spezialisierten Berufsausbildung eben jene „eleganten" kulturellen Kompetenzen in das Hochschulstudium auf, die für das Divertissement erforderlich waren.

Emanzipation als Bildungsprogramm der Aufklärung

Wie stoßen hier auf ein weiteres Beispiel für die Symbiose zwischen absolutistischer Reformpolitik und Aufklärung. Dank der fürstlichen Förderung wurden in Deutschland die Hochschulen zu Zentren der Aufklärung, anfangs einflussreicher als die aufklärerischen Zirkel an den Höfen und in den Städten. Man kann sagen, die Aufklärung wurde in Deutschland über die Hochschulen etabliert. Daher ist es kein Wunder, dass die deutschen Aufklärer die Bildung ins Zentrum rückten, weit vor der Praxis des sozialen Lebens und der politischen Partizipation. Nicht nur Pädagogen wie Johann Heinrich Pestalozzi, Johann Bernhard Basedow und Joachim Heinrich Campe erklärten Bildung zur Voraussetzung für alles andere, auch Lessing, Kant, Herder, Schiller, alle deutschen Aufklärer gingen in ihrem Denken von der Bildung aus. Und alle konzipierten sie Bildung als Emanzipation: Emanzipation des sittlichen Menschen von seiner Natur; Emanzipation des einzelnen Menschen von seinen Vorurteilen, seiner blinden sozialen Bestimmtheit, also von – seinem Stand.

Quelle

Der Mensch [...] ist von Natur, wenn er sich selbst überlassen wild aufwächst, träg, unwissend, unvorsichtig, unbedachtsam, leichtsinnig, leichtgläubig, furchtsam, und ohne Gränzen gierig, und wird dann noch durch die Gefahren, die seiner Schwäche, und die Hindernisse, die seiner Gierigkeit aufstoßen, krumm, verschlagen, heimtückisch, misstrauisch, gewaltsam, verwegen, rachgierig, und grausam. [...] der ganze bürgerliche Wert des Menschen, und alle seine der Gesellschaft nuzbare und brauchbare Kräfte ruhen auf Einrichtungen, Sitten, Erziehungsarten und Gesezen, die ihn in seinem Innersten verändern und umstimmen, um ihn ins Gleis einer Ordnung hineinzubringen, die wider die ersten Triebe seiner Natur streitet, und ihn für Verhältnisse brauchbar zu machen, für welche ihn die Natur nicht bestimmt, und nicht brauchbar gemacht, sondern vielmehr selber die gröste Hindernisse dagegen in ihn hineingelegt hat [...]

Johann Heinrich Pestalozzi: Lienhard und Gertrud. Ein Buch für's Volk. Vierter und lezter Theil Frankfurt, Leipzig 1787. Wieder bearb. v. Gotthilf Stecher. Berlin, Leipzig 1928. ND Berlin 1995, S. 330 f.

Hier treffen wir auf ein anderes Denken, als es uns hinter der Ständeordnung begegnet ist. Für Pestalozzi, Kant und die anderen Bildungsdenker der deutschen Aufklärung ist der Mensch keineswegs von Natur aus ein „zoon politikon". Im Gegenteil, zum sozialen Wesen muss er durch Bildung erst gemacht werden, er muss in die Sozialität hineingebildet, muss moralisiert und zivilisiert werden. Daran sieht man, wie unselbstverständlich das Soziale geworden war. Die bürgerliche Ordnung, auf die hin Pestalozzi den Menschen erziehen will, ist für ihn keine natürliche, sondern eine künstliche, vernünftige, zweckbestimmte, gemachte, daher auch veränderbare, nach Optimierung verlangende. Das heißt, sie ist Gesellschaft, nicht Gemeinschaft. Das Erziehungsdenken der deutschen Aufklärung läuft auf die Erschaffung von Gesellschaft hinaus. Und für diese wird dann wieder strikte Einordnung verlangt. Insofern erreichen die Tendenzen zur Herauslösung des Einzelnen aus seinen Gemeinschaftsbindungen und zur Egalisierung hier einen Höhepunkt. Wir können sagen, die deutschen Aufklärer haben diese Tendenzen universalisiert und zur allgemeinen Aufgabe erklärt. Über die Hochschulen, an denen sie das Sagen hatten, die Ministerien und Verwaltungsposten, auf die sie von den Fürsten berufen wurden und ihre Publizistik haben sie dieses Denken durchgesetzt.

Bürgerliche Gesellschaft

Die neue Sozialordnung, auf die es hinausläuft, bezeichnet man als „bürgerliche Gesellschaft". Das ist ein alter Begriff (abgeleitet von der antiken „societas civilis"), doch jetzt erhielt er eine neue Bedeutung. Unter bürgerlicher Gesellschaft verstand man ab der zweiten Hälfte des 18. Jahrhunderts einen selbstgeschaffenen, selbstbestimmten Zusammenschluss von Freien und Gleichen, einen herrschaftsfreien Raum, in dem alle möglichen selbstgesetzten Zwecke verfolgt werden konnten. (Wir erkennen wieder den Zusammenhang mit der individuellen Nutzenmaximierung und dem Streben nach Glück, das die schottischen Aufklärer zur Grundlage des Kapitalismus erklärt haben.) Das war eine grundlegend andere Sozialordnung als die ständische. Wie zuvor schon in der Politik und in der Wirtschaft begegnet uns auch hier ein Strukturwandel. Offenbar wurde die Ständeordnung in Deutschland in die bürgerliche Gesellschaft transformiert. Wie weit war dieser Umbau um 1780 gelangt?

Die Politik hat die Ständeprivilegien festgeschrieben.

Die Antwort fällt ernüchternd aus. Das Aufklärungsdenken war der sozialen Wirklichkeit weit vorausgeeilt. Alle Entwicklungen zur Vergesellschaftung, die wir uns angesehen haben, von der humanistischen Selbstvervollkommnung über die absolutistische Entmachtung der Korporationen, die Policey und die ständeübergreifende Geselligkeit in den Residenzstädten bis hin zum Bildungsverständnis der Aufklärung, verblieben innerhalb der Ständeordnung. Obwohl sie diese relativierten, kritisierten und infragestellten, hütete man sich davor, den letzten Schritt zu tun. Keine dieser Entwicklungen hat die Ständeordnung gesprengt oder gar durch die bürgerliche Gesellschaft ersetzt. Das lag daran, dass die Politik dies weder wollte noch zulassen konnte. So reformorientiert der aufgeklärte Absolutismus war, den nivellierten Untertanenverband hat er in keinem deutschen Land erreicht. Am weitesten ging Joseph II. in Österreich. Er hob den Zunftzwang auf, führte Gewerbefreiheit ein, schaffte die Leibeigenschaft ab und versuchte, den Grundbesitz von Adligen und Nicht-Adligen rechtlich gleichzustellen. Damit brachte er nicht nur den Adel gegen sich auf, selbst die Bauern erhoben sich, erzürnt durch Josephs Religionspolitik, hinzu kamen Aufstände in Ungarn und den österreichischen Niederlanden gegen die Zentralisierung.

Das Vorhaben, die Ständeordnung von oben abzuschaffen, stürzte Österreich in eine Staatskrise und musste von Josephs Nachfolger Leopold II. zurückgenommen werden. Insofern handelte Friedrich II. rationaler, als er die Privilegien des Adels im Allgemeinen Preußischen Landrecht in Gesetzesrecht goss.

Quelle

[...] ich habe nur noch ein Wort über die Pflicht des Herrschers hinzuzufügen. Er soll das Volk lieben und sein Los erleichtern. Bei allen Gelegenheiten, die von ihm abhängen, soll er [...] den Adel und seine Privilegien ebenso die Städte unterstützen, indem er die Domänenkammern und Finanzbeamte bestraft, die gegen Adlige, Städte und Bauern böswillig Prozesse anstrengen. Der Herrscher soll es als seine Pflicht ansehen, den Adel zu schützen, der den schönsten Schmuck seiner Krone und den Glanz seines Heeres bildet. Darum soll er ihn nicht allein unbehelligt lassen, sondern danach trachten, seine Lage zu verbessern und, soweit es von ihm abhängt, ihn zu bereichern.

Friedrich II. von Preußen: Politisches Testament (1752). In: Richard Dietrich (Bearb.): Die politischen Testamente der Hohenzollern. Köln, Wien 1986, S. 253–461, hier: S. 305.

Der aufgeklärte Absolutismus blieb auf die Mitwirkung der ständischen Zwischengewalten angewiesen. Daher vermochte er deren Privilegien nicht zu beseitigen. Zwar höhlte die Gewährleistung von oben die Ständeordnung weiter aus, da die Stände nun nicht mehr gottgegeben und eigenmächtig erschienen. Doch formal hat beispielsweise die preußische Politik die Ständeprivilegien erneuert.

Wer hat die Aufklärung gemacht?

Dieses Ergebnis erlaubt uns, den Forschungsstreit zu verstehen, der um die Frage nach den Trägern der deutschen Aufklärung geführt wurde. Für die liberalen Historiker schien die Sache klar: Die Aufklärung galt ihnen als eine Emanzipationsbewegung „des Bürgertums“ aus der Feudalordnung. So verlängerten die Historiker eine Erscheinung des 19. Jahrhunderts, mit der sie sich selbst identifizierten, zurück ins 18. Jahrhundert. Die Linken haben diese Sicht übernommen, wenn auch kritisch gewendet: Als bürgerliche Emanzipation habe die Aufklärung nur die Interessen des Bürgertums nach wirtschaftlicher Liberalisierung verfolgt, nicht die Interessen des einfachen Volks nach sozialer Gerechtigkeit. Immerhin entdeckten die linken Historiker eine „Volksaufklärung" und unterdrückte Unterströmungen einer „radikalen Aufklärung", also ebenfalls Vorläufer der eigenen Positionen.

Das Problem, das man sich mit dieser Sicht einhandelte, lautet: Woher kam „das Bürgertum", das sich mit Hilfe der Aufklärung aus der Feudalordnung befreit haben soll? „Bürger" hießen im 18. Jahrhundert zunächst die politisch berechtigten Bewohner der Städte. Aber diese Stadtbürger, allen voran die mit Handel und Bankgeschäften reich gewordenen Führungsschichten in den Reichsstädten, verhielten sich konservativ. Sie pochten auf ihre Standesprivilegien, wurden von der Aufklärung vergleichsweise spät erfasst und gehörten keineswegs zu ihren engagiertesten Verfechtern. Daher suchte man den Kern des Bürgertums unter den Verlegern, Manufakturbetreibern, Unternehmern, die durch den Kameralismus emporkamen, außerhalb der Zünfte und Gilden agierten, daher nicht in den Reichsstädten anzutreffen waren, sondern in den Residenzstädten. Um diese neue Gruppierung von den Stadtbürgern abzusetzen, verwendet man den französischen Ausdruck „Bourgeoisie". Allerdings war diese in den deutschen Ländern viel kleiner, lange nicht so vermögend und auch politisch nicht so einflussreich wie in Frankreich oder England. Blieb als dritte Gruppe die Beamtenschaft und (oder manchmal als vierte Gruppe davon abgesetzt) die Intelligenz, soll heißen: die schreibenden Berufe der Professoren, Schriftsteller, Publizisten, Buchhändler, Lehrer, Pfarrer. Mit einem ebenfalls umstrittenen Begriff spricht man von „Bildungsbürgern", weil diese Gruppe(n) ihre Stellung in erster Linie der Bildung verdankte(n). Unter ihnen finden wir die Wortführer der deutschen Aufklärung. Der Streit in der Forschung drehte sich darum, welche Bedeutung diesen Gruppen jeweils für den Strukturwandel zur bürgerlichen Gesellschaft zukam und ob sie es waren, die zum Bürgertum des 19. Jahrhunderts zusammenwuchsen oder ob dieses sich eher aus Aufsteigern aus dem ländlichen oder kleinstädtischen Handwerk speiste. Auch hier ging es also um die Frage von Kontinuität oder Umbruch, nur bezogen auf bestimmte soziale Gruppen.

Der Streit hat viele Fallstudien darüber hervorgebracht, wie das Bürgertum des 19. Jahrhunderts entstanden ist. Zugleich hat er gezeigt, dass es im 18. Jahrhundert kein Bürgertum gab. Die verschiedenen bürgerlichen Gruppen teilten weder eine Klassenlage noch ein Klasseninteresse, geschweige denn ein Klassen-(oder Standes-)Bewusstsein. Vielmehr waren für jede dieser Gruppen ihr eigenes Bündnis mit den Obrigkeiten und ihr eigenes Arrangement mit den anderen Ständen wichtiger als das Verhältnis zu den übrigen Bürgern. Folglich ist es falsch zu sagen, die Aufklärung sei eine Emanzipationsbewegung des Bürgertums gewesen. Umgekehrt wird ein Schuh daraus: Die Aufklärung hat mit der bürgerlichen Gesellschaft auch das Bürgertum auf den Weg gebracht. Und zwar tat sie dies unter Beteiligung aller höheren Stände: protegiert durch die Fürsten, getragen von zahlreichen protestantischen Pfarrern und katholischen Ordensgeistlichen, entscheidend vorangetrieben von vielen Adligen. Wenn oben am Beispiel des Divertissements die Verbindungslinien herausgearbeitet wurden, die von der „société absolutiste" in den Residenzstätten zur bürgerlichen Gesellschaft führten, dann spiegelt das die aktuelle Vorstellung von den Trägern der Aufklärung. Überspitzt formuliert: Für die ältere Forschung waren es geschäftige, asketische, in Kaffeehäusern Zeitungen lesende, über Politik räsonierende bürgerliche Männer, die in Deutschland die Aufklärung gemacht haben. Für die gegenwärtige Forschung waren es müßiggängerische, Kaffee, Tee und Schokolade konsumierende, flirtende, spielende und künstlerische Geselligkeit teilende Frauen und Männer aus allen höheren Ständen.

Anteil der Frauen an der Aufklärung

Diese Sicht betont den Anteil der Frauen an der Aufklärungsbewegung. Als Herrscherin förderte Katharina II. französische Aufklärer und führte Russland an den aufgeklärten Absolutismus heran. Fürstinnen wie Maria Antonia von Sachsen, Anna Amalia von Sachsen-Weimar und Henriette Karoline von Hessen-Darmstadt verwandelten ihre Länder in Vorbilder aufklärerischer Herrschaft. In großer Zahl trieben die Damen von Welt, die Gastgeberinnen in den Salons, die Schriftstellerinnen und Künstlerinnen, die Leserinnen, Gesprächspartnerinnen und Erzieherinnen die Aufklärung voran. Das war kein Zufall, veränderte der Strukturwandel von der Ständeordnung zur bürgerlichen Gesellschaft doch auch das Verhältnis zwischen Männern und Frauen – ebenso wie das Verhältnis zwischen Eltern und Kindern. Allerdings war das eine vielschichtige Entwicklung, die auch keineswegs alle Frauen gleichermaßen erfasste. Daher müssen wir sie etwas genauer betrachten.

Entlastung von Arbeit

Dass im 18. Jahrhundert mehr Frauen Bücher lasen und schrieben, sich künstlerisch betätigten, in den Unterhaltungen der Gebildeten das Wort ergriffen oder als Gastgeberin sogar den Ton angaben, folgte aus ihrer Beteiligung am Divertissement. Für die Kultur der Muße und Unterhaltung, aus der die bürgerliche Gesellschaft hervorging, kamen die Geschlechter zusammen – das eröffnete Frauen neue Möglichkeiten, sich einzubringen und Gehör zu verschaffen. Allerdings galt dies nur für Frauen, die über freie Zeit verfügten. Sie mussten von Arbeit entlastet sein; schon dadurch blieben die Heimarbeiterinnen, Bäuerinnen, Haushaltsvorsteherinnen von dieser Entwicklung weitgehend ausgeschlossen.

Immerhin scheint die Zahl der von Arbeit entlasteten Frauen in der zweiten Hälfte des 18. Jahrhunderts angestiegen zu sein. Das hing damit zusammen, dass von den Residenzstädten neue Formen der Arbeitsorganisation ausgingen. Der aufgeklärte Absolutismus benötigte Beamte und subventionierte Unternehmer herbei; damit förderte er Berufe, die außer Haus ausgeübt wurden. Das heißt, er brachte die Trennung von Arbeit und Wohnen voran. Während das Haus für die meisten Menschen auf dem Lande Produktions-, Gewerbe- und Arbeitsstätte blieb, nahm es in den Städten für eine wachsende Zahl von Menschen die neue Funktion eines Rückzugsorts aus der anstrengenden Berufstätigkeit an. Dafür richtete man „Wohnstuben" und „Salons" ein, Räume also, die von praktischen Nutzungen freigehalten und für das gesellige Beisammensein reserviert wurden.

Inanspruchnahme für die Verwandlung des Hauses

Für die Frauen brachte dies eine neue Art von Tätigkeit hervor. Heimarbeiterinnen, Bäuerinnen, Haushaltsvorsteherinnen waren an der Produktion beteiligt. Ohne sie konnte das Haus als Wirtschaftsunternehmen nicht bestehen. Das verschaffte ihnen Verantwortung und Ansehen. Den Ehefrauen von Beamten oder Unternehmern wuchsen hingegen reproduktive und kompensatorische Aufgaben zu. Sie sollten das Haus zu einer Gegenwelt machen: zu einem Ort der Geborgenheit, wo der Mensch ganz bei sich sein konnte; wo man(n) Gefühle haben und zeigen durfte; wo man(n) ungezwungen war, „natürlich", frei von Zwecken und Zwängen, was sich in der Hingabe an müßige Beschäftigungen zeigte – gemeinsames Spielen, Musizieren, Zeichnen, Lesen, Dichten...

„Dilettantism der Weiber"[20]

Für die Frauen war das eine zweischneidige Entwicklung. Einerseits profitierten sie davon. Um die neuen Aufgaben erfüllen zu können, mussten sie gebildet sein – daher gestanden die Aufklärer ihnen mehr, höhere und umfassendere Bildung zu. Die Aufklärungsbewegung bezog die Frauen ausdrücklich mit ein, schließlich kam den Frauen auch bei der Kindererziehung eine Schlüsselrolle zu. Dort aber wollten die Aufklärer ansetzen, um die Welt zu verbessern. Daher schrieben viele Aufklärer speziell für Leserinnen. Der Leipziger Literaturprofessor Johann Christoph Gottsched veröffentlichte 1725–1726 eine Zeitschrift, die schon im Titel deutlich machte, worauf sie zielte: *Die vernünftigen Tadlerinnen* sollte Frauen lehren, schöne Literatur angemessen zu beurteilen. Gottscheds Ehefrau Luise schrieb Theaterstücke und übersetzte eine „moralische Wochenschrift" aus dem Englischen ins Deutsche, ein Typus von Zeitschriften, der sich in vielen Beiträgen ebenfalls besonders an Frauen richtete.

Andererseits blieben Frauen auch in der Aufklärung von den Institutionen ausgeschlossen, die höhere Bildung für Professionelle vermittelten: den Gymnasien und Universitäten, Kunsthochschulen und Akademien. Zwar gab es höhere Schulen auch für Mädchen. Doch blieben dort schon wegen des Schulgelds und der müßigen Fähigkeiten, die auf dem Lehrplan standen, Töchter aus den höheren Ständen unter sich. Wenn sie überhaupt Freizeit besaßen, um zu lesen, waren die meisten Frauen auf das angewiesen, was Väter oder Brüder an sie weitergaben oder was sie sich aus den Zeitschriften selbst aneigneten. Diese Beschränkung auf das autodidaktische Lernen passte gut zu der Vorstellung nahezu aller Aufklärer, dass Frauen ohnedies nur die Anfangsgründe der höheren Bildung benötigten – gerade so viel wie für die musische Betätigung innerhalb des Hauses erforderlich war. Alles, was darüber hinausging, galt als schädlich. Das heißt, die neue Aufgabenverteilung in der bürgerlichen Gesellschaft verschaffte den von Arbeit entlasteten Frauen zwar höhere Bildung, aber nur als Halbbildung, die Frauen auf die Position von Dilettantinnen beschränkte. Das professionelle Zeichnen, Malen, Musizieren, Schreiben, Denken behielten die Männer sich selbst vor.

Verständnis der Geschlechter als komplementär

Vollends vergiftet war das neue Frauenbild, das aus diesen Veränderungen hervorging. Als „schöne Seele" wurde die Frau von den Aufklärern zur Ergänzung des Mannes erklärt. Sie sollte all das sein, was der Mann aufgrund seiner Teilnahme an der entstehenden bürgerlichen Gesellschaft nicht sein konnte: natürlich, ungezwungen, direkt, gefühlsbetont, mitleidig, herzensgut; anders formuliert: ein besserer Mensch als der Mann, aber naiv. Diese Eigenschaften wurden zur „Natur" der Frau erklärt. Aus einem Stand (einer sozialen Funktion) verwandelte Frausein sich in Natur. Wirkungsvoll schloss dies Frauen von eigenverantwortlicher Tätigkeit in der bürgerlichen Gesellschaft aus. So klein die Zahl der von Arbeit entlasteten Frauen gewesen sein mag, die Frauen- und Männerbilder, die für sie und oft auch von ihnen entwickelt wurden, sollten sich in der bürgerlichen Gesellschaft verbreiten und wirken bis heute nach.

Neukonzeption der Kindheit

Ebenso folgenreich erwies sich die Neukonzeption der Kindheit. Für die Aufklärer machte erst Bildung den Menschen zum sozialen Wesen. Zuvor hatte man in der Kindheit vor allem das Hineinwachsen in die Ständeordnung gesehen. Kinder bildeten einen eigenen Stand, konnten aber nicht viel zur Gemeinschaft beitragen; deshalb galten sie als unvollkommene Erwachsene (wie Frauen als unvollkommene Männer). Aufklärungspädagogen wie Jean-Jacques Rousseau entdeckten hingegen in Kindern etwas, das sie grundlegend von Erwachsenen unterscheiden sollte: Natürlichkeit, Offenheit, Formbarkeit, Spontaneität. Für Aufklärer war dies etwas Kostbares, genauso dem Zweckdenken der bürgerlichen Gesellschaft entgegengestellt wie die schöne Seele. Indem die Aufklärer die weibliche Natur und die Kindheit zum Gegenpol, zum ganz Anderen der bürgerlichen Gesellschaft erklärten, haben sie beides sentimentalisiert. Daher wandten sie sich nicht nur den Frauen auf neue Weise zu, sondern auch den Kindern. Gleich ob sie die kindliche Natur brechen und neu abrichten wollten, wie Pestalozzi es seine Romanfigur vertreten lässt, oder erklärten, sie zu respektieren, wie Rousseau, in jedem Fall ging es darum, die kindlichen Begabungen zu erkennen, um sie behutsam, in Zusammenarbeit mit der kindlichen Spontaneität zu entwickeln. Dafür brachten die Aufklärer neue Formen des Elementarunterrichts und der anschaulichen Bildung hervor, neues Spielzeug und neue Umgangsformen mit Kindern – die Idee des Kindgemäßen ist bis heute lebendig.

Literatur

Assmann, Aleida: Arbeit am nationalen Gedächtnis. Eine kurze Geschichte der deutschen Bildungsidee. Frankfurt/M., New York, Paris 1993 [elegante Einführung].

Blanning, Timothy C.W: The Culture of Power and the Power of Culture. Old Regime Europe 1660–1789. Oxford 2002. Deutsch u.d.T.: Das Alte Europa. 1660–1789. Kultur der Macht und Macht der Kultur. Aus dem Englischen v. Monika Carbe. Darmstadt 2005 [vergleicht Frankreich, das Reich und England im Hinblick darauf, welche Bedeutung der Kultur für das politische System zukam].

Bosse, Heinrich: Bildungsrevolution 1770–1830. Aufsätze zu einer Diskursgeschichte des Lernens. Hrsg. mit einem Gespräch v. Nacim Ghanbari. Heidelberg 2012 [Aufsatzsammlung zur Neuausrichtung der Bildung auf Selbsttätigkeit].

Dülmen, Richard van: Kultur und Alltag in der Frühen Neuzeit. Bd. 1: Das Haus und seine Menschen 16.–18. Jahrhundert. München 1990 [schildert den Wandel der Kindheit und der Familie im 18. Jahrhundert].

Farge, Arlette und Natalie Zemon Davis (Hgg.): Geschichte der Frauen, Bd. 3: Frühe Neuzeit. Frankfurt/M., Paris 1997 [maßgebliches Handbuch].

Gall, Lothar: Von der ständischen zur bürgerlichen Gesellschaft. München 1993 [Überblick und Forschungsbericht].

Hahn, Hans-Werner: Das deutsche Bürgertum in der Umbruchszeit 1750–1850. Überlegungen zur Epochenzäsur 1800 aus der Sicht der neueren Bürgertumsgeschichte. In: Helmut Neuhaus (Hg.): Die Frühe Neuzeit als Epoche. München 2009, S. 51–76.

Hammerstein, Notker und Ulrich Herrmann (Hgg.): Handbuch der deutschen Bildungsgeschichte, Bd. 2: 18. Jahrhundert. Vom späten 17. Jahrhundert bis zur Neuordnung Deutschlands um 1800. München 2005 [breit angelegter Überblick mit gründlichen Beiträgen zu allen möglichen Bildungsinstitutionen].

Kleinau, Elke und Claudia Opitz (Hgg.): Geschichte der Mädchen- und Frauenbildung, Bd. 1: Vom Mittelalter bis zur Aufklärung. Frankfurt/M. 1996 [guter Einstieg].

Kopitzsch, Franklin: Sozialgeschichte der Aufklärung in Deutschland. In: Helmut Berding, Etienne François und Hans-Peter Ullmann (Hgg.): Deutschland und Frankreich im Zeitalter der Französischen Revolution. Frankfurt/M. 1989, S. 373–390 [referiert die ältere Sicht auf die Aufklärung als Sache des Bürgertums].

Koselleck, Reinhart und Klaus Schreiner (Hgg.): Bürgerschaft. Rezeption und Innovation der Begrifflichkeit vom Hohen Mittelalter bis ins 19. Jahrhundert. Stuttgart 1994.

Neumann, Josef N. und Udo Sträter (Hgg.): Das Kind in Pietismus und Aufklärung. Tübingen 2000 [Ausstellungskatalog mit vielen Quellen und guten Forschungsaufsätzen].

Opitz-Belakhal, Claudia; Ulrike Weckel und Elke Kleinau (Hgg.): Tugend, Vernunft und Gefühl. Geschlechterdiskurse der Aufklärung und weibliche Lebenswelten. Münster 2000 [Querschnitt durch die Forschung].

Paravicini, Werner und Jörg Wettlaufer (Hgg.): Städtisches Bürgertum und Hofgesellschaft. Wechselwirkungen in Residenz- und Hauptstädten vom 15. bis ins 19. Jahrhundert. Ostfildern 2012 [aktueller Forschungsquerschnitt].

Riedel, Manfred: [Art.] Gesellschaft, bürgerliche. In: Otto Brunner, Werner Conze und Reinhart Koselleck (Hgg.): Geschichtliche Grundbegriffe. Historisches Lexikon zur politisch-sozialen Sprache in Deutschland, Bd. 2. Stuttgart 1975, S. 719–800 [Wort- und Begriffsgeschichte].

Schäfer, Michael: Geschichte des Bürgertums. Eine Einführung. Köln, Weimar, Wien 2009 [enthält einen guten Forschungsbericht].

Schindling, Anton: Bildung und Wissenschaft in der Frühen Neuzeit, 1650–1800. München 1994 [Überblick nach Bildungslandschaften und Forschungsbericht].
Stollberg-Rilinger, Barbara: Europa im Jahrhundert der Aufklärung. Stuttgart 2000 [gute Einführung in die verschiedenen Lebensbereiche mit Quellenanhang].
Weller, Thomas: Soziale Ungleichheit und ständische Gesellschaft. Stand und Perspektiven der Forschung. In: Marian Füssel und Thomas Weller (Hgg.): Soziale Ungleichheit und ständische Gesellschaft. Theorien und Debatten in der Frühneuzeitforschung. Frankfurt/M. 2011, S. 3–23. [aktueller Forschungsbericht].
Wunder, Heide: „Er ist die Sonn', sie ist der Mond". Frauen in der frühen Neuzeit. München 1992 [gute Darlegung der Arbeitswirklichkeit und Frauenbilder in der Ständeordnung].

Quellen

Batscha, Zwi und Jörn Garber (Bearb.): Von der ständischen zur bürgerlichen Gesellschaft. Politisch-soziale Theorie im Deutschland der zweiten Hälfte des 18. Jahrhunderts. Frankfurt/M. 1981.
Conrad, Anne und Kerstin Michalik (Bearb.): Quellen zur Geschichte der Frauen, Bd. 3: Neuzeit. Stuttgart 1999.
Lahnstein, Peter (Bearb.): Report einer ‚guten alten Zeit'. Zeugnisse und Berichte 1750–1805. Mit einem Vorwort v. Golo Mann. Stuttgart 1970 [alltagsgeschichtlich orientiert].

Von der Religion zur Religiosität 2.6

Religiosität versus Religion

Für uns Heutige sind die Fragen, ob wir an Gott glauben und am Leben einer Kirchengemeinde teilnehmen, zu einer Privatangelegenheit geworden. Weder schreibt uns der Staat ein Verhalten vor, noch üben unsere Familien, Nachbarschaften und Herkunftsmilieus unentrinnbaren Einfluss aus. Diesen Zustand hat das religiöse Leben aber erst in der bürgerlichen Gesellschaft angenommen. Mit einem Begriff, der in der Zeit um 1800 aufkam, können wir ihn als „Religiosität" bezeichnen.[21] Grundsätzlich davon zu unterscheiden ist der Begriff der „Religion". Für ihn gilt, dass die Gottesverehrung eng sowohl mit Herrschaft verbunden ist als auch mit den Gemeinschaften, denen jeder Mensch angehört. Religion ist eine Institution, der man sich nicht entziehen kann. In dieser Form begegnet uns das religiöse Leben noch in der ersten Hälfte des 18. Jahrhunderts. Das heißt, auch hier muss im 18. Jahrhundert ein Strukturwandel stattgefunden haben: von der Religion zur Religiosität; von der verpflichtenden Teilhabe zur freien persönlichen Entscheidung. Auch hier gilt daher zu fragen, was diesen Wandel bedingte und wo er um 1780 stand.

Staatskirchentum

Der Westfälische Frieden hatte 1648 die Kirchenhoheit der Reichsstände und Reichsritter ausdrücklich bestätigt. Der Grundsatz, dass die Obrigkeit über die Art der Gottesverehrung in ihrem Land zu bestimmen hat, gehörte bis zum Ende des Alten Reiches zu den eifersüchtig bewahrten Hoheitsrechten. Und er wurde auch ausgeübt: ob von dem preußischen König Friedrich Wilhelm I., der 1714 die Dauer der Predigt in den Gottesdiensten auf eine Stunde begrenzte; von dem Salzburger Fürsterzbischof Leopold Anton von Firmian, der 1731/32 Tausende protestantischer Untertanen aus seinem Lande trieb; oder von Joseph II., der in den österreichischen Ländern die Bischöfe bestimmte, die Geistlichen an staatlichen Generalseminaren ausbilden ließ und sämtliche kontemplative Mönchsorden aufhob. Noch die aufklärerischen Kirchenreformen und Toleranzedikte leiteten sich vom obrigkeitlichen Kirchenregiment ab! Das Staatskirchentum bildete den unangefochtenen Rahmen für das religiöse Leben im 18. Jahrhundert.

Einhegung der Kirchenhoheit

Als die Reichsstände sich das „ius reformandi" erkämpften (das Recht, als Schutzherren der Kirche in diese einzugreifen, um sie zu reformieren) und es im Augsburger Religionsfrieden von 1555 festschreiben ließen, sollte es die konfessionelle Einheit einer Herrschaft erzwingen helfen („cuius regio eius religio" – wer die Herrschaft ausübt, bestimmt über den Glauben der Untertanen).

Das heißt, es sollte einen Hebel abgeben, um die bestehenden Verhältnisse zu verändern. Mancherorts hatte dies Landesherrschaften von großer Geschlossenheit hervorgebracht, wenn auch um den Preis, dass die Untertanen anderer Bekenntnisse unterdrückt oder vertrieben wurden. In zu vielen Fällen aber hatte es sich als Sprengsatz erwiesen, der im Innern Widersetzlichkeit, Aufruhr und Kämpfe provozierte, während er die Herrschaft nach außen über die Konfessionssolidarität der streitenden Parteien in die europaweiten Konfessionskämpfe verstrickte. Daher hegte man nach den Erfahrungen des Dreißigjährigen Krieges die obrigkeitliche Kirchenhoheit ein. Untertanen abweichender Glaubensüberzeugung erhielten das Recht auszuwandern, ohne ihr Eigentum im Land zu verlieren. Wenn die Obrigkeiten nach 1648 die Religion wechselten, durften die Untertanen ihren Glauben behalten. Wo es ein offizielles konfessionelles Nebeneinander gegeben hatte, was vor allem in den Reichsstädten der Fall war, wurde es unter Schutz gestellt.

Konfessionelle Milieubildung

Mit den modernen Grundrechten auf Religionsfreiheit, Eigentum und freie Wahl des Wohnorts hatte dies nichts zu tun, auch wenn man diese Verbindung in der Literatur immer wieder hergestellt findet. Denn Grundrechte sind Individualrechte für Subjekte einer bürgerlichen Gesellschaft. Sie gehören jedem einzelnen Menschen, während der Westfälische Friede Korporativrechte für die drei anerkannten Konfessionen zugestand, also nur für Untertanen, sofern sie Katholiken, Lutheraner oder Reformierte waren. Mitglieder von Freikirchen blieben ebenso ausgeschlossen wie kirchenferne Skeptiker. Die Regelungen hatten nicht das Ziel, das religiöse Leben freizugeben, sie sollten lediglich das obrigkeitliche Kirchenregiment aus einem umgestaltenden in ein bewahrendes Hoheitsrecht verwandeln. Da die europäischen Großmächte darüber wachten, ist dies gelungen. Der Westfälische Friede hat die Konfessionsverhältnisse, wie sie sich bis dahin entwickelt hatten, stabilisiert. Er hat die konfessionelle Spaltung des Reichs in einen überwiegend protestantischen Nordosten und einen überwiegend katholischen Südwesten ebenso auf Dauer gestellt wie die konfessionelle Vereinheitlichung der meisten Einzelherrschaften. Erst jetzt endeten die häufigen Glaubenswechsel des konfessionellen Zeitalters und der Glaubenskämpfe. Erst jetzt konnten die Konfessionen sich in der Lebenswelt der meisten Menschen verankern. Erst jetzt verfestigten sich die unterschiedlichen konfessionellen Milieus.

Das Problem der Bekenntniskirchen

Als „Religionsfrieden" können die Verträge von Münster und Osnabrück bezeichnet werden, weil die Reichsstände darauf verzichteten, die Religionsverhältnisse außerhalb der eigenen Herrschaft zu verändern. Dieser Expansionsverzicht stellte die Bekenntniskirchen vor Probleme. Als „Bekenntniskirchen" oder Konfessionen bezeichnet man Glaubensgemeinschaften, die von ihren Mitgliedern ein öffentliches Bekenntnis zu bestimmten Glaubensinhalten verlangten. Die eigenen Glaubensüberzeugungen waren in Form von verbindlichen Bekenntnisschriften festgelegt, eine straffe Kirchenorganisation erzwang deren Beachtung. Als Zwangsmittel nutzten die Bekenntniskirchen zunächst die Möglichkeit, abweichende Gemeindemitglieder zu ermahnen oder zu ächten, etwa indem man sie von den Sakramenten ausschloss. Letztlich aber wurde diese innere „Kirchenzucht" durch die äußeren Zwangsmittel der Obrigkeit gestützt. Denn die Bekenntniskirchen drängten darauf, Religion und Politik zur Deckung zu bringen. Den allein selig machenden Glauben zu befördern, sollte die oberste Richtschnur politischen Handelns sein. Ihn zum einzig anerkannten Glauben zu machen, war das religiös-politische Ziel. Es korrespondierte mit dem Interesse der Reichsstände, ihre Herrschaften in Territorien zu verwandeln. Diesen Grad von herrschaftlich protegierter Organisation hatten in Deutschland drei Konfessionen erreicht: die katholische, die lutherische und die reformierte. Ihr Anspruch auf alleinige Geltung war der Antrieb gewesen, um im Innern der Länder die gesamte Bevölkerung konfessionell zu vereinheitlichen, nach außen die jeweils eigene Konfession zu verbreiten. Darin haben die Stillstellungen des Westfälischen Friedens sie gehemmt. Vielerorts mussten die Bekenntniskirchen nun die oft sehr nahe Konkurrenz von anderen Konfessionen ertragen.

Kultur als Medium konfessioneller Überbietung

Gewaltsam ließ der Widerspruch sich nicht länger aus der Welt schaffen, daher setzten alle drei Konfessionen darauf, die eigene Einzigartigkeit durch kommunikative Überwältigung zu beweisen. Die Festschreibung des konfessionellen Nebeneinanders setzte einen Wettlauf in Gang, bei dem jede Kirche die anderen darin zu übertreffen suchte, nach innen (gegenüber den eigenen Zwangsmitgliedern) wie nach außen (gegenüber den konkurrierenden Nachbarn) eindeutig klarzumachen, wer man war und worin die Überlegenheit des eigenen Glaubens bestand. Deshalb verwandelten die Katholiken ihre Kirchen mit Hilfe von prachtvollen Altären und Heiligenfiguren in Bühnen der Erlösung durch Sakramente, während die Lutheraner durch Kanzelaltäre demonstrierten, dass bei ihnen Wort und Gnade im Mittelpunkt standen und die Reformierten häufig ganz auf Bilder und Altäre verzichteten. Auf den ersten Blick sollte jeder erkennen können, bei welcher Konfession er sich befand. Nicht nur der Kirchenbau wurde dafür zum Medium, auch die Kleidung von Pfarrer und Gemeinde, die Liturgie, Kirchenmusik, Sprache, Gesangbücher, Hilfsmittel der Frömmigkeit wie der Rosenkranz oder das Andachtsbild. Aus den Kirchenräumen strahlte die konfessionelle Identitätsvergewisserung auf die Friedhöfe aus, die Kapellen am Straßenrand, den Hausschmuck, die Gestaltung des öffentlichen Raums, über Flurkreuze, Wallfahrtsstationen, Kirchen, die an weithin sichtbaren Punkten errichtet wurden, auf ganze Landschaften. Mit ungeheurem Aufwand wurden Stadt und Land konfessionell kodiert.

Barockfrömmigkeit

Die kommunikative Überwältigung sollte die Menschen ergreifen und in die eigene Glaubensgemeinschaft einfügen. Es ging um Beteiligung: Auf das Mitsingen, Mitlaufen, Mitfühlen aller Korporationen, auf das Mitmachen möglichst der gesamten Bevölkerung wurden die kirchlichen Riten ausgelegt. Daher blühten die Gebetsbruderschaften auf, beging man die Kirchenfeste immer ausgreifender, nahmen Prozessionen und Wallfahrten den Charakter mehrtägiger Volksfeste an. In der Forschung wird diese Ausweitung der religiösen Beteiligung als „Barockfrömmigkeit“ bezeichnet. Dass sie das kirchliche Leben bis weit in die zweite Hälfte des 18. Jahrhunderts beherrschte, machen die Errichtungsdaten einiger Hauptwerke klar, die dafür geschaffen wurden: die lutherischen Bürgerkirchen in Dresden (Frauenkirche) 1726–43 und Hamburg (St. Michaelis) 1751–62, die katholischen Wallfahrtskirchen auf der Wies in Südbayern 1745–54 und Vierzehnheiligen in Oberfranken 1743–72; die Klosterkirchen des Zisterzienserstifts Wilhering an der Donau 1733–48 und als grandioser Nachzügler die Kirche der Benediktinerabtei Neresheim 1747–92.

Pietismus und Jansenismus als Gegenbewegungen

Während die Konfessionskirchen auf das konfessionelle Nebeneinander mit medialer Extrovertiertheit reagierten, entwickelten sich innerhalb wie außerhalb der Kirchen gegenläufige Tendenzen. Vielen Ernsthaften und Stillen im Lande erschien die Barockfrömmigkeit äußerlich, an kollektive Spektakel gebunden, unpersönlich. Ihnen ging es um die innere Glaubenserfahrung, ein eigenes Verhältnis zu Gott. Aus diesem Ansatz verbreitete sich unter Lutheranern die Reformbewegung des „Pietismus“ (nach dem Titel der Programmschrift *Pia Desideria oder Hertzliches Verlangen nach Gottgefälliger Besserung der wahren Evangelischen Kirchen* 1675 von Philipp Jakob Spener), unter Katholiken der ähnlich ansetzende „Jansenismus“ (von Cornelius Jansen, einem flandrischen Bischof, der sich auf den Kirchenvater Augustinus berufen und gefordert hatte, durch Glauben statt Aktionen zu einem inneren Christentum zurückzufinden). Beide Bewegungen rückten die einzelnen Gläubigen in den Mittelpunkt, ermunterten sie, sich in kleinen Konventikeln über ihre spirituellen Erfahrungen auszutauschen, ihr Leben nach Zeichen des göttlichen Wirkens zu durchforschen, religiöse Gefühle wie Verzweiflung, Reue, Selbstanklage, Erlösung, Beglückung, Extase auszuleben, mehr auf die Stimme Gottes in ihnen selbst zu achten als auf die Vorgaben der Autorität. Damit stellten sie sowohl die Dogmatik der Bekenntnisschriften als auch die Hierarchie der Kirchenorganisation und nicht zuletzt die korporativen Frömmigkeitspraktiken in den Konfessionen infrage. Letztlich liefen Pietismus und Jansenismus auf ein allgemeines Priestertum aller erlösten Gläubigen hinaus. Auf diese Weise trugen auch sie zur Individualisierung und Egalisierung bei. Sie lieferten eine religiöse Haltung, die aus der Ständeordnung heraus in Richtung bürgerliche Gesellschaft wies.

Toleranzpolitik

Aber nicht nur von innen wurden die Konfessionskirchen infragegestellt, auch ihre politischen Schutzherren versetzten ihnen Schläge. Denn die Regierenden waren durch den Westfälischen Frieden über die Verpflichtung auf eine konfessionell orientierte Politik hinausgewachsen. Indem sie gegen die Forderungen der Konfessionshäupter einen Kompromissfrieden geschlossen hatten, folgte ihr Handeln nicht mehr dem konfessionellen, sondern einem neuen Prinzip; mit einem Begriff aus dem politischen Denken der Zeit wird es als „Staatsräson“ bezeichnet. Gemeint ist eine politische Vernunft, die sich nicht an religiösen, moralischen oder rechtlichen Vorgaben orientiert, sondern an den innerweltlichen Machtinteressen der Herrschaften, ihrer Selbstbehauptung in der Mächtekonkurrenz, den Notwendigkeiten, die sich aus den spezifischen Bedingungen eines Landes ergaben, dem Streben nach Vorteil und Nutzen. Im konfessionellen Zeitalter war ein solches Handeln verpönt gewesen (obwohl es auch damals existierte), jetzt erhielt es seine Rechtfertigung, weil im Westfälischen Frieden alle europäischen Mächte so verfuhren und die neuen Naturrechtslehren die theoretische Begründung dafür lieferten. Absolutismus heißt Handeln nach Staatsräson. Praktisch lief es darauf hinaus, dass zunächst einzelne, dann immer mehr Reichsstände ihr Kirchenregiment nutzten, um Menschen landesfremder Konfessionen einzuladen und ihnen freie Religionsausübung zu gewähren. Den Vorreiter machte Friedrich Wilhelm von Brandenburg, als er 1685 die aus Frankreich vertriebenen Hugenotten, Reformierte also, in sein Land mit lutherischer Bevölkerung einlud. Kaum 80 Jahre später, 1768, garantierte Emmerich Josef Kurfürst von Mainz, immerhin ein katholischer Erzbischof, dass in der Neustadt von Höchst „alle in dem teutschen Reich eingeführten Religionen ohne Unterschied“ aufgenommen und für ihre Anhänger Kirchen erbaut würden.[22] Die „Toleranzpolitik“, wie sie schon in den Quellen hieß, war allgemein geworden. In den neu errichteten Planstädten gaben die Fürsten ihr Gestalt, indem sie an zentralen Plätzen baugleiche Kirchen für Gemeinden unterschiedlicher Konfession gegenüberstellen ließen, so Friedrich I. in der Berliner Friedrichstadt auf dem heutigen Gendarmenmarkt den französischen (reformierten) und den deutschen (lutherischen) Dom. Friedrich II. fügte nach der Eroberung Schlesiens am Friedrichsforum die Hedwigskathedrale für die Katholiken hinzu. Auch die jüdischen Gemeinden durften wieder in die Öffentlichkeit treten und errichteten in Halberstadt oder Wörlitz eindrucksvolle Synagogen.

Was veranlasste die Fürsten dazu, die konfessionelle Geschlossenheit ihrer Bevölkerung zu durchbrechen? Der offensichtliche Grund war die kameralistische Wirtschaftspolitik. Es ging darum, das eigene Land zu „peuplieren“, mit den neuen Bewohnern zugleich deren Kenntnisse, Gewerbefleiß und Wirtschaftskraft zu gewinnen. Hinzu kam in Preußen die Notwendigkeit, nach der Eroberung Schlesiens die erbeutete katholische Bevölkerung zu integrieren. Dem Großen Kurfürsten aber war es auch darum gegangen, den Eigensinn der von den Ständen unterstützten lutherischen Amtskirche zu brechen. Darin zeigt sich ein hintergründiges Motiv. Indem die Fürsten anderen Glaubensrichtungen Toleranz gewährten, stellten sie ihre Herrschaft über die Konfession und entmachteten die religiösen Korporationen. Deshalb darf diese Toleranzpolitik nicht mit moderner Toleranz oder staatlicher Neutralität gegenüber der Religion verwechselt werden. Religiös neutral konnte der aufgeklärte Absolutismus wegen des Staatskirchentums nicht sein. Seine Toleranz war immer ein von oben gewährtes Privileg, beschränkt auf bestimmte Gruppierungen und bestimmte Räume. Es hatte immer die Ausweitung staatlicher Gewalt zum Ziel. Das Ergebnis aber war, dass die Monopolstellung und Zwangsgewalt der Bekenntniskirchen aufgebrochen wurden. Diese Schwächung nutzte die Aufklärung aus.

Aufklärerische Religionskritik

Wenn die reformfreudigen Fürsten die natürlichen Verbündeten der Aufklärung waren, gaben die Bekenntniskirchen eigentlich die natürlichen Feinde ab. Ihre staatskirchliche Monopolstellung, der Bekenntnisdruck, den sie ausübten, ihre Dogmatik und Hierarchie, die kommunikative Überwältigungsstrategie der Barockfrömmigkeit, all dies musste die Aufklärer empören. Vor allem in den Bekenntniskirchen machten sie die Hindernisse für das Selbstdenken und die Selbstbestimmung aus, die sie anstrebten. Vor allem gegen die Bekenntniskirchen richtete sich daher ihre Kritik. Allerdings mussten sie Rücksicht auf ihre Förderer, die Fürsten, nehmen, außerdem dachten die deutschen Aufklärer – Professoren, Lehrer, Beamte, Pfarrer, die sie waren – viel zu staatstragend, als dass sie das Staatskirchentum grundsätzlich infragegestellt hätten. So radikale Kirchenkritik wie in Frankreich, wo Voltaire mit dem Schlachtruf „Écrasez l'infâme!" („Zermalmt die Niederträchtige!") an die breite Öffentlichkeit appellierte, ganze Kampagnen führte und das Ansehen der Kirche nachhaltig ruinierte, findet man in der deutschen Aufklärung nicht. Deren Kritik kam anfangs viel gelehrter daher. Sie richtete sich gegen den Offenbarungsglauben, aus dessen Erschütterung sich allerdings weitreichende praktische Konsequenzen ergaben.

Vernunftreligion und ethische Funktionalisierung

Im Anschluss an englische Denker des 17. Jahrhunderts wies beispielsweise der Hamburger Gymnasialprofessor Hermann Samuel Reimarus nach, dass es sich bei der Bibel keineswegs um ein Werk aus einem Guss handelt. Unerbittlich legte er ihren Charakter als Zusammenstellung verschiedenartiger, teilweise widersprüchlicher, jedenfalls von Menschen gemachter Texte frei. Ebenso gründlich verglich er die in der Bibel berichteten Sachverhalte, Wunder und Chronologien mit menschlichem Erfahrungswissen über die Naturgesetze und stufte viele Geschichten als unwahrscheinlich ein. Radikal entkleidete er damit die Bibel ihres transzendenten Charakters und deutete die auf die Bibel gestützte Religion in Menschenwerk um. Das schloss an englische religionsphilosophische Ansätze an, die jede Art von Religion als menschliche Hervorbringung betrachteten, als ein Bedürfnis der menschlichen Natur. Die Konsequenzen waren radikal: Das Christentum verlor seine Sonderstellung als geoffenbarte Wahrheit. Es wurde zu einer Religion unter vielen, zu einer Spielart von Religion überhaupt. An die Stelle der Offenbarung trat, was in der menschlichen Natur als „natürliche Religion" oder „Vernunftreligion" angelegt ist. Vor diesem neuartigen Religionsbegriff verloren auch die Konfessionsunterschiede ihre Berechtigung. Lediglich darüber, inwieweit eine Konfession besser als andere mit der universellen Vernunftreligion übereinstimmte, konnte nun noch gestritten werden. Das aber hieß auch, dass es in der Religion nicht mehr um Gottesglauben ging, sondern darum, menschliche Bedürfnisse zu befriedigen. Die Religion wurde funktional umgedeutet. Als ihr Hauptzweck erschien den Aufklärern die Einschärfung von Sittlichkeit, wir würden heute sagen: von Ethik.

Fürsten wie Friedrich II. von Preußen und Kaiser Joseph II. machten dieses deistische Religionsverständnis zur Grundlage ihrer Religionspolitik. Sie benutzten ihre Kirchenhoheit dazu, um Aufklärer, die genauso dachten, als Professoren an die theologischen Fakultäten, als Lehrer an die Priesterseminare, als Bischöfe oder Konsistorialräte in kirchliche Führungspositionen zu berufen. In Weimar beispielsweise wurde 1776 auf Rat des Ministers Goethe der Kant-Schüler Johann Gottfried Herder Generalsuperintendent. Radikal hat diese Kirchenpolitik beide beeinflusst, die deutsche Aufklärung wie die Kirchen. Dank fürstlicher Protektion machten viele Aufklärer als Theologen oder Geistliche Karriere – damit wurde die Bewahrung der Kirchen (auch als Staatskirchen) zu ihrem eigenen Anliegen. Für die Kirchen begann eine Reform von oben, die nun die neue, aufklärerisch denkende Hierarchie in einen Gegensatz zum Kirchenvolk brachte. Beispielsweise bekämpfte die aufklärerische Geistlichkeit die Barockfrömmigkeit. Auf katholischer Seite wurden Feiertage abgeschafft, Wallfahrten eingeschränkt oder verboten, extrovertierte Frömmigkeit denunziert. In allen Konfessionen verfasste man neue Gesangbücher, veränderte die Liturgie, ging beim Kirchenbau zu klassizistischer Nüchternheit über. Das Wort, die Predigt, der Appell an die Vernunft rückten in den Mittelpunkt.

Keine Durchbruch zur Religiosität

All dies erklärt, warum das religiöse Leben sich im Zeichen der Aufklärung zwar radikal veränderte, aber keineswegs seinen Charakter als verbindliche öffentliche Institution verlor. Weder waren die Obrigkeiten bereit, auf ihre Kirchenhoheit zu verzichten, noch konnten die Aufklärer, die nun ihrerseits für das Staatskirchentum eingespannt waren, sich eine Freigabe des religiösen Lebens vorstellen. Viel zu uneinsichtig und verstockt erschienen ihnen die einfachen Gläubigen, viel zu traditionsgebunden und „abergläubisch“, viel zu befangen in einem Offenbarungsglauben, den man selbst hinter sich gelassen hatte. Hier gab es nach Meinung der Aufklärer noch viel zu tun – natürlich unter Zuhilfenahme der Machtmittel, die das Staatskirchentum bot. Damit trat die deutsche Aufklärung tendenziell das Erbe des konfessionellen Dogmatismus an. Nur die Vorzeichen hatten sich geändert.

Literatur

Becker, Hans-Jürgen: Die Reichskirche um 1800. In: Wilhelm Brauneder (Hg.): Heiliges Römisches Reich und moderne Staatlichkeit. Frankfurt/M. u. a. 1993, S.

147–159 [guter Aufsatz, in dem die inneren Blockaden der Reichskirche vor der Säkularisation gezeigt werden].
Beutel, Albrecht: Kirchengeschichte im Zeitalter der Aufklärung. Ein Kompendium. Göttingen 2008.
Goertz, Hans-Jürgen: Religiöse Bewegungen in der Frühen Neuzeit. München 1993 [knappe Übersicht und Forschungsbericht].
Hersche, Peter: Muße und Verschwendung. Europäische Gesellschaft und Kultur im Barockzeitalter, 2 Bd.e. Freiburg 2006 [arbeitet glänzend die Eigenart vor allem der katholischen Konfessionskultur heraus].
Maurer, Michael: Kirche, Staat und Gesellschaft im 17. und 18. Jahrhundert. München 1999.
Schlögl, Rudolf: Alter Glaube und moderne Welt. Europäisches Christentum im Umbruch 1750–1850. Frankfurt/M. 2013 [wichtigstes Werk über den Strukturwandel des Christentums vom Ancien Régime zur bürgerlichen Gesellschaft].

Zusammenfassung

In allen Lebensbereichen, die wir durchmustert haben (mehrere weitere mussten wir beiseitelassen), von der europäischen, der Reichs- und der Territorialpoltik über die Wirtschaft und die Sozialordnung bis hin zum religiösen Leben, sind wir auf tiefgreifende Wandlungsprozesse gestoßen. In der Politik haben wir einen Strukturwandel von der Landesherrschaft zur modernen Staatsgewalt ausgemacht, in der Ökonomie von der erweiterten Subsistenzwirtschaft zur Marktwirtschaft, im sozialen Leben von der Ständeordnung zur bürgerlichen Gesellschaft, im kirchlich-religiösen Bereich von der Religion zur Religiosität. Insofern erscheint das späte 18. Jahrhundert schon vor der Revolution als eine höchst dynamische, im Umbruch befindliche Zeit.

In allen Bereichen hingen die Wandlungsprozesse, denen wir begegnet sind, mit der Aufklärung zusammen. In der Politik war es der aufgeklärte Absolutismus, der zum Motor der Veränderung wurde, in der Wirtschaft neben der Bevölkerungsexplosion der Kameralismus, in der Sozialordnung das aufklärerische Prinzip der Emanzipation durch Bildung, im religiösen Bereich die aufklärerische Religionskritik und Kirchenpolitik. Offenbar war die Aufklärung also eine Erscheinung, die in alle Lebensbereiche hineinwirkte, alle Lebensbereich veränderte. Eine solche Erscheinung bezeichnet man als „totales Ereignis“. Die Aufklärung muss als ein totales Ereignis des 18. Jahrhunderts begriffen werden. Deshalb haben wir sie nicht separat betrachtet, sondern ihre Auswirkung auf jeden Lebensbereich verfolgt.

Allerdings sind wir bei dieser Betrachtung auch auf den Befund gestoßen, dass der Strukturwandel um 1780 überall an Grenzen stieß. Entscheidend ist nun die Einsicht, dass diese Grenzen den Entwicklungen nicht von außen im Weg standen, sondern sich als Strukturblockaden aus den Verhältnissen selbst ergaben. Der aufgeklärte Absolutismus konnte nicht zur Staatsgewalt werden, weil er auf die Mitwirkung der Zwischengewalten angewiesen blieb. Der Kameralismus konnte keine Marktwirtschaft zulassen, weil er die Wirtschaft zur Staatsfinanzierung benötigte. Die aufklärerische Bildung konnte nicht in der Zivilgesellschaft ankommen, weil die Fürsten die ständischen Privilegien von oben erneuerten. Die aufklärerische Religionskritik konnte den Glauben nicht zur Privatsache werden lassen, weil sie sich des Staatskirchentums bemächtigte. Nur wenn wir uns diese Blockaden klarmachen, können wir die weitere Entwicklung verstehen.

Die Revolution kommt nach Deutschland: Umwälzung oder Kontinuität? 3.

Wie kam die Französische Revolution nach Deutschland? Um diese Frage zu beantworten, müssen wir uns den Ereignissen zuwenden. Das erlaubt uns zugleich, die Folgen in den Blick zu nehmen, die sich aus ihrer Ankunft ergaben. Hat sie, wie wir in den Meistererzählungen von Nipperdey, Wehler und Winkler lesen können, die Verhältnisse in Deutschland radikal umgewälzt? Oder trifft die Behauptung der neueren Forschung zu, dass die Veränderungen oberflächlich blieben und darunter eher die Kontinuität überwog?

Erste Wahrnehmungen und Deutungen der Französischen Revolution in Deutschland 3.1

Das Einfallstor, über das die Französische Revolution nach Deutschland gelangte, waren Nachrichten und Meinungen. Das verstand sich nicht von selbst. Es setzte die Infrastruktur einer vielfältigen Presse und Publizistik voraus.

Quelle

Drey Ursachen waren es, die besonders in dem letzten Decennio des vorigen Jahrhunderts auf den Zeitgeist in Deutschland wirkten: 1) die französische Revolution; 2) die Idee von dem steten Fortschreiten der Menschheit; 3) die schnelle Verbreitung der Begebenheiten und Ideen des Tages durch Zeitungen, Journale, Flugschriften.

Ernst Brandes: Betrachtungen über den Zeitgeist in Deutschland in den letzten Decennien des vorigen Jahrhunderts. Hannover 1808, S. 180.

Aufklärung und Öffentlichkeit

Dass es solche Medien gab, war auch ein Ergebnis der Aufklärung. Wir erinnern uns an Kants Schrift *Beantwortung der Frage: Was ist Aufklärung?* von 1784. Darin hatte Kant erklärt, dass das Selbstdenken den einzelnen Menschen zunächst überfordere; dass er dafür der Anregung, Kritik und Korrektur durch andere bedürfe; und dass dies Freiheit voraussetze, nämlich die Freiheit, in allen Bereichen von der eigenen Vernunft „öffentlichen Gebrauch zu machen“. Dieser Grundsatz hatte überall im Reich gelehrte Sozietäten, Freimaurerlogen und Lesegesellschaften hervorgebracht, wo man das Selbstdenken lernte, indem man sich traf, Lesestoff teilte und diskutierte. Damit war ein Publikum entstanden, das großen Hunger auf Gedrucktes hatte, was zur Gründung zahlreicher Zeitschriften führte. Gleichzeitig produzierten die Universitäten arbeitslose Akademiker, die ein Auskommen suchten, indem sie für die Zeitschriften und Almanache schrieben. Auch der aufgeklärte Absolutismus hatte diese Öffentlichkeit gefördert, indem er die Zensur einschränkte und sich durch seine Beamten an der Meinungsbildung beteiligte.

Populäre Öffentlichkeit

Die Teilhabe an dieser aufklärerischen Öffentlichkeit setzte Bildung voraus. Doch gab es auch Medien, die der breiten Bevölkerung zur Information und Meinungsfindung dienten: illustrierte Flugschriften, oft mit einer Sensation oder Moritat aufgemacht, Satiren, Karikaturen, Allegorien, auch erbauliche und moralisierende Blätter, Spiele, Vexierbilder, gedruckte Lieder. Diese Medien hatten eigene Vertriebswege und waren zum Teil weitverbreitet. Wo es keine Buch- oder Kunsthandlungen gab, vor allem auf dem Land, zogen Hausierer mit ihrer Kiepen umher, machten durch Bänkelsang Werbung und verkauften für ein paar Groschen ihre Blätter.

Weitere Öffentlichkeiten

Daneben existierten weitere Öffentlichkeiten. An den Höfen beispielsweise finden wir einen regen Nachrichtenaustausch über Gesandtenberichte, Korrespondenzen, (hand-)geschriebene Zeitungen, Spitzelberichte, Geheimpolizei. Zu dieser Öffentlichkeit hatten zwar nur wenige Mitglieder der höfischen Gesellschaft Zugang – es handelte sich durchaus um eine exklusive Teilöffentlichkeit. Doch wer Zugang zu ihr hatte, war einflussreich: die Fürsten und Minister, der Hoch- und Hofadel, das diplomatische Korps. Daher darf diese ältere Teilöffentlichkeit keineswegs vernachlässigt werden. Ebenso gab es eine kirchliche Teilöffentlichkeit, vor allem innerhalb der Orden, aber auch zwischen den Bistümern und der Kurie in Rom, die ebenfalls auf handgeschriebenen Zeitungen, Korrespondenzen und Gesandtenberichten beruhte. Es gab eine Öffentlichkeit der großen Handelshäuser und Banken, die durch Korrespondenzen Nachrichten austauschten und damit die Börsenkurse und die Kreditwürdigkeit der Staaten beeinflussten. Und es gab eine Öffentlichkeit der Gelehrten, die zwar im 18. Jahrhundert schon vielfach auch Zeitschriften als

Medien der Verständigung nutzten, dabei aber trotzdem noch an älteren Formen des Austauschs durch Korrespondenzen und Reisen festhielten.

Die ältere Forschung hat die aufklärerische Öffentlichkeit mit „der Öffentlichkeit" schlechthin gleichgesetzt. Das ist falsch. Vielmehr kam die aufklärerische Öffentlichkeit der lesenden und diskutierenden Gebildeten zu den anderen Öffentlichkeiten hinzu, war sie bis zur Revolution nur eine unter vielen Teilöffentlichkeiten. Das Nebeneinander mehrerer Teilöffentlichkeiten war typisch für die Frühe Neuzeit und bestimmte auch im ausgehenden 18. Jahrhundert noch die Situation in Deutschland.

Tradition der Frankreichberichterstattung

Wichtig ist: In all diesen verschiedenen Öffentlichkeiten gab es eine lange Tradition der Berichterstattung über Frankreich. Seit Ludwig XIV. Frankreich zur führenden Großmacht Europas gemacht hatte, war es ein beständiges Thema. In Deutschland musste man sich schon deshalb über diesen Nachbarn informiert halten, weil französische Armeen immer wieder im Reich erschienen. Überdies hatte Ludwigs Förderung der Künste und Wissenschaften Frankreich zum kulturellen Vorbild Europas gemacht. Alle Gebildeten lernten Französisch. Alle interessierten sich für französische Mode, französischen Geschmack, französische Literatur, Philosophie und Kunst. Schon lange vor der Revolution stand Frankreich im Blickfeld der deutschen Öffentlichkeiten.

Revolutionsnachrichten

Das erklärt, warum Nachrichten über die Vorgänge in Frankreich schnell im Reich ankamen und weite Verbreitung fanden. Die Journale berichteten ausführlich von der Notabelnversammlung von 1787, der Einberufung der Generalstände 1789, der Revolution durch die Delegierten des Dritten Standes, die sich zusammen mit einigen Vertretern des Klerus im Juni 1789 zur Nationalversammlung erklärten, der städtischen Revolution mit dem Sturm auf die Bastille am 14. Juli. In Deutschland gab es Menschen, die sofort erkannten, dass dies ein besonderes Ereignis war. Einige gerieten darüber so in Begeisterung, dass sie nach Frankreich aufbrachen, um es mitzuerleben. Bereits im Juli 1789 reisten der damals 22-jährige Wilhelm von Humboldt und sein ehemaliger Hauslehrer Joachim Heinrich Campe nach Paris. Zahlreiche weitere Deutsche folgten, es entwickelte sich ein förmlicher Revolutionstourismus. Alle berichteten über ihre Erfahrungen in Briefen oder Artikeln, die sie in Almanachen, Taschenbüchern und Journalen veröffentlichten. Viele schickten auch französische Zeitungen und Flugblätter an ihre Freunde nach Deutschland.

Quelle

Je länger ich hier bin, je aufmerksamer ich die Knospen, die Blüte und die Früchte der jungen französischen Freiheit betrachte und je länger ich das hier angefangene Kreißen des von praktischer Philosophie geschwängerten menschlichen Geistes beobachte, welcher gerechte und weise Staatsverfassungen, allgemeine Aufklärung und Völkerglück gebären zu wollen verheißt, desto inniger und fester wird meine Überzeugung, daß diese französische Staatsumwälzung die größte und allgemeinste Wohltat ist, welche die Vorsehung seit Luthers Glaubensverbesserung der Menschheit zugewandt hat.

Joachim Heinrich Campe: Paris, den 26. August 1789. In: ders.: Briefe aus Paris. Braunschweig 1790. ND bearb. v. Helmut König. Berlin 1961, S. 274.

Revolutionsbegeisterung

Die begeisterte Äußerung Campes ist typisch für die anfängliche Wahrnehmung der Revolution bei Deutschen. Sie zeigt uns zweierlei: erstens dass die Revolution in dieser Zeit primär als „Kreißen des von praktischer Philosophie geschwängerten menschlichen Geistes" wahrgenommen wurde – also als Verwirklichung von philosophischen Ideen. Die Revolution erschien den deutschen Beobachtern als Vollendung der Aufklärung, als praktische Philosophie bezogen auf die „Menschheit". Das ist eine unpolitische Revolutionsdeutung. Sie erklärt, warum Campe die Französische Revolution als Fortsetzung der deutschen Reformation betrachten konnte. Damit stand er keineswegs allein. Der Oldenburger Verwaltungsbeamte und Schriftsteller Gerhard Anton von Halem dichtete am 13. September 1791, als Ludwig XVI. die neue Verfassung annahm, die Frankreich in eine konstitutionelle Monarchie verwandelte:

Quelle

Von Halems Lobgedicht

Jauchzet Freunde, dass wir leben
Dass wir dieses sehn!
Was wir uns geheim nur sagten
Was wir kaum zu hoffen wagten
(Heil uns Brüder!) ist geschehen.

Jauchze Deutschland! Denn durch dich nur
Ist der Franke frey.
Dauer gabst du dem Gedanken:
Luthern zeugtest du; ihm sanken
Deine Stützen Tyranney!

Gerhard Anton von Halem: Lobgedicht auf die Annahme der französischen Verfassung. Anlage zu einem Brief an Christoph Martin Wieland, Oldenburg 21.9.1791. Zitiert nach: Freiheit – Gleichheit – Brüderlichkeit, S. 272.

Selbstbestätigung durch die Deutung als Aufholbewegung

Die Revolution wird als Weiterführung von Buchdruck und Reformation gesehen – von deutschen Errungenschaften also. Bei den meisten deutschen Beobachtern herrschte die Überzeugung vor, dass die Franzosen etwas vollendeten, was in Deutschland begonnen hatte und durch den aufgeklärten Absolutismus in Deutschland längst erreicht worden war. Die deutsche Revolutionsbegeisterung hatte etwas Gönnerhaftes. Sie beruhte darauf, dass die Aufklärer die Revolution als Bestätigung der eigenen Entwicklung empfanden. Und sie knüpfte an den schlechten Ruf an, den die französische Monarchie außerhalb Frankreichs besaß. Da sie in Europa in Form einer aggressiven Hegemonialpolitik angekommen war, sah man sie dort schon länger als Zwangsherrschaft. Zudem hatten viele andere Fürstenherrschaften sich der Aufklärung geöffnet und immer stärker mit Hilfe der Aufklärung legitimiert, während der späte Ludwig XIV. und seine Nachfolger die Aufklärer in die Opposition getrieben hatten. Daher hielt man überall in Europa die eigenen politischen Systeme für aufgeklärter und freiheitlicher als das französische. Man hatte das Gefühl, den Franzosen politisch voraus und überlegen zu sein – folglich wurde die Französische Revolution anfangs als eine Aufholbewegung begrüßt.

Gründe für den Meinungsumschwung 1792/93

Unter den Regierenden in den Kabinetten sah man das anders, doch drangen ihre skeptischen Urteile lange Zeit nicht an die lesende Öffentlichkeit. Das änderte sich erst, als die öffentliche Meinung sich unter dem Eindruck der Jakobinerherrschaft und des Beginns der Revolutionskriege zu drehen begann. Spätestens der Prozess gegen Ludwig XVI. und seine Hinrichtung am 21. Januar 1793 bewirkten in Deutschland einen Meinungsumschwung. Jetzt reagierte man enttäuscht und bezeichnete die Revolution als Verirrung. Zugleich meldeten sich die ersten offen gegenrevolutionären Stimmen zu Wort. Sobald man die Revolution nicht mehr als Vollendung der eigenen Bestrebungen deuten konnte, verurteilte man sie.

Literatur

Böning, Holger (Hg.): Französische Revolution und deutsche Öffentlichkeit. Wandlungen in Presse und Alltagskultur am Ende des achtzehnten Jahrhunderts. München u. a. 1992.

Cilleßen, Wolfgang und Rolf Reichardt (Hgg.): Revolution und Gegenrevolution in der europäischen Bildpublizistik 1789–1889. Hildesheim 2010.

François, Étienne: Alphabetisierung und Lesefähigkeit in Frankreich und Deutschland um 1800. In: Helmut Berding, Etienne François und Hans-Peter Ullmann (Hgg.): Deutschland und Frankreich im Zeitalter der Französischen Revolution. Frankfurt/M. 1989, S. 407–425.

Jäger, Hans-Wolf (Hg.): ‚Öffentlichkeit' im 18. Jahrhundert. Göttingen 1997 [Sammelband mit Beiträgen über verschiedene Institutionen und Medien der Öffentlichkeit].

Kuhn, Axel: Freiheit, Gleichheit, Brüderlichkeit. Debatten um die Französische Revolution in Deutschland. Hannover 1989.

Lüsebrink, Hans-Jürgen und Rolf Reichardt: „Kauft schöne Bilder, Kupferstiche...". Illustrierte Flugblätter und französisch-deutscher Kulturtransfer 1600–1830. Mainz 1996 [beleuchtet vor allem die populäre Öffentlichkeit].

Lüsebrink, Hans-Jürgen und Rolf Reichardt (Hgg.): Kulturtransfer im Epochenumbruch. Frankreich – Deutschland 1770 bis 1815. Leipzig 1997 [Zwischenbilanz der Kulturtransfer-Forschung zwischen Frankreich und Deutschland].

Reichardt, Rolf: Die Französische Revolution und Deutschland. Thesen für einen komparatistischen kulturhistorischen Neuansatz. In: Karl Otmar Freiherr von Aretin und Karl Härter (Hgg.): Revolution und konservatives Beharren. Das Alte Reich und die Französische Revolution. Mainz 1990, S. 2128 [wegweisende Forschungsperspektive].

Voss, Jürgen (Hg.): Deutschland und die Französische Revolution. München 1983 [wichtiger Sammelband mit Beiträgen zu zahlreichen Aspekten].

Quellensammlungen

Günther, Horst (Bearb.): Die französische Revolution. Frankfurt/M. 1985 [gut kommentierte Quellensammlung].

Schoch, Rainer (Bearb.): Freiheit – Gleichheit – Brüderlichkeit. 200 Jahre Französische Revolution in Deutschland. Nürnberg 1989 [Ausstellungskatalog mit vielen Bildquellen und guten Einführungen].

Stammen, Theo und Friedrich Eberle (Bearb.): Deutschland und die Französische Revolution 1789–1806. Darmstadt 1988 [ordnen die Quellen nach politischen Strömungen].

Träger, Claus (Bearb.): Die Französische Revolution im Spiegel der deutschen Literatur. Unter Mitarbeit v. Frauke Schaefer. Leipzig 1975. 2. Aufl. Frankfurt/M. 1979 [umfassendste Quellensammlung mit systematischer Gliederung; sehr nützlich trotz des ideologischen Vorworts, das die Französische Revolution für die DDR vereinnahmt].

Die Revolutionskriege 3.2

Beschleunigung

Der Zeitraum von 1789 bis 1815 umfasst 26 Jahre. Trotzdem ist darin mehr passiert als sonst in vielen Jahrzehnten. Zumindest empfanden die Zeitgenossen das so. Sie erlebten ihre Gegenwart als nie dagewesene Beschleunigung. Die Ereignisse schienen rascher aufeinander zu folgen. Jedes Ereignis zog Veränderungen nach sich, die nicht zu verarbeiten waren, weil sogleich weitere Ereignisse eintraten. In vielen Quellen sehen wir das Empfinden ausgedrückt, getrieben zu werden, mitgerissen, überwältigt.

Quelle

Wie ich sie so alle ansah, diese Menschen, die gleichsam die Geschichte überlebt haben, fiel mir der jüngste Tag von Tieck ein, wie alles plötzlich schneller geht, die Jahreszeiten wie die Tageszeiten, alles weit schneller sich dreht und sich verzehrt, bis alles von der gewaltsamen Anstrengung und zu früher Reife verderben muss. Wozu sonst Jahrhunderte gehörten, das haben sie alles während zehn oder zwölf Jahren durchrannt; man wundert sich, sie noch so jung zu sehen, da sie so vieles durchlebt.

Dorothea Schlegel: Brief an Friedrich Schlegel. Paris, 2. Mai 1804. In: Dorothea v. Schlegel geb. Mendelssohn und deren Söhne Johann und Philipp Veit: Briefwechsel. Im Auftrag der Familie Veit bearb. v. Johann Michael Raich. Mainz 1881, Bd. 1, S. 120.

Rückführung der Ereignisse auf ihre Generierungsbedingungen

Um von dieser Atemnot der Zeitgenossen nicht angesteckt zu werden, scheint es sinnvoll, einen Schritt zurückzutreten und zu fragen, ob die vielen Ereignisse nicht von wenigen stabilen Konstellationen hervorgebracht wurden. Wenn es uns gelingt, die Strukturformel zu finden, die das Geschehen produzierte, verstehen wir die Abläufe, auch ohne alle Einzelheiten zu kennen.

Der Krieg als Modus der Ereignisse

Die Suche nach der Strukturformel führt schnell zu der Feststellung: Fast während des gesamten Zeitraums, den wir hier betrachten, herrschte Krieg. Er begann am 20. April 1792 mit der Kriegserklärung Frankreichs an Österreich. Er endete mit dem Zweiten Pariser Frieden am 20. November 1815. In dieser Zeit befand sich das revolutionäre Frankreich fortwährend im Krieg. Zwar wurden nach großen Feldzügen oder Schlachten immer wieder Friedensverträge geschlossen. Doch keiner erwies sich als dauerhaft. Sie dienten lediglich dazu, den nächsten Krieg vorzubereiten. Und über den gesamten Zeitraum von 23 Jahren waren Teile Deutschlands an diesen Kriegen beteiligt.

Revolutions- oder Koalitionskrige?

Die Forschung bezeichnet diese Kriege entweder als „Revolutionskriege" oder als „Koalitionskriege", ab dem zweiten Krieg auch als „Napoleonische Kriege". Jede dieser Bezeichnungen erklärt einen anderen Akteur zur treibenden Kraft: entweder die Revolution oder die gegenrevolutionäre Koalition oder Napoleon. Damit enthält jeder dieser Begriffe auch eine mehr oder weniger deutlich ausgesprochene Schuldzuweisung. Auch geschichtswissenschaftliche Ereignisbegriffe deuten und werten. Besonders klar zeigt sich das an dem letzten dieser Kriege 1813–1815. Die ältere kleindeutsche Forschung hat ihn als „Befreiungskrieg" bezeichnet. Dieser Begriff hat eine franzosenfeindliche Tendenz. Denn er lässt die französische Herrschaft als Zwang erscheinen, gegen den die Fürsten und Völker Europas sich verbündet hätten, um für ihre Freiheit zu kämpfen. Diese Sichtweise ist, wie die neuere Forschung gezeigt hat, ein nachträglich im 19. Jahrhundert geformter Mythos. Ausgeblendet wird durch ihn, dass alle deutschen Staaten mit Frankreich kooperiert und viele Errungenschaften der Französischen Revolution übernommen hatten. Deshalb spricht heute kein Forscher mehr von „Befreiungskriegen". Doch die Begriffe „Revolutionskriege", „Koalitionskriege" oder „Napoleonische Kriege" sind nach wie vor in Gebrauch.

Der Ausnahmezustand als Bedingung rascher Veränderungen

Machen wir uns klar, was der Krieg bewirkte: Er setzte die Normalität außer Kraft. Er rechtfertigte Maßnahmen, die unter Friedensbedingungen unvorstellbar gewesen wären. Im Krieg und in der Liebe ist alles erlaubt. Da werden Veränderungen hingenommen, die sonst erhebliche Widerstände provozieren würden. Insofern finden wir im Ausnahmezustand des Krieges eine Erklärung für die Beschleunigung, die den Zeitgenossen aufgefallen ist. Und wir bekommen den Hinweis, dass wir Reichweite und Tiefe der Ereignisse in dieser Ausnahmesituation schlecht an der Normalität messen können. Die Zeiten waren nicht normal.

Die Kriege als gesamteuropäisches und globales Ereignis

Die Kriege beschränkten sich nicht auf Frankreich und die deutschen Mächte. Vielmehr traten gleich in den ersten Krieg nach und nach auch Großbritannien, die Niederlande, die italienischen Mächte, Spanien und Russland ein. Später kamen die Schweiz,

Skandinavien und die baltischen Länder sowie Südosteuropa hinzu. Schritt für Schritt wurden alle Mächte und Menschen in Europa in Kriege verwickelt. Über die Kolonien der europäischen Mächte wirkten die Kämpfe sich bis nach Amerika, Afrika und Asien aus. So versuchte Napoleon 1798–1801 Ägypten zu erobern, um den Levante-Handel unter Kontrolle zu bekommen, eine Nervenader des englischen Kolonialreichs zu zertrennen und dem revolutionären Frankreich das Übergewicht im Mittelmeerraum zu verschaffen. An solchen Punkten wurden die Kriege zum globalen Ereignis.

Daraus folgt, dass die Erklärung für die Kriege nicht in Frankreich oder Deutschland allein liegen kann, sondern in der Wechselwirkung zwischen den europäischen Mächten gesucht werden muss. Wie die anderen Völker nahmen auch die Deutschen an etwas teil, das ihren eigenen Horizont überstieg, aber massive Auswirkungen auf sie hatte. Nicht zuletzt damit ist das Gefühl von Überwältigung zu erklären. Um die Kriege zu verstehen, müssen wir also zunächst eine weitere Perspektive einnehmen. Erst danach können wir schauen, wie die Deutschen daran beteiligt waren.

Erste Erklärung: Die Kriege leiteten innerfranzösischer Konflikte um die Revolution nach außen ab.

Wie lassen die Kriege sich erklären? Sind die europäischen Monarchien über das revolutionäre Frankreich hergefallen, weil sie die Ausbreitung der Revolution auf ihre eigenen Länder befürchteten? Das ist revolutionäre Propaganda. Es war vielmehr Frankreich, das den Krieg erklärte. Ludwig XVI. stellte den Antrag, die Nationalversammlung stimmte mit überwältigender Mehrheit zu. In der allgemeinen Kriegsbegeisterung, die danach herrschte, entstand das Kampflied, das als „Marseilleise“ bekannt ist und heute als französische Nationalhymne dient.

Es waren zunächst innenpolitische Probleme des revolutionären Frankreichs, die man durch die Kriegserklärung zu überwinden hoffte. Ludwig XVI. verweigerte sich der revolutionären Verfassung, die 1791 von der Nationalversammlung verabschiedet worden war. Zwar hatte er diese Konstitution in Kraft gesetzt, tatsächlich aber boykottierte er sie. Da die Verfassung ganz auf ihn ausgerichtet war, blockierte er damit die gesamte französische Innenpolitik. Aus dieser Blockade hoffte er sich selbst, hofften aber auch seine Gegner sich durch einen Krieg zu befreien. Das heißt, die Revolution hatte Frankreich in ein Patt geführt, das intern nicht auflösbar schien. Deshalb wurden die inneren Konflikte durch den Krieg nach außen abgeleitet. Da diese Externalisierung sich als erfolgreich erwies, verfiel man in den folgenden Jahren immer wieder auf diesen Ausweg. Das ist die erste Erklärung für die Kriege. Die innerfranzösische Auseinandersetzung um die Revolution hat sie angefacht und ständig aufs Neue befeuert. Wenigstens zum Teil setzten die äußeren Kriege also die Auseinandersetzungen um die Französische Revolution mit anderen Mitteln fort. Schon deshalb ist es berechtigt, von „Revolutionskriegen" zu sprechen – dieser Sprachgebrauch wird hier übernommen.

Perspektive der europäischen Großmächte

Doch ist das nur die eine Seite. Zunächst stieß die französische Kriegserklärung auf Mächte, die eigentlich kein Interesse am Krieg hatten. Österreich, Preußen und Großbritannien waren, wie wir in Abschnitt 2.1 gesehen haben, mit eigenen Problemen beschäftigt. Russland hatte 1783 die Krim besetzt und führte Krieg gegen die Osmanen. Daher war den Großmächten die Revolution in Frankreich gelegen gekommen, schien sie das Land doch so zu schwächen, dass es aus der europäischen Mächtekonkurrenz ausschied und man getrost anderweitige Interessen verfolgen konnte. Nach dem gescheiterten Fluchtversuch der königlichen Familie und ihrer Gefangennahme im Juni 1791 hatten Österreich und Preußen der Revolutionsregierung zwar gedroht (schließlich war Marie Antoinette, die Frau Ludwigs XVI., Österreicherin), aber ihr Eingreifen an unerfüllbare Bedingungen geknüpft. Als Frankreich daraufhin den Krieg erklärte, nahm man in Wien und Berlin an, man werde das Land leicht niederringen und könne dann französische Gebiete im Elsass und in Flandern annektieren. Das heißt, die antifranzösische Koalition hat den Krieg nicht als Kampf gegen die Revolution begonnen, sondern als Eroberungskrieg in der Logik der europäischen Mächtekonkurrenz.

Revolution der Sansculotten

Diese wurde jedoch rasch außer Kraft gesetzt. Denn der Krieg wirkte auf Frankreich zurück, indem er dort einen weiteren Revolutionsschub auslöste: die Revolution der Sansculotten. So bezeichnet man die Radikalen im Nationalkonvent; nach dem ehemaligen Kloster, das sie als Versammlungsort benutzten, hießen sie auch die „Jakobiner". Diese wurden durch die Nachrichten alarmiert, die von der Front kamen. Die französischen Armeen waren schlecht geführt, erlitten Niederlagen, ergaben sich dem Feind oder gingen zu ihm über. Dafür machten die Jakobiner eine Verschwörung des Königs und der adligen Offiziere mit den Kriegsgegnern verantwortlich. Aus Furcht vor dem äußeren und inneren Feind gingen sie zum Angriff über. Am 10. August 1792 übernahmen aufständische Sektionen der Pariser Stadtverwaltung die Macht, ließen die Bevölkerung den Tuilerien-Palast stürmen, setzten den König ab, machten ihm einen Prozess, verurteilten ihn als Verräter und richteten ihn am 21.

Januar 1793 hin. Frankreich wurde zur Republik. Damit war die Blockade überwunden, und die Revolution trat in eine neue, radikale Phase ein.

Wechselwirkung zwischen Krieg und Revolution

Auch solche Rückwirkungen des Kriegs auf die Revolution sollten sich wiederholen; wir werden gleich weiteren Beispielen begegnen. Daraus ergab sich eine beständige Wechselwirkung zwischen den Auseinandersetzungen um die Revolution im Innern Frankreichs und dem Kriegsverlauf. Das revolutionäre Frankreich brauchte den Krieg, um seine unlösbaren Konflikte nach außen abzuleiten. Umgekehrt wirkten Misserfolge oder Erfolge im Krieg auf die innere politische Ordnung in Frankreich zurück und produzierten weitere Umwälzungen. Im Anschluss an die Revolutionsforschung können wir diese Wechselwirkung als einen halb nach außen verlagerten „Revolutionsmechanismus" bezeichnen. Er ist der eigentliche Grund, warum die Kriege hier als „Revolutionskriege" bezeichnet werden.

Volksbewaffnung und Kriegswende

Die Jakobiner-Herrschaft zog ihre Berechtigung daraus, alle Kräfte gegen die äußeren und inneren Feinde der Republik zu mobilisieren: gegen die äußeren, indem sie das stehende Heer des Ancien Régime durch eine Volksarmee, beruhend auf der allgemeinen Wehrpflicht, ersetzte („Levée en masse") und damit binnen kürzester Zeit die Truppenstärke von 400.000 Mann auf eine Million erhöhte; die inneren Feinde, indem man alle vermeintlichen Revolutionsgegner ermordete: die Adligen und Oppositionellen in den Gefängnissen („Septembermorde"); die aufständischen Bauern in der Vendée; die Priester, die sich weigerten den Eid auf das Revolutionsregime zu leisten. Zur dauerhaften Unterdrückung der „Volksfeinde" wurde ein Terrorregime errichtet, dessen Symbol die Guillotine war. Diese Maßnahmen hatten Erfolg. Sie brachten den Vormarsch der Koalitionstruppen zum Stehen und erreichten ein militärisches Gleichgewicht zwischen Frankreich auf der einen Seite, allen anderen europäischen Großmächten auf der anderen. Damit bewiesen die Revolutionäre, dass sie in der Lage waren, sich nach innen und nach außen auch gegen mächtige Gegner zu behaupten. Die Revolution bestand ihre Feuertaufe und verschaffte sich Respekt.

Wandel zum Weltanschauungskrieg

Erst jetzt wurde sie von den auswärtigen Regierungen ernstgenommen und das heißt: als Bedrohung empfunden. Das veränderte den Charakter des Kriegs. Beide Seiten luden den Krieg nun ideologisch auf und erklärten ihn zum Kampf zwischen zwei unvereinbaren politischen Systemen. Dies verwandelte ihn in einen Weltanschauungskrieg. Die Koalition korrigierte ihre Kriegsziele dahingehend, dass sie ein Übergreifen der Revolution auf die

Nachbarländer zu verhindern und in Frankreich die Monarchie wiederherzustellen suchte.

Zweite Erklärung: Die Kriege konnten nicht beendet werden, weil die Prinzipien des europäischen Mächtesystems außer Kraft gesetzt waren.

Damit geriet das europäische Mächtesystem in eine Krise. Weltanschauungskriege waren darin nicht vorgesehen. Das System beruhte auf zweckrationaler Interessenverfolgung. Werte sollten keine Rolle spielen. Jetzt wurden sie durch die ideologische Überhöhung des Krieges auf beiden Seiten eingeführt. Die Republik nahm für sich in Anspruch, den benachbarten Völkern die Freiheit zu bringen, sprich: die Errungenschaften der Revolution, vor allem die Menschenrechte und die Rechtsgleichheit der bürgerlichen Gesellschaft, während sie ihre Gegner beschuldigte, für die fürstlichen Interessen an Eroberungen das Blut der Völker zu opfern. Daher ermunterten die Jakobiner Freiheitsbewegungen in anderen europäischen Ländern und suchten dort ebenfalls Revolutionen in Gang zu bringen. Aufgegriffen wurde diese Einladung etwa in Mainz, wo deutsche Jakobiner 1793 eine Republik ausriefen und sich unter den Schutz der französischen Revolutionstruppen stellten, bis die Stadt von preußischen Truppen zurückerobert wurde. Umgekehrt sahen die Mächte der Koalition im revolutionären Frankreich ein tyrannisches Regime, das einen Krieg gegen die eigene Bevölkerung führte und andere Völker zum Aufstand aufstachelte, daher gestürzt und für den Königsmord bestraft werden musste. Diese ideologische Überhöhung ließ den Krieg eskalieren und verhinderte seine Beendigung, solange die Systemkonfrontation fortbestand. Die Mechanismen des europäischen Mächtesystems waren außer Kraft gesetzt. Das ist die zweite Erklärung für die Revolutionskriege.

Direktorium

Die militärischen Erfolge der französischen Revolutionsheere wirkten nach innen und nach außen. Nach innen führte sie zum „Thermidor". So bezeichnet man den Sturz Robespierres durch den Putsch einiger Abgeordneten im Nationalkonvent am 27. Juli 1794. Als die Schreckensherrschaft nicht mehr notwendig war, wurde sie von denjenigen beseitigt, die ihr nächstes Opfer zu werden drohten. Frankreich kehrte zu der liberalen politischen Ordnung von 1791 zurück, nur ohne König. Es blieb Republik; auch die neue Regierung, die sich „Direktorium" nannte, setzte den Krieg gegen die Koalition fort. Allerdings änderten sich Stil und Ziel der französischen Außenpolitik. Schon die Jakobiner hatten enttäuscht feststellen müssen, dass die Völker Europas keineswegs aus freien Stücken zur Revolution überliefen. Frankreich musste einen „Despotismus der Freiheit" etablieren, das heißt, es musste mit Zwang nachhelfen, um die Revolutionsfreunde in den Nachbarländern an die Regierung zu bringen.

Damit kehrten die Prinzipien der Machtpolitik zurück. Spätestens unter dem Direktorium wurde die Revolutionsregierung pragmatisch. Auf der einen Seite förderte sie die Gründung von „Tochterrepubliken“: etwa der Batavischen Republik in den Niederlanden, der Helvetischen Republik in der Schweiz, der Cisalpinischen Republik in Italien u. a., stellte sie unter französischen Schutz und ließ deren innere politische und soziale Ordnung nach französischem Vorbild revolutionieren. Auf der andern Seite schloss sie Verträge mit Fürsten, an die sie einen Teil der Nachbarländer abtrat. So schwenkte das Frankreich der gemäßigten Revolution auf die Tradition der europäischen Großmachtpolitik ein. Es entdeckte, dass es die Zustimmung der anderen Großmächte kaufen konnte, indem es diesen einen Teil der Beute überließ.

Frieden von Basel und Vordringen der Franzosen ins Reich

Nach außen wirkten die militärischen Erfolge der Revolutionsarmeen, indem sie diejenigen Kriegsgegner, die auf leichte Erfolge gehofft hatten, veranlassten, sich aus der Koalition zurückzuziehen. Dazu gehörte Spanien, vor allem aber Preußen. 1795 schlossen sie mit Frankreich den Frieden von Basel. Auch die von Preußen abhängigen kleineren Reichsstände wie der Westfälische Kreis, Hessen-Kassel, Sachsen-Weimar und andere erklärten sich für neutral und überließen es Österreich sowie den von diesem abhängigen süddeutschen Reichsständen, den Krieg alleine weiterzuführen. Damit spaltete der Frieden von Basel das Reich in eine preußisch-norddeutsche Zone, wo fortan für zehn Jahre Frieden herrschte, und eine österreichisch-süddeutsche, die nicht nur Krieg führte, sondern jetzt selbst zum Kriegsschauplatz wurde. Denn der Friede von Basel verschaffte dem revolutionären Frankreich einen Vorteil. Die französischen Armeen überquerten den Rhein und drangen ins Reich vor. Das Dritte Deutschland der mittleren und kleinen Reichsstände wurde zwischen den Großmächten Österreich und Preußen zerrieben und war zu keiner eigenen Initiative mehr fähig.

Friede von Campo Formio

Trotz des Abzugs der preußischen Truppen vermochten die Österreicher und die Reichsarmee, sich im Bündnis mit Großbritannien gegen die französischen Revolutionsheere zu behaupten. Zwei Jahre lang lieferten beide Seiten sich blutige Feldzüge, ohne eine Entscheidung herbeiführen zu können. Erst als ein junger General namens Bonaparte Österreich in die Zange nahm, indem er mit einer französischen Armee nach Italien einfiel und dort eine zweite Front aufbaute, musste Österreich nachgeben. 1797 ließ es Großbritannien allein weiterkämpfen und schloss mit Frankreich den Frieden von Campo Formio.

Annexionspolitik

Im Herbst 1797 wechselte die französische Regierung. Das neue Direktorium ging mit der Rückbesinnung auf die alte Machtpolitik noch einen Schritt weiter: Es wollte Frankreich nun wieder vergrößern. Die Rheinlande, die Moselgegend, Luxemburg und Belgien wurden zu französischem Staatsgebiet erklärt und in die Departementverwaltung integriert. Damit trat man das Erbe Ludwigs XIV. an und setzte dessen Annexionspolitik fort. Sogar die unter Ludwig XIV. aufgekommene Lehre von den „natürlichen Grenzen" Frankreichs, die es durch Eroberungen zu erreichen gelte, kam wieder auf. Fortan wurden die Fortschritte Frankreichs und der Revolution durch die Teilung der besiegten Länder erkauft. Faktisch ließ das revolutionäre Frankreich damit die Freiheitsbewegungen, die es in seinen Nachbarländern unterstützt hatte, zugunsten von kooperationswilligen Fürsten fallen.

Zweiter Revolutionskrieg

Die französische Annexion der linksrheinischen Gebiete Deutschlands trieb Österreich zurück in den Kampf. Als Bonaparte Europa verließ, um Großbritannien in Ägypten anzugreifen (wie er zuvor Österreich in Italien angegriffen hatte), begann Österreich den zweiten Revolutionskrieg. Er dauerte von 1798 bis 1802 und brachte Österreich zunächst in die Oberhand. Doch veranlasste dies Bonaparte dazu, im Herbst 1799 eilig aus Ägypten zurückzukehren. Zufällig kam er gerade in dem Moment nach Paris, als das Direktorium einen starken Mann suchte, um einen drohenden Jakobiner-Aufstand niederzuschlagen. Die Direktoren hofften, Bonaparte als politische Spielfigur nach innen und außen verwenden zu können. Doch die Macht, die sie ihm zuschoben, gab er nicht wieder her. Nach dem Staatsstreich vom 9. November 1799 – in Frankreich nennt man ihn nach dem neuen Kalender, den die Revolutionäre 1792 eingeführt hatten, den 18. Brumaire des Jahres VIII – erklärte Napoleon sich zum Konsul und gab Frankreich eine neue Verfassung. Seine Eignung bewies er, indem er Frankreich im Innern stabilisierte und Österreich durch neue Siege in Italien zwang, 1802 den Frieden von Lunéville zu schließen.

Das System Napoleons

Wieder hatte der Krieg ein Revolutionsregime beseitigt und ein neues an die Macht gebracht. Wieder war also der Krieg zum Schicksal der Revolution geworden. Diesen Zustand stellte Bonapartes Herrschaft auf Dauer. Bonaparte war ein Profiteur der Revolution, aber kein Revolutionär. Er hatte kein Programm, keine politischen Ziele. Vielmehr handelte er situationsgebunden, pragmatisch, stets auf den eigenen Vorteil bedacht. Seine Profession war der Krieg. Nur dank des Kriegs war er an die Regierung gelangt. Nur durch weiteren Krieg konnte er seine Herrschaft auf Dauer stellen.

Als Napoleon, wie er sich nennen ließ, nach seinem Putsch Frankreich eine neue Verfassung gab, schrieb er am 13. Dezember 1799: „Bürger, die Revolution ist auf die Grundsätze gebracht, von denen sie ausgegangen ist, sie ist beendet."[23] In dieser Aussage steckt eine Doppelbotschaft. Bonaparte verspricht, „die Grundsätze" der Revolution zu bewahren, während er die Revolution zugleich beendete. Dieses Versprechen verschaffte ihm die Zustimmung, von der seine Herrschaft getragen wurde. Denn die Revolution, das war seit dem Sturz der Jakobiner 1794 ein drohender Bürgerkrieg zwischen links und rechts gewesen. Während der gesamten Direktorialherrschaft 1794–1799 hatten abwechselnd die linke und die rechte Opposition einen Aufstand nach dem andern versucht. Diese Bedrohung beendete Bonaparte, indem er den Konflikt zwischen links und rechts nach außen ableitete. Permanenter Krieg nach außen war die Lösung, die der General für die inneren Probleme Frankreichs fand. Bonaparte hat Frankreich im Innern befriedet, indem er ihm die Aufgabe stellte, die Revolution in alle anderen europäischen Länder zu tragen. Dadurch wurde der Krieg nach außen zur doppelten Notwendigkeit. Er war notwendig, um Napoleon an der Macht zu halten. Und er war notwendig, um Frankreich im Innern zu befrieden. Das ist der Grund, warum Napoleon den Krieg nicht beenden konnte, sondern immer weiterführen, in immer weiter entfernte Länder tragen musste.

Napoleons Kaiserreich

Auf den Begriff gebracht wurde dieses kontinentale Hegemonialstreben durch Bonapartes Übernahme des Kaisertitels 1804. Bewusst knüpfte er an das Kaisertum Karls des Großen an. Wie unter diesem sollte ganz Europa wieder durch eine Herrschaft zusammengefasst werden. Wie unter diesem sollte ganz Europa auch geistig-kulturell erneuert werden, nicht mehr durch das Christentum, sondern durch die Ideale der Französischen Revolution. Und tatsächlich kam der von Napoleon direkt oder indirekt beherrschte Raum dem Reich Karls des Großen so nahe wie kein anderes Herrschaftsgebilde vor ihm. Wovon Ludwig XIV. nur geträumt hatte, Napoleon erreichte es: Frankreich war wieder die bestimmende Kontinentalmacht. Es übte die Hegemonie über Kontinentaleuropa aus.

Beendigung der Revolutionskriege

Wir werden noch sehen, wie Napoleon den Dauerkrieg, den er benötigte, aus den Ländern finanzierte, die er nach und nach in die französische Hegemonie einfügte. Damit hat er die Revolutionskriege zum Schneeballsystem gemacht. Aus sich heraus waren sie nicht mehr zu beenden. Woran ist dieses Regime des permanenten Revolutionsexports dann gescheitert? Drei Gründe sind zu nennen: Der Hauptgegner Großbritannien beherrschte die Meere, war unerreichbar, militärisch nicht zu besiegen; seine Wirtschaftskraft finanzierte immer neue Koalitionen gegen Napoleon. Mit der Großen Armee gingen in Russland 1812/13 nicht nur die Hilfstruppen der Verbündeten unter, sondern vor allem die Unwiderstehlichkeit des Systems und die Bereitschaft, sich ihm einzufügen; die Völker zu zwingen, die den Revolutionsexport nicht mehr mittrugen, reichten die französischen Kräfte nicht aus. Zudem waren die Nachbarn stärker geworden, weil sie von Frankreich gelernt hatten. Inzwischen konnten sie die Mittel der Revolution gegen diese selbst kehren, etwa die allgemeine Wehrpflicht. So sind die militärischen Niederlagen Napoleons zu erklären, die zu seiner Absetzung führten. Damit war der Revolutionsmechanismus außer Kraft gesetzt. Hinzu kam die Bereitschaft Österreichs und Großbritanniens zum Kompromiss. Um den Export der Revolution zu beenden, arrangierte man sich mit den meisten der von ihr geschaffenen Fakten. Auch wer sich in den Dienst der Revolution gestellt und von ihr profitiert hatte, sollte unbehelligt bleiben. Diese Bereitschaft zur Aussöhnung ebnete den Weg zur Neuordnung Europas auf dem Wiener Kongress. An ihr wurde Frankreich – ohne Napoleon – gleichberechtigt beteiligt. So zu tun, als sei nur Napoleon der Sachwalter der Revolution gewesen und als sei die Revolution durch seinen Sturz vorbei, erlaubte, den Weltanschauungskrieg zu beenden. Allerdings hat die Gleichsetzung Napoleons mit der Revolution diesen unsterblich gemacht.

Literatur

Biard, Michel; Philippe Bourdin und Silvia Marzagalli: Révolution, consulat, empire 1789–1815. Paris 2010 [aktuelle französische Überblicksdarstellung].

Boudon, Jacques-Olivier: Ordre et désordre dans la France napoléonienne. Saint-Cloud 2008 [gute Übersicht über die Prinzipien der napoleonischen Herrschaft in Frankreich].

Chappey, Jean Luc und Bernard Gainot (Hgg.): Atlas de l'empire napoléonien 1799-1815. Ambitions et limites d'une nouvelle civilisation européenne. Préface de Jean-Paul Bertaud. Paris 2008 [visualisieren aktuelle Forschungserträge zur napoleonischen Herrschaft über Europa].

Chickering, Roger und Stig Förster (Hgg.): War in an Age of Revolution, 1775–1815. Cambridge 2010 [aktueller Sammelband zu den Besonderheiten der Revolutionskriege].

Dwyer, Philip G. und Alan I. Forrest (Hgg.): Napoleon and his Empire. Europe, 1804–1814. Basingstoke 2007.
Fierro, Alfred; André Palluel-Guillard und Jean Tulard: Histoire et dictionnaire du Consulat et de l'Empire. Paris 1995 [brauchbares Lexikon].
Kagan, Frederick W.: Napoleon and Europe, Bd. 1: The End of the Old Order, 1801–1805. Cambridge 2006 [erster Teil einer großen Überblicksdarstellung].
Koselleck, Reinhart: Gibt es eine Beschleunigung der Geschichte? In: ders.: Zeitschichten. Studien zur Historik. Frankfurt/M. 2000, S. 150–176.
Lefebvre, Georges: Napoleon. Aus dem Französischen übersetzt, bearbeitet und hrsg. v. Peter Schöttler. Mit einem Nachwort v. Daniel Schönpflug. Stuttgart 2003 [das Original von 1936 gehört zu den Klassikern der Geschichtsschreibung und zum Besten, was über Napoleon geschrieben wurde].
Lentz, Thierry: Nouvelle Histoire du Premier Empire, 4 Bd.e. Paris 2002–10 [ausführliche Gesamtdarstellung der napoleonischen Herrschaft].
Planert, Ute: Der Mythos vom Befreiungskrieg. Frankreichs Kriege und der deutsche Süden. Alltag – Wahrnehmung – Deutung 1792–1841. Paderborn 2007 [zeigt, dass der Begriff „Befreiungskrieg" die wirklichen Verhältnisse nicht trifft].
Savoy, Bénédicte (Hg.): Napoleon und Europa – Traum und Trauma. Unter Mitarbeit v. Yann Potin. München u. a. 2010 [Ausstellungskatalog, der vor allem die napoleonische und antinapoleonische Bildpolitik dokumentiert].

Quellen

Hersche, Peter (Bearb.): Napoleonische Friedensverträge. Bern 1973.

3.3 Politisch-militärische Beteiligung der Deutschen: Fürstenrevolution

Von der Konfrontation zur Kooperation

Als Frankreich 1792 die Revolutionskriege begann, traten beide deutsche Großmächte Österreich und Preußen sowie das Reich der antifranzösischen Koalition bei. Als Napoleon 1812 in Russland einfiel, stellten sämtliche deutsche Mächte Hilfstruppen und zogen mit. Aus Konfrontation war Kooperation geworden, aus Gegnerschaft Unterstützung – mehr noch: Angleichung. Die Deutschen waren in die napoleonische Herrschaft über Europa integriert. Sie beteiligten sich an ihr mit Truppen, mit Geld, keineswegs nur gezwungenermaßen, viele aus freien Stücken, aus Vorteilsstreben oder Überzeugung. Um dies zu verstehen, müssen wir zum einen die Politik der Regierungen betrachten (was in diesem Abschnitt geschehen soll), zum andern die Situation der Bevölkerung (die im folgenden Abschnitt 3.4 das Thema sein wird).

Die Motive der deutschen Großmächte

Den ersten Schritt von der Konfrontation zur Kooperation gingen die Großmächte: Preußen 1795, indem es mit Frankreich den Frieden von Basel vereinbarte; Österreich 1797 durch den Frieden von Campo Formio. Beiden Verträgen waren militärische Niederlagen vorausgegangen, beide wurden aus militärischer und finanzieller Not geschlossen. Doch gleich in diesen ersten beiden Verträgen deutscher Regierungen mit dem revolutionären Frankreich zeichnete sich ab, dass ein Arrangement auch Vorteile haben könnte. Preußen verschaffte sich Luft, um sich den Gebieten zu widmen, die es durch die zweite und dritte polnische Teilung 1793 und 1795 annektiert hatte. Österreich wurde für Verluste durch Gebiete in Norditalien entschädigt, hauptsächlich durch Venedig und venezianisches Gebiet um die Adria wie die Terra ferma, Istrien und Dalmatien. Darüber hinaus enthielten beide Verträge geheime Zusatzartikel. Darin willigten Preußen und Österreich ein, die linksrheinischen deutschen Gebiete an Frankreich abzutreten, wenn sie dafür andere Gebiete im Reich erhielten.

Der Frieden von Basel 1795 und der Frieden von Campo Formio 1797 zeigen ein Muster. Das revolutionäre Frankreich, das unter dem Direktorium immer pragmatischer wurde, und die gegenrevolutionären Großmächte Preußen und Österreich waren in der Lage, ihre weltanschaulichen Gegensätze hintanzustellen und sich zusammenzutun, um die Gebiete von anderen, kleineren, ohnmächtigen Herrschaften unter sich aufzuteilen. Solange beide Seiten dabei gewannen, schien die Verständigung kein Problem. Den Preis zahlten Dritte: zuerst die italienischen Mächte, dann die kleinen Reichsstände. Faktisch ließen Österreich und Preußen schon in diesen beiden Friedensverträgen das Reich fallen. Sie opferten es ihren eigenen Vergrößerungswünschen. Das war die Vorverständigung über das, was dann folgte.

Reichsdeputationshauptschluss 1803

Nach dem Zweiten Revolutionskrieg setzte der Frieden von Lunéville 1802 die Pläne in die Tat um. Kaiser und Reich traten das linke Rheinufer an Frankreich ab. Dafür erhielten alle Reichsstände, die dort Gebiete besessen hatten, Entschädigungen rechts des Rheins zugesagt. Vollzogen wurde dies durch den „Reichsdeputationshauptschluss", ein Gesetz, das am 25. Februar 1803 vom Reichstag in Regensburg einstimmig verabschiedet wurde und am 27. April 1803 in Kraft trat. Es beschaffte die Ländereien, die erforderlich waren, um die mit Frankreich kooperierenden Fürsten zu beschwichtigen, indem es alle kirchlichen Reichsstände bis auf Mainz „säkularisierte", zahlreiche weltliche Klein- und Kleinstherrschaften „mediatisierte". Das bedeutet, man nahm ihnen die politische Selbständigkeit und gliederte sie in mittlere oder größere Herrschaften ein. All die Reichsritterschaften und Reichsdörfer verschwanden, die Reichsstädte gingen unter, die Reichsabteien und Fürstbistümer wurden aufgehoben. Aus 1.789 selbständigen Herrschaften wurden wenige Dutzend. Allein durch die Säkularisation wechselten rund 95.000 km^2 Grundfläche, auf denen mehr als drei Millionen Menschen lebten, ihren Herrscher oder Eigentümer. Auf diese Weise kamen zum Beispiel die Fürstbistümer Paderborn, Hildesheim und Teile von Münster an Preußen, dazu die thüringischen Besitzungen von Kurmainz um Erfurt sowie mehrere Reichsstädte und Reichsstifte. Bayern erhielt die fränkischen Fürstbistümer Würzburg, Bamberg und Eichstätt, außerdem Freising. Württemberg konnte sich die Ländereien der Reichsabteien und Reichsstädte Oberschwabens einverleiben, wodurch es seine Fläche und Einwohnerzahl verdoppelte. Baden vervierfachte seine Fläche sogar, während seine Einwohnerzahl sich verfünffachte. Alle, die übrig blieben, profitierten in irgendeiner Form auf Kosten der Kleinen. Nur Österreich ging leer aus, um es für den Zweiten Revolutionskrieg zu bestrafen.

Hier zeigt sich: Unter der Herrschaft Napoleons kaufte das revolutionäre Frankreich die deutschen Fürsten. Indem es jedem von ihnen Beute verschaffte, die man bei einer Rückkehr zu den alten Verhältnissen wieder hätte hergeben müssen, verwandelte es die übrigbleibenden Fürsten in Bundesgenossen und Verfechter der neugeschaffenen Ordnung. So brachte Napoleon die deutschen Fürsten auf seine Seite und spielte sie gegen den Kaiser aus, der leer ausging und daher auf Revision drängen musste. Bewusst

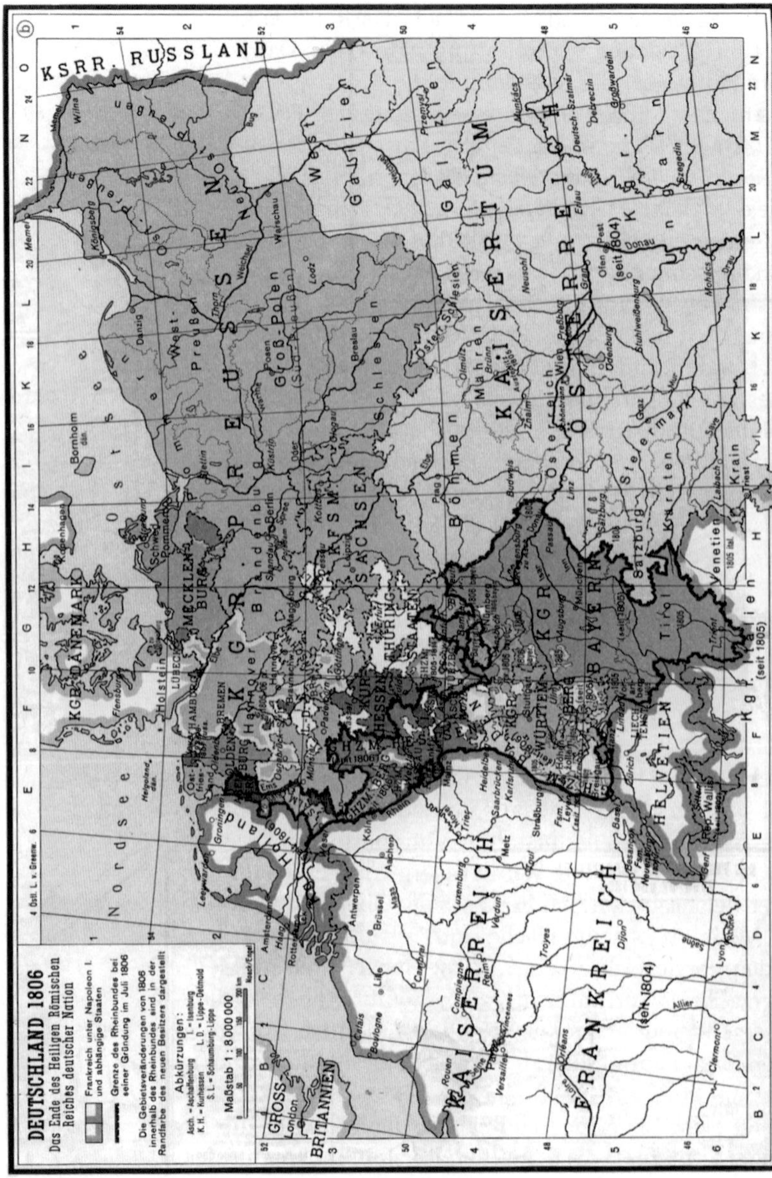

Abb. 9 Deutschland 1806. Das Ende des Heiligen Römischen Reiches deutscher Nation. In: Josef Engel und Ernst-Walter Zeeden (Hg.): Großer Historischer Weltatlas. Dritter Teil: Neuzeit. 4., überarb. Und erw. Aufl. München 1981, S. 36b.

trieb Napoleon Österreich und später auch Preußen in neue Kriege (den Dritten Revolutionskrieg 1805 und den Vierten Revolutionskrieg 1806/07), um sie nacheinander besiegen und von der Aufteilung Deutschlands ausschließen zu können.

Rheinbund und Ende des Heiligen Römischen Reichs 1806

Napoleons Konzept, die französische Hegemonie über Europa in Form eines Revolutionsreichs zu organisieren, duldete kein zweites Reich neben sich, das sich ebenfalls von Karl dem Großen herleitete. Daher musste das Heilige Römische Reich nach der Gründung des französischen Kaiserreichs verschwinden. Veranlasst von Napoleon, schlossen 16 deutsche Staaten im Juli 1806 den Rheinbund. Da dieser Bund als Konföderation von souveränen Staaten im Bündnis mit Frankreich konzipiert war, traten die Beteiligten mit dieser Gründung zugleich aus dem Römischen Reich aus. Nach einem französischen Ultimatum verzichtete auch der in der Schlacht von Austerlitz verheerend geschlagene Franz II. am 6. August 1806 formell auf den Kaisertitel und sprach die bis dahin noch verbliebenen Reichsstände von ihren Pflichten los. So erlosch das Heilige Römische Reich.

Das Ende des Heiligen Römischen Reichs

In der Forschung wird das Ereignis gegensätzlich beurteilt. Die ältere Forschung sagt, das Alte Reich sei sang- und klanglos untergegangen. Im Grunde hätten alle Deutschen das Reich als überlebt empfunden. Ein Vertreter der neueren Forschung, Wolfgang Burgdorf, bezeichnet das Ereignis hingegen als „Deutsche Katastrophe".[24] Er und andere haben Stimmen zusammengetragen, die den Untergang durchaus beklagten. Daraus folgert Burgdorf, die meisten Zeitgenossen hätten den Untergang als Verlust empfunden, nur sei dies später im 19. Jahrhundert von den Nutznießern des Untergangs verleugnet und bis heute vergessen gemacht worden.
Um in dieser Frage einen eigenen Standpunkt zu gewinnen, müssen wir uns klarmachen: Es gab Gewinner und Verlierer. Die Verlierer, das waren die vielen kleinen und Kleinstherrschaften im Reich. Die meisten hatten bereits durch den Reichsdeputationshauptschluss ihre Selbständigkeit verloren. Jetzt ereilte dieses Schicksal fast alle Übriggebliebenen. Auch sie wurden den Mittelstaaten einverleibt. Deshalb breitete sich unter den kleinen Reichsständen ebenso wie beim Personal der Reichsinstitutionen, etwa den Gesandten am Reichstag oder den Richtern und Assessoren am Reichskammergericht, Untergangsstimmung aus.

Gewinner waren nicht mehr die Großmächte Österreich und Preußen. Obwohl sie in den Geheimklauseln der Friedensverträge von Basel und Campo Formio eine Kooperation mit Frankreich auf Kosten des Reiches geplant hatten und obwohl zumindest Preußen beim Reichsdeputationshauptschluss mitgemacht und profitiert hatte, waren beide Großmächte nacheinander im Dritten Revolutionskrieg (1805) und im Vierten Revolutionskrieg (1806–07) vernichtend geschlagen worden. In den anschließenden Friedensverträgen von Pressburg (1805) und Tilsit (1807) hatte Napoleon ihnen große Teile ihrer Staatsgebiete genommen und sie erheblich geschwächt. Daher blieben sie von der Neuverteilung der Beute ausgeschlossen.
Die Gewinner der Reichsauflösung waren die deutschen Mittelstaaten, die mit Napoleon kooperierten. Sie konnten ihre eigenen Territorien erheblich vergrößern: teils auf Kosten der ehemaligen Fürstbistümer, Reichsabteien, Reichsstädte und Reichsritterschaften, also der kleinen Reichsstände, teils auf Kosten der Provinzen, die Napoleon den Großmächten Österreich und Preußen abgenommen hatte. Zudem stiegen sie im Rang auf. Bayern und Württemberg wurden Königreiche, Baden, Hessen-Darmstadt und Berg Großherzogtümer. Damit verwirklichte sich für diese Herrschaften ein alter Traum. Sie erreichten, wonach sie seit dem Westfälischen Frieden von 1648 vergeblich gestrebt hatten. Das erklärt, warum diese Mittelstaaten mit Napoleon zusammenarbeiteten und das Reich willig abwickelten. Weder von ihnen noch von den Großmächten wurde dem Reich eine Träne nachgeweint.
Daher sei ausdrücklich festgehalten: Das Reich ist den Deutschen nicht von außen weggenommen worden. Weggenommen worden ist ihm lediglich die Garantie, die es so lange aufrechterhalten hatte. Das revolutionäre Frankreich ermöglichte und lenkte die Entwicklung. Aber die Beseitigung kam von innen. Sie entsprach lange gehegten Wünschen. Daher stieß sie bei den meisten Deutschen auf Zustimmung oder Gleichgültigkeit.

Beseitigung der politischen Blockade in Deutschland

Auf diese Weise beseitigte Napoleon die entscheidende politische Blockade in Deutschland – die Reichsverfassung. Was Österreich und Preußen weder in Konkurrenz gegeneinander noch im Bündnis geschafft hatten, machte das revolutionäre Frankreich möglich. Die Pointe ist, dass Napoleon die Kooperation der deutschen Fürsten erlangte, indem er ihnen Wünsche erfüllen half, die alt waren. Die Kleinen schlucken, das wollten die mittleren Reichsstände schon lange, nur war das bislang nicht möglich gewesen. So wirkte die Revolution als Katalysator für Veränderungen, die bisher blockiert gewesen waren, inhaltlich aber mit der Revolution nichts zu tun hatten. Denn das Bündnis Napoleons mit den deutschen Fürsten stärkte den aufgeklärten Absolutismus.

Fürstenrevolution

Man kann diese Entwicklung auch so formulieren: Das Angebot des revolutionsexportierenden Frankreichs ergriffen die Fürsten der deutschen Mittelstaaten. Die Fürsten waren es, die das Wasser der Revolution auf ihre eigenen Mühlen lenkten. In der Forschung wird deshalb von einer „Fürstenrevolution" gesprochen in Analogie zu der „Fürstenreformation" des 16. Jahrhunderts. Einmal mehr war es in Deutschland nicht das Volk, das die Revolution machte, sondern es waren die Fürsten. Einmal mehr kam die Revolution nicht von unten, sondern von oben. Diese Entwicklung sollte sich als dauerhaft erweisen. Denn die meisten Fürsten schafften es, nach der Niederlage der Großen Armee im Russlandfeldzug rechtzeitig die Seiten zu wechseln und ins Lager der antinapoleonischen Koalition überzugehen. Leicht gemacht wurde ihnen das, weil die Großmächte ihnen eine goldene Brücke bauten. Fast alles, was die Rheinbundstaaten mit Hilfe des revolutionären Frankreich errungen hatten: Länder, Rang, neu eingerichtete innere Verhältnisse, sollten sie behalten dürfen. Damit haben die Großmächte die Fürstenrevolution anerkannt. Durch den Wiener Kongress wurde sie legitimiert. Bis in die Mitte des 19. Jahrhunderts und darüber hinaus hat sie die politische Entwicklung in Deutschland bestimmt.

Neuordnung Deutschlands durch den Rheinbund

Für Deutschland hieß die Gründung des Rheinbunds, dass aus der Zweiteilung in Süddeutschland mit Österreich und in Norddeutschland mit Preußen eine Dreiteilung mit verschobenen Gewichten wurde. Die Großmächte Österreich und Preußen waren zurückgestutzt. Ihnen stand ab 1806 eine Gruppe von Mittelstaaten gegenüber, der sich auf Druck Napoleons nach und nach fast alle verbliebenen deutschen Territorien anschlossen. Diese Rheinbundstaaten gewannen Gewicht, weil sie mit Frankreich verbündet waren und von Napoleon hofiert wurden. Sie schwammen auf der Welle der napoleonischen Siege mit, während die Großmächte immer wieder geschlagen und gedemütigt wurden. Und die Rheinbundstaaten gewannen Gewicht, weil sie sich unter dem Schutzschirm des revolutionsexportierenden Frankreich alle in die gleiche Richtung entwickelten, während Österreich und Preußen aus Konkurrenz und Abneigung weiterhin getrennte Wege gingen. Zwar scheiterte das Vorhaben des Mainzer Kurfürsten Karl Theodor von Dalberg, den Rheinbund aus einer Konföderation selbständiger Staaten zum Staatenbund weiterzuentwickeln, weil die neuen Staaten ihre gerade erst errungene Selbständigkeit nicht wieder preisgeben mochten. Doch sorgte die Schutzmacht Frankreich für enge Kooperation. Das Ergebnis wird uns im folgenden Abschnitt beschäftigen.

Literatur

Blickle, Peter und Andreas Schmauder (Hgg.): Die Mediatisierung der oberschwäbischen Reichsstädte im europäischen Kontext. Epfendorf 2003 [Sammelband mit Schlaglichtern, was die Mediatisierung für die Betroffenen bedeutete].

Burgdorf, Wolfgang: 1806. Deutsche Katastrophe. In: Jens Flemming und Dietfried Krause-Vilmar (Hgg.): Fremdherrschaft und Freiheit. Das Königreich Westphalen als napoleonischer Modellstaat. Kassel 2009, S. 23–39 [die Deutung zeigt schon der Titel].

Burgdorf, Wolfgang: Ein Weltbild verliert seine Welt. Der Untergang des Alten Reichs und die Generation 1806. München 2006 [sammelt die Stimmen derjenigen, die das Ende des Reichs beklagen].

Carl, Horst: Epochenjahr 1806? Neue Forschungen zum Ende des Alten Reiches. In: Zeitschrift für historische Forschung 37 (2010), S. 249–261 [Forschungsbericht].

Deleuze Lancizolle, Carl Wilhelm: Uebersicht der deutschen Reichsstandschafts- und Territorial-Verhältnisse vor dem französischen Revolutionskriege, der seitdem eingetretenen Veränderungen und der gegenwärtigen Bestandtheile des deutschen Bundes und der Bundesstaaten. Berlin 1830. ND Mit einem Vorwort v. Hans Hattenhauer. Hildesheim 2003 [nützliches Hilfsmittel, um die Veränderungen im Einzelnen nachzuschlagen].

Hahn, Hans-Werner; Andreas Klinger und Georg Schmidt (Hgg.): Das Jahr 1806 im europäischen Kontext. Balance, Hegemonie und politische Kulturen. Köln 2008.

Klueting, Harm (Hg.): 200 Jahre Reichsdeputationshauptschluss. Säkularisation, Mediatisierung und Modernisierung zwischen Altem Reich und neuer Staatlichkeit. Münster 2005 [Sammelband mit aktuellen Forschungsaufsätzen].

Knopper, Françoise und Jean Mondot (Hgg.): L'Allemagne face au modèle français de 1789 à 1815. Toulouse 2008 [Sammelband mit guten Aufsätzen zur Rezeption der Französischen Revolution und Napoleons in Dtl. allgemein, in einzelnen Staaten und im Hinblick auf einzelne Aspekte].

Kraus, Hans-Christof: Das Ende des Alten Reiches 1806. Der deutsche Weg ins 19. Jahrhundert. In: Alexander Gallus (Hg.): Deutsche Zäsuren. Systemwechsel seit 1806. Köln u. a. 2006, S. 63–104 [argumentiert gegen Burgdorf und Mader].

Mader, Eric-Oliver: Die letzten ‚Priester der Gerechtigkeit'. Die Auseinandersetzung der letzten Generation von Richtern des Reichskammergerichts mit der Auflösung des Heiligen Römischen Reiches Deutscher Nation. Berlin 2005.

Pape, Matthias: Revolution und Reichsverfassung. Die Verfassungsdiskussion zwischen Fürstenbund und Rheinbund. In: Elisabeth Weisser-Lohmann und Dietmar

Köhler (Hgg.): Verfassung und Revolution. Hamburg 2000, S. 40–84 [guter Überblick].
Roll, Christine und Matthias Schnettger (Hgg.): Epochenjahr 1806? Das Ende des Alten Reichs in zeitgenössischen Perspektiven und Deutungen. Mainz 2008 [erweitern und differenzieren die von Burgdorf und Mader gesammelten Zeugnisse].
Rudolf, Hans Ulrich (Hg.): Alte Klöster, neue Herren. Die Säkularisation im deutschen Südwesten 1803. Begleitbücher zur großen Landesausstellung Baden-Württemberg 2003 in Bad Schussenried. Sigmaringen 2003 [Ausstellungskatalog mit vielen Quellen und guten Forschungsaufsätzen].
Schmid, Alois (Hg.): Die Säkularisation in Bayern 1803. Kulturbruch oder Modernisierung? München 2003 [dokumentiert die Forschungsdebatte um die Bedeutung der Säkularisation].
Siemann, Wolfram: „Der deutsche Bund ist nur die Continuität des Reichs...“. Über das Weiterleben des Alten Reiches nach seiner Totsagung im Jahre 1806. In: Geschichte in Wissenschaft und Unterricht 5 (2006), S. 585–593.
Struck, Bernhard und Claire Gantet: Revolution, Krieg und Verflechtung 1789–1815. Darmstadt 2008 [arbeiten die Wechselwirkung von französischer und deutscher Geschichte in den Revolutionskriegen heraus].
Veltzke, Veit (Hg.): Napoleon. Trikolore und Kaiseradler über Rhein und Weser. Köln 2007 [Ausstellungskatalog mit vielen Quellen].

Quellen

Hufeld, Ulrich (Bearb.): Der Reichsdeputationshauptschluss von 1803. Eine Dokumentation zum Untergang des Alten Reiches. Köln, Weimar 2003 [Quellenedition mit Einführung und weiteren Quellen aus dem Kontext].

3.4 Beteiligung der Bevölkerung: Wehrdienst und Reformen

Welche Konsequenzen ergaben sich aus der Fürstenrevolution für die Lebenswelt der Menschen? Zwei Erfahrungen waren elementar – beide hatten erhebliche Weiterungen.

Allgemeine Wehrpflicht

Die erste Erfahrung bestand in einer allgemeinen Mobilmachung. Bis 1806 waren die Revolutionskriege auf deutscher Seite als „Kabinettkriege" geführt worden, das heißt als Kriege, die von den Regierungen in den Kabinetten geplant und von Berufsarmeen geführt worden waren; die Zivilbevölkerung sollte so wenig wie möglich davon mitbekommen. Zwar hatte man die Mannschaften der stehenden Heere aus der Landbevölkerung aufgefüllt, doch verschonte man dabei jeden, der für das Wirtschaftsleben wichtig war; die Zahl der Eingezogenen hatte sich in Grenzen gehalten. Unmittelbar vom Krieg betroffen gewesen war nur, wer in Gegenden lebte, wo Aufmärsche, Durchzüge, Kampfhandlungen stattfanden. Nach 1806 änderte sich das radikal. Denn die Gegenleistung, die Napoleons Verbündete für ihren Landgewinn erbringen mussten, bestand aus Truppen und Geld. Das war das Prinzip der napoleonischen Herrschaft: Die alliierten Fürsten hatten die Kosten für die Revolutionskriege auf die Bevölkerung umzulegen. Nach französischem Vorbild geschah dies, indem man die allgemeine Wehrpflicht einführte. Jeder männliche Einwohner hatte Wehrdienst zu leisten, entweder aktiv oder in der Reserve oder im Landsturm; nur die Vermögenden konnten sich freikaufen, indem sie Ersatzmänner stellten. In den Rheinbundstaaten knüpfte man bei der Einführung der allgemeinen Wehrpflicht programmatisch an die Französische Revolution an. Österreich und Preußen taten sich damit schwerer, kamen aber auf die Dauer auch nicht umhin, das Prinzip zu übernehmen.

Politisierung

Auf diese Weise verwandelten die Revolutionskriege sich in „Volkskriege". Direkt oder indirekt wurden große Teile der Bevölkerung daran beteiligt. Die Daheimgebliebenen bezog man durch umfassende Besteuerung ein. Niemand konnte abseits stehen. Die Folge war, dass Menschen in die Politik verwickelt wurden, die zuvor nichts damit zu tun gehabt hatten. Die allgemeine Wehrpflicht und die harte Besteuerung bewirkten eine Politisierung. Sie machten die Politik zu einer Sache nicht nur von Hab und Gut, sondern von Leben und Tod. „Die Politik ist das Schicksal", soll Napoleon zu Goethe gesagt haben.[25] Das ist die exakte Beschreibung des Zustands, der durch die Fürstenrevolution in Deutschland hergestellt wurde.

Reformen

Die zweite elementare Erfahrung der Menschen bestand darin, sich ohne eigenes Zutun in neuen Herrschaften wiederzufinden.

Das galt nicht nur für die Bevölkerung der säkularisierten oder mediatisierten Territorien. Auch die angestammten Bewohner der deutschen Mittelstaaten erkannten die eigenen Länder kaum wieder. Und nicht anders erging es den Österreichern und Preußen. Denn ausnahmslos alle deutschen Staaten begannen nach 1806 mit umfassenden Reformen. In den Rheinbundstaaten war dies notwendig, um die neu angegliederten Gebiete zu integrieren. Bayern zum Beispiel hatte 80 ehemals selbständig Herrschaften einzufügen. Dadurch konnte auch in den angestammten Territorien nichts so bleiben, wie es war – man musste einen neuen Staat gründen. In Österreich und Preußen waren die Reformen unumgänglich, um militärische Niederlagen zu bewältigen. Beide deutsche Großmächte waren darauf angewiesen, sich neu zu organisieren, um den Verlust wichtiger Provinzen zu verkraften und die gewaltigen Summen aufzubringen, die sie an Napoleon zu entrichten hatten. Zwar unterschieden die Reformen sich gewaltig, wie wir in den Abschnitten 4.2, 4.3 und 4.5 über Österreich, die Rheinbund-Staaten und Preußen sehen werden. Doch grundsätzlich erlebten die Deutschen überall das Gleiche: Reformen von oben, die darauf zielten, die Menschen zu gewinnen, um sie zu einem bis dahin ungekannten Einsatz für ihre Herrschaften zu bewegen.

Übergang zur bürgerlichen Gesellschaft

Sich in neuen Herrschaften wiederzufinden, hieß also nicht bloß, in neuen Grenzen unter einen neuen Regierung zu leben, mit neuen Mitbürgern, die man bislang vielleicht für landsmannschaftlich Fremde oder konfessionelle Gegner gehalten hatte. Es hieß so gut wie überall, eine neue Verwaltung zu bekommen, neues Recht, einen neuen Status. Denn die Menschen sollten gewonnen werden, indem man sie aus Untertanen in Bürger verwandelte. Alle Rheinbundstaaten führten neue Gesetzbücher ein. Im Königreich Westphalen, Großherzogtum Frankfurt und Großherzogtum Berg, den sogenannten „Modellstaaten“, die Verwandte oder Vertraute Napoleons regierten, übernahm man den „Code Civil“: das Bürgerliche Gesetzbuch des revolutionären Frankreichs. Soweit gingen die anderen Rheinbundstaaten nicht, doch auch sie näherten ihre Rechtsordnungen dem französischen Vorbild an. Nicht einmal Österreich und Preußen kamen umhin, Prinzipien daraus zu übernehmen. Man muss sich klarmachen, was das heißt: Auf einen Schlag wurde die Sozialordnung neu gefasst. An die Stelle der feudalen Rechtstitel und ständischen Privilegien traten der bürgerliche Eigentumsbegriff und das Prinzip der Gleichheit vor dem Gesetz. Damit vollzogen die Reformen den Übergang von der Ständeordnung zur neuen bürgerlichen Gesellschaft.

In Richtung Gleichheit wies auch der gewaltige Finanzbedarf aller deutschen Staaten. Sämtliche Steuerbefreiungen entfielen. Der Adel musste ebenso Steuern zahlen wie die Geistlichkeit. Binnenzölle wurden abgeschafft, Außenzölle neu geschaffen, dadurch suchte man die neuen Staaten in Wirtschaftsräume zu verwandeln. Um die Wirtschaft anzukurbeln, führten zuerst das Königreich Westphalen und das Großherzogtum Berg die Gewerbefreiheit ein; andere Staaten folgten. Zunftschranken und Gewerbemonopole wurden beseitigt. Auf dem Land kam es zu Agrarreformen. Fast überall erklärte man Grund- und Leibherrschaft für abgeschafft und leitete eine „Bauernbefreiung" ein. Das Bildungswesen wurde reformiert, indem man es aus der kirchlichen Trägerschaft löste und staatlicher Aufsicht unterstellte; zahlreiche Universitäten der aufgehobenen Kleinherrschaften schlossen.

Finanziert wurden die neuen Staatsanstalten aus säkularisiertem Kirchenvermögen, doch den größeren Teil dieser Beute verkauften die Staaten. Viele Kirchen und Klöster wurden samt Inventar versteigert. In wenigen Jahren kamen so gewaltige Mengen an Kunstgegenständen, Bildern, Büchern und Möbeln auf den Markt, dass die Preise ins Bodenlose fielen, zumal kaum etwas dem klassizistischen Zeitgeschmack entsprach. Während Kenner wie die Kölner Brüder Sulpiz und Melchior Boisserée aus dem Strandgut der Säkularisation erstrangige Kunstsammlungen aufbauten, wurde das meiste verramscht. Aus gotischen Altargemälden Kölner Kirchen zimmerte man Pferdetränken; die als wertlos aussortierten Bücher aus Klosterbibliotheken dienten als Schotter im Straßenbau. Aus dem gewaltigen Grundbesitz der Kirche machten die Regierungen einige wenige staatliche Domänen; das Meiste ging an Privatleute.

Diese Verkäufe sollten nicht nur die akute Finanznot lindern. Ihr Zweck war vor allem, die Bevölkerung an der Beute zu beteiligen, um Zustimmung zu kaufen. So kam es zur größten Vermögensverschiebung in Deutschland zwischen dem Dreißigjährigen Krieg und den Enteignungen des 20. Jahrhunderts. Alle, die davon profitierten, verwandelten sich in Verfechter der neuen Ordnung. Und man enteignete die Kirche nicht nur, man nahm ihr auch die Privilegien, führte die Zivilehe und das Prinzip der religiösen Toleranz ein. Auch die Juden erhielten mehr Rechte, obwohl sie nur im Königreich Westphalen vollständig gleichberechtigt wurden.

Öffnung zur kapitalistischen Marktwirtschaft

Im Hinblick auf die Wirtschaftsordnung lassen die Reformen sich als Deregulierung kennzeichnen. Überall in den Quellen finden wir die Vorstellung von Kräften, die bislang geschlummert hätten, Möglichkeiten, die nicht genutzt worden seien, jetzt aber freigesetzt werden sollten, indem man den Menschen erlaubte, selbstbestimmt ihrem Eigeninteresse nachzugehen. Leitbegriffe der Reformen waren Vertragsfreiheit und Unternehmergeist, Freihandel, ungehemmte wirtschaftliche Betätigung. Überwinden wollte man die ständisch-korporativen Wirtschaftsprivilegien, aber auch die Policeyordnungen, in denen der Staat bislang jedes Detail vorgeschrieben hatte. Das heißt, die Reformen waren von liberalem Wirtschaftsdenken bestimmt. Sie beseitigten zahlreiche Hemmnisse, die der kapitalistischen Marktwirtschaft bislang im Weg gestanden hatten. Sie öffneten dem wirtschaftlichen Strukturwandel die Bahn.

Beseitigung der sozialen und kirchlichen Blockaden in Deutschland

Damit zeigt sich in den Reformen nach der Fürstenrevolution das gleiche Muster wie bei der Abwicklung des Heiligen Römischen Reichs. Der Einfluss des revolutionären Frankreichs beseitigte die zweite große Blockade in Deutschland, die Ständeordnung. Ebenso verhielt es sich mit der dritten Blockade, auf die wir gestoßen sind. Denn mit der Säkularisation endete auch das Staatskirchentum. Nach dem Vorbild Frankreichs erklärten die Rheinbundstaaten sich für religiös neutral und verzichteten auf das Kirchenregiment. Glaube und Kirchenzugehörigkeit der Menschen wurden Privatsache. Das war der Übergang von der Religion zur Religiosität. Auch hier verhalfen die Reformen Entwicklungen zum Durchbruch, die sich lange vor der Revolution angebahnt hatten, bis dahin aber nicht durchgedrungen waren.

Wie sind die Menschen mit den neuen Möglichkeiten umgegangen, die ihnen die Reformen eröffneten? Wieder wird man sich vor Verallgemeinerungen hüten, denn auch hier gab es Gewinner und Verlierer. Von der Vermögensumverteilung profitierten wenige, während Wehrpflicht und Besteuerung alle trafen; auch konnte nicht jedermann ein Unternehmen gründen. Viele rechtliche Neuerungen wirkten zunächst wie Behauptungen – die praktischen Konsequenzen waren so schnell nicht abzusehen. Trotzdem begegnen uns viele Zeugnisse vor allem von Jüngeren, Gebildeten, die von den Neuerungen fasziniert waren und sie als Verheißung begriffen – nicht die Wehrpflicht und Besteuerung, der viele zu entgehen suchten, wohl aber die neue Entscheidungsfreiheit über den eigenen Hof, das eigene Gewerbe, die eigene Arbeitskraft, das eigene Leben. Es sollte lange dauern, bis man lernte, von diesen Möglichkeiten Gebrauch zu machen. Doch schon die Aussicht darauf scheint viele Menschen bewegt zu haben.

Kontinentalsperre

Allerdings blieb die Reichweite der Neuerungen beschränkt. Neues Recht schafft keine neuen Menschen, neues Staatsgebiet

Abb. 10 Christoffer Suhr: Verbrennung britischer Waren auf dem Grasbrook am 16. November 1810. Lithographie v. Peter Suhr. In: Hamburg's Vergangenheit in bildlichen Darstellungen. Hamburg 1838–56. ND Hamburg 1965.

keine neuen Wirtschaftsbeziehungen. Viele Änderungen standen erst einmal nur auf dem Papier – in der Praxis kamen sie sehr viel später an. Landkarten und Rechtstexte lassen sich rascher ändern als das Verhalten der Menschen. Zudem gab es militärische Vorgaben. Dazu gehörte die Kontinentalsperre: ein Wirtschaftsembargo, durch das Napoleon ab 1806 seinen militärisch unerreichbaren Gegner Großbritannien zu treffen suchte; seine deutschen Verbündeten zwang er, sich anzuschließen. Die engen Handelsbeziehungen, die Norddeutschland und Preußen mit England verbanden, wurden empfindlich gestört. Hamburg und Bremen litten unter dem Rückgang der Schifffahrt. Der Einfuhr britischer Waren war untersagt. Wo man sie fand, wurden sie öffentlich verbrannt.

Weitere Schranken der Neuerungen

Schmuggel blühte auf, was Napoleon dazu veranlasste, die deutsche Nordseeküste kurzerhand Frankreich anzugliedern, um sie besser kontrollieren zu können. Deutsche Produzenten von Holz, Getreide, Tuchen und Metall wurden von ihren britischen Absatzmärkten abgeschnitten und gerieten in eine Krise. Ebenso wirkten die politischen Eingriffe aus steuerlichen Gründen, die sich aus der Finanznot der Staaten ergaben. All dies verhinderte, dass die Politik die Wirtschaft wirklich aus der Steuerung entließ. Auch von einer Freigabe der Zivilgesellschaft konnte im Zeichen der Besatzungspolitik keine Rede sein.

Durchbruch zum modernen Staat

Das Ergebnis ist, dass die größten Gewinner auch hier die Fürsten waren. Was in den Rheinbundstaaten entstand, war eine Weiterentwicklung des aufgeklärten Absolutismus, fortschrittlicher, effizienter, mächtiger, als der aufgeklärte Absolutismus in Preußen und Österreich je gewesen war. In Abschnitt 2.3 haben wir festgestellt, dass vor der Revolution nur bei den Großmächten von aufgeklärtem Absolutismus die Rede sein kann. Jetzt verhalf das revolutionäre Frankreich ihm bei den deutschen Mittelmächten zum Durchbruch. Aber es war ein veränderter Absolutismus, der aus dem Bündnis mit der Revolution hervorging. Denn die Revolution hatte die Staatsgewalt monopolisiert und zentralisiert. Das war genau, was die Rheinbundstaaten benötigten. Daher übernahmen sie das Prinzip des Zentralstaats, in dem nur noch Regierung und Verwaltung Herrschaft ausübten. Alle früheren Zwischengewalten wie Stände und Korporationen wurden von der Herrschaft ausgeschlossen. So half die Revolution dem aufgeklärten Absolutismus über seine inneren Grenzen hinweg. Erst dies vollzog den Durchbruch zum modernen Staat mit einem Staatsgebiet, einem Staatsvolk und einer monopolisierten Staatsgewalt.

Zusammenfassung

Insgesamt zeigt sich: Auf vertrackte Weise waren Kontinuität und Umbruch ineinander verschränkt. Als Kontinuität kann gelten, dass die politischen und sozialen Veränderungen in Deutschland weiterhin von oben nach unten eingeführt wurden; dass weiterhin die Fürsten, ihre Regierungen, vor allem aber die Beamten als Akteure und Gestalter des Wandels erscheinen; dass die gesamte Entwicklung in den Dienst der Staatsbildung genommen wurde und in erster Linie der Fürstenherrschaft zugutekam. Insofern setzen die Entwicklungen des Revolutionszeitalters den aufgeklärten Absolutismus in Deutschland fort.

Dennoch handelt es sich um Umbrüche. Die Säkularisation des Kirchenvermögens änderte die Besitzverhältnisse massiv. Im Bündnis mit der Revolution kam es zur Etablierung des modernen Staats. Verwaltung, Rechtsordnung und Justiz wurden auf eine neue Grundlage gestellt. Das brach der bürgerlichen Gesellschaft, der kapitalistischen Marktwirtschaft und der Religionsfreiheit die Bahn, auch wenn ihre praktische Realisierung noch sehr viel länger dauern sollte. Die allgemeine Wehrpflicht und die Besteuerung politisierten breite Bevölkerungsschichten. Zusammengenommen wird man dies doch als „Revolution“ bezeichnen müssen: als eine radikale Umwälzung und qualitative Veränderung.

Paul Nolte schreibt, die Auswirkungen der Rheinbundreformen seien so tiefgreifend gewesen, dass sie in der neueren Geschichte allenfalls mit dem Einschnitt von 1945 verglichen werden könnten. Dieses Urteil überzeugt, sofern man es um die genannten Kontinuitäten ergänzt. Allerdings wurden zugleich Neuerungen eingeführt, die nicht aus dieser Tradition kamen und sie im weiteren Verlauf des 19. Jahrhunderts sprengen helfen sollten.

Literatur

Acemoglu, Daron; Davide Cantoni; Simon Johnson u. a.: The Consequences of Radical Reform. The French Revolution. In: American Economic Review 101 (2011), S. 3286–3307 [sehen in den Reformen nach französischem Vorbild die entscheidende Voraussetzung für die Industrialisierung in Deutschland].

Blickle, Peter und Rudolf Schlögl (Hgg.): Die Säkularisation im Prozess der Säkularisierung Europas. Epfendorf 2005 [rücken die Säkularisation von 1803 in den übergreifenden Vorgang der Säkularisierung ein].

Fehrenbach, Elisabeth: Verfassungs- und sozialpolitische Reformen und Reformprojekte in Deutschland unter dem Einfluss des napoleonischen Frankreichs. In: Historische Zeitschrift 228 (1979), S. 288–316 [wegweisend für die Neubewertung der Rheinbundstaaten].

Nolte, Paul: Staatsbildung und Gesellschaftsreform. Politische Reformen in Preußen und den süddeutschen Staaten 1800–1820. Frankfurt/M. 1990 [vergleicht die unterschiedlichen Reformziele und -ergebnisse].

Planert, Ute (Hg.): Krieg und Umbruch in Mitteleuropa um 1800. Erfahrungsgeschichte(n) auf dem Weg in eine neue Zeit. Paderborn 2009 [Sammelband zur Wahrnehmung und Deutung der Revolutionskriege durch die Zeitgenossen].

Theis, Kerstin und Jürgen Wilhelm (Hgg.): Frankreich am Rhein. Die Spuren der ‚Franzosenzeit' im Westen Deutschlands. Köln 2009 [mit Beiträgen auch über das spätere Gedenken im 19. und 20. Jahrhundert].

Weis, Eberhard: Deutschland und Frankreich um 1800. Aufklärung, Revolution, Reform. Hrsg. v. Walter Demel und Bernd Roeck. München 1990 [Sammlung von grundlegenden Aufsätzen über verschiedene Themen der Wechselwirkung].

Weis, Eberhard (Hg.): Reformen im rheinbündischen Deutschland. Unter Mitarbeit v. Elisabeth Müller-Luckner. München, Wien 1984 [wichtige Forschungsbilanz].

Wehler, Hans-Ulrich: Wirtschaftlicher Wandel in Deutschland 1789–1815. In: Helmut Berding, Etienne François und Hans-Peter Ullmann (Hgg.): Deutschland und Frankreich im Zeitalter der Französischen Revolution. Frankfurt/M. 1989, S. 100–120.

Quellen

Klessmann, Eckart (Bearb.): Deutschland unter Napoleon in Augenzeugenberichten. 2. Aufl. München 1982 [Quellensammlung].

Rob, Klaus (Bearb.): Quellen zu den Reformen in den Rheinbundstaaten, 3 Bd.e. München 1992 [Quellensammlung zu den Modellstaaten Berg, Westphalen und Frankfurt].

Deutsche Reaktionen auf die Französische Revolution 4.

Wie sind die Deutschen mit den Neuerungen umgegangen, die im Gepäck der französischen Revolutionsarmeen nach Deutschland kamen und durch die Fürstenrevolution mit den anschließenden Reformen von oben eingeführt wurden? In dieser Frage sind sich die ältere und die neuere Forschung überraschend einig. Durch die Formel von der „defensiven Modernisierung" sagt beispielsweise Wehler, die Errungenschaften der Französischen Revolution seien in Deutschland nur widerstrebend und halbherzig eingeführt worden. Indem viele jüngere Forscher die Kontinuität zwischen Altem Reich und Deutschem Bund betonen, lassen sie den französischen Einfluss ebenfalls als oberflächliche Irritation erscheinen. Gemeinsam ist beiden Lagern also, dass sie Französisches und Deutsches als feste Gegebenheiten betrachten und kontrastiv gegeneinanderstellen.

Eben dieser Ansatz soll im folgenden kritisch überprüft werden. Denn gerade über die Beziehungen zwischen Frankreich und Deutschland ist in den letzten Jahrzehnten eine Forschung aufgeblüht, die – ausgehend von dem Begriff des „Kulturtransfers" – solche starren Oppositionen verflüssigt hat. Wenn im Anschluss an diese Forschung gezeigt werden kann, dass es in Deutschland Prozesse einer von innen kommenden Auseinandersetzung mit den französischen Neuerungen gab, eine Aneignung und Anverwandlung, wird die Entgegenstellung von fremd und eigen hinfällig.

Warum gab es in Deutschland keine Revolution von unten?

Zu erörtern ist dabei vorab ein vermeintlich negativer Befund, der vor allem von der älteren Forschung hervorgekehrt wird: Es habe im Reich keine Entsprechung zur Französischen Revolution, keine Umwälzung von unten gegeben. Zwar kam es 1789 im Fürstbistum Lüttich und in Brabant zu Aufständen, die sich auf die Vorgänge in Frankreich beriefen und ebenfalls „Revolutionen" nannten (beziehungsweise später dazu erklärt wurden). Doch ging es dort um die Verteidigung ständisch-provinzialer Privilegien gegen selbstherrliche Regierungen. Daher standen diese Rebellionen in einer alten Tradition, die sich durch die gesamte Frühe Neuzeit zieht; mit der Französischen Revolution hatten sie wenig gemein. Auch wurden sie (in Lüttich durch Unterdrückung, in Brabant durch Nachgeben der österreichischen Regierung) rasch beendet. Folglich könne man nicht behaupten, dass die französischen Revolutionäre in Deutschland Nachahmer gefunden hätten.

Deutscher Sonderweg?

Wir werden gleich sehen, dass dieses Urteil darauf beruht, die deutschen Jakobiner und die Mainzer Republik für unbedeutend zu erklären. Vor allem aber ist die Annahme problematisch, die ihm zugrundeliegt. Denn die Frage, warum es in Deutschland keine Revolution gegeben hat, setzt voraus: Es hätte eine geben sollen. Schon durch die Frage wird die Revolution von unten zur Norm erklärt, das Ausbleiben einer solchen zur Abweichung – zum deutschen „Sonderweg". Dass die ältere Forschung die deutsche Geschichte damit an einem Modell misst, das von Frankreich und den U.S.A. abgeleitet ist und von den spezifischen Bedingungen in anderen Ländern absieht, hat man zu Recht kritisiert. Wer die Verhältnisse in Deutschland betrachtet, wie wir das in Abschnitt 2 getan haben, erkennt sofort, dass im Reich alle Voraussetzungen für eine Revolution fehlten. Die Revolution passte für Deutschland nicht, weil die politische Kleinteiligkeit, die vielen provinziellen Residenzen, die Reformpolitik der Regierungen, ihr Bündnis mit den Aufklärern, ihr Festhalten an den Feudalrechten und dem Staatskirchentum, das wirtschaftliche Wohlergehen und die verbesserte Ernährungslage buchstäblich keinen Raum dafür ließen.

Andererseits ist der jüngeren Forschung entgegenzuhalten, dass die qualitativen Neuerungen, zu denen man in Frankreich durch die Revolution gelangt war: die monopolisierte Staatsgewalt, die Zivilgesellschaft, die kapitalistische Marktwirtschaft, die Religionsfreiheit, in Deutschland sogleich aufgegriffen wurden – nicht von unten, wohl aber durch die Fürstenrevolution und Reformpolitik von oben; nicht bloß aus französischem Zwang, sondern aus eigenem Vorteilsstreben. Das entsprach den Gegebenheiten, und es zeigt, dass es bei allen fortdauernden Unterschieden zu einer raschen Aufholbewegung kam. Gerade dass es in Deutschland die Fürsten und die mit Frankreich konkurrierenden Großmächte waren, die das Neue einführten, beweist: Es hing nicht vom politischen Lager ab, ob man sich die Vorteile des modernen Staates, der bürgerlichen Beteiligung, des entfesselten Kapitalismus und der Religionsneutralität zunutze und zu eigen machte. Die Notwendigkeit wurde überall gesehen, auch wenn die Arten, wie man das anstellte, wieder verschieden ausfielen. Schauen wir sie uns im Einzelnen an!

Literatur

Berding, Helmut (Hg.): Soziale Unruhen in Deutschland während der Französischen Revolution. Göttingen 1988 [tragen zusammen, was es an Unruhen gegeben hat].

Busch, Anna; Nana Hengelhaupt und Alix Winter (Hgg.): Französisch-Deutsche Kulturräume um 1800. Bildungsnetzwerke – Vermittlerpersönlichkeiten – Wissenstransfer. Berlin 2012 [aktueller Sammelband, der zeigt, wie stark die Forschung sich von den Inhalten zu den Vermittlungsprozessen verlagert].

Espagne, Michel: Les Transferts culturels franco-allemands. Paris 1999 [hat mit Michael Werner die Kulturtransfer-Forschung begründet; das Buch ist eine Bilanz der Ergebnisse].

Espagne, Michel und Michael Werner (Hgg.): Transferts. Les relations interculturelles dans l'espace franco-allemand (XVIIIe et XIXe siècle). Paris 1988 [Pionierwerk der Kulturtransfer-Forschung].

Lüsebrink, Hans-Jürgen und Rolf Reichardt (Hgg.): Kulturtransfer im Epochenumbruch. Frankreich-Deutschland 1770 bis 1815. Leipzig 1997 [maßgeblicher Querschnitt durch die Forschung].

4.1 Die Jakobiner in Mainz

Der Name „Jakobiner“

„Jakobiner“ nannten sich die Mitglieder eines revolutionären Klubs in Paris, der sich in einem aufgehobenen ehemaligen Kloster traf, dem Kloster der Jakobiner in der rue du Faubourg Saint-Honoré. Von diesem Versammlungslokal ging der Name auf die Klubmitglieder über. Ironisch bezeichnete man sie nach den Mönchen, die zuvor in dem Kloster gelebt hatten: Mitgliedern des Dominikaner-Ordens, Prediger, bekannt für ihre volkstümliche Massenagitation – und scharfe Hunde. Denn als „domini canes“, „Hirtenhunde des Herren“, hatten sie sich selbst verstanden. Die Jakobiner hatten die Herde zusammengehalten, indem sie alle Schafe gebissen hatten, die auf Abwege geraten waren. Zu ihren Aufgaben hatte der Kampf gegen Häretiker gehört; aus dem Orden waren zahlreiche Inquisitoren und Ankläger in Ketzerprozessen gekommen. Das hatte sie bei den französischen Aufklärern verhasst gemacht.

Dass man anfing, die Mitglieder des revolutionären Klubs nach den verhassten Jakobinern zu benennen, war also zunächst eine spöttische Außensicht. Sie zeigt an, dass der Klub sich in den ersten beiden Jahren der Revolution radikalisierte. Mit dieser Radikalisierung ging einher, dass die Klubmitglieder die Bezeichnung übernahmen. Denn auch sie verstanden sich als Hütehunde der Revolution, Bewacher der reinen revolutionären Lehre, Ankläger der Abweichler. Die Abweichler, das waren in ihren Augen die Gemäßigten, die mit der Annahme der neuen Verfassung 1791 die Revolution schon am Ziel glaubten. Dagegen wollten die Jakobiner die Revolution weitertreiben, forderten die Absetzung des Königs und die Gründung einer Republik. Der neue Revolutionsschub der Sansculotten 1792 ging von Leuten wie Danton, Robespierre, Saint-Just aus, die alle Mitglieder des Jakobinerklubs waren. Deshalb wird das Terrorregime Robespierres auch als „Jakobinerherrschaft“ bezeichnet, obwohl zu seinen Opfern ebenfalls viele Jakobiner gehörten, schließlich beruhte diese Herrschaft auf ständigen inneren „Säuberungen“, die auch vor dem Jakobinerklub nicht Halt machten. Wir sehen, der Name durchlief in wenigen Jahren einen raschen Bedeutungswandel. Das ist zu berücksichtigen, wenn wir betrachten, was der Name jeweils signalisierte.

Die folgende Darstellung zeigt die Versammlung des Jakobinerklubs unter dem gewaltigen Tonnengewölbe der ehemaligen Klosterbibliothek.[26] Die Skulptur eines Dominikaners im linken vorderen Fenster, das Fresko an der Stirnseite über der Tür und die Regale an den Seitenwänden lassen die ehemalige Nutzung

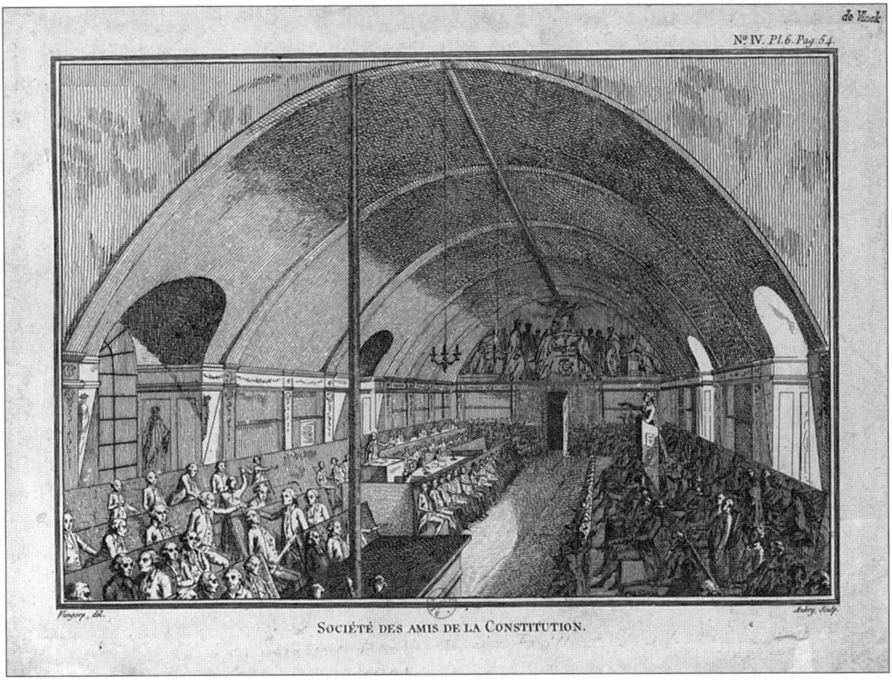

Abb. 11 Henri Nicolas Vangorp: Société des Amis de la Constitution, 28 février 1791. Radierung v. Aubry, Paris 1791 oder 1792. 15,5 x 22,5 cm. Paris, Bibliothèque Nationale de France, Département estampes et photographie, RESERVE QB-370 (48)-FT 4.

noch erkennen. In diesen enormen Raum hat man gestufte Sitzbänke eingezogen, dazu rechts eine Rednertribüne, links ihr gegenüber ein Pult für den Präsidenten und die Sekretäre. Dargestellt ist eine bestimmte Sitzung, nämlich die vom 28. Februar 1791. Vor zahlreichen Zuhörern, die den Raum vollständig füllen, hielt an diesem Tag der bereits erkrankte Revolutionsheld Mirabeau eine seiner letzten Reden.

Die jakobinische Bewegung

Schon in Frankreich bildeten sich neben Paris noch in vielen anderen Städten revolutionäre Klubs. Sie tauschten sich über ihre Debatten und Ziele aus. Einige übernahmen den Namen ihres Pariser Vorbilds. Dadurch wurde „Jakobiner" zur Bezeichnung eines ganzen Netzwerks von revolutionären Klubs, schließlich zur Bezeichnung von besonders engagierten Revolutionsfreunden – einer revolutionären Bewegung. Die Gründung solcher Klubs machte an den französischen Grenzen nicht halt. In zahlreichen europäischen Nachbarländern Frankreichs bildeten sich Diskussionskreise, die mit der Revolution sympathisierten, sich ebenfalls „Jakobiner" nannten und Symbole der Bewegung übernahmen wie zum Beispiel die Jakobinermütze oder den Freiheitsbaum. Kurzum, die Jakobiner können als Indikatoren für die Ausbreitung der Revolutionsideen über ganz Frankreich und die Nachbarländer gesehen werden.

Deutsche Jakobiner

Was gab es an deutschen Jakobinern? Nur ein unbedeutendes Häuflein von Spinnern, sagten die deutschen Historiker aus dem 19. und der ersten Hälfte des 20. Jahrhunderts. Bei ihnen kamen die deutschen Jakobiner schlecht weg. Denn die national denkenden Geschichtsforscher sahen in den deutschen Jakobinern Frankreichfreunde, Leute, die sich mit dem Erbfeind eingelassen und ihr deutsches Vaterland verraten hatten. Zudem nahm man ihnen übel, dass einige die Forderung nach Gleichheit über die nach Freiheit gestellt hatten. Ein Beispiel ist der Flensburger Johann Conrad Meyer. Schon als Student an der Universität Kiel war er durch radikale Ansichten aufgefallen. 1796 gründete er eine Wochenschrift mit dem programmatischen Titel *Der neue Mensch*, in der er die Hinrichtung Ludwigs XVI. verteidigte und forderte, der Staat solle für eine gerechte Verteilung von Einkommen und Vermögen sorgen. Für die sozialistischen Historiker der DDR und der westdeutschen Studentenbewegung ließen solche Ansichten die deutschen Jakobiner als heldenhafte Vorläufer erscheinen. Daher blühte in den 1970er-Jahren die Forschung über die deutschen Jakobiner auf. Überall grub man Zeugnisse über sie aus, wurden sie jetzt doch als Vorbilder den obrigkeitshörigen Fürstendienern entgegengestellt. Diese Vereinnahmung war ebenso unhistorisch wie zuvor die Verurteilung. In die Geschichtspolitik sind die deutschen Jakobiner dadurch zurückgekehrt – so hat zum Beispiel die Stadt Mainz 2013 den Platz vor dem Landtag von Rheinland-Pfalz in „Platz der Mainzer Republik" umbenannt. Doch in der Forschung ist das Interesse zuletzt stark zurückgegangen. Das liegt vor allem daran, dass sie zwar viel bedrucktes Papier gefunden hat, doch wenig praktische Wirkung. Nur an zwei Orten in Deutschland sind die Debattierklubs zu einer publizistischen und politischen Macht geworden. Überall sonst blieben die (zumeist wenigen) Unzufriedenen unter sich. Dadurch nahmen die Klubs in Deutschland den Charakter von Konventikeln an. Ihre Flugblätter und Zeitschriften fanden geringe Verbreitung. Ein bestimmender Einfluss ist von ihnen nicht ausgegangen.

Die Franzosen in Mainz 1792

Zwei Ausnahmen gab es. Von den Geschichtsschreibern sind sie lange Zeit ebenfalls für unbedeutend erklärt worden, doch bei näherer Betrachtung vermag das nicht zu überzeugen. Die eine

Ausnahme war eine Verschwörung; auf sie wird in Abschnitt 4.2 zurückzukommen sein. Die andere war die Mainzer Republik. Hervorgegangen ist sie aus dem Ersten Revolutionskrieg. Wir haben in Abschnitt 3.2 gesehen, wie die französischen Niederlagen zur Jakobinerherrschaft führten, deren Mobilisierung der Massen durch die allgemeine Wehrpflicht die Kriegswende brachte; Frankreich kam in die Offensive. Eine Revolutionsarmee unter General Custine drang über Landau in die Pfalz und das Rheinland vor, nahm Speyer und Worms und besetzte am 21. Oktober 1792 Mainz. Die Fürstbischöfe von Speyer und Worms sowie der Kurfürst von Mainz, die hohe Geistlichkeit und der Adel waren geflohen. Die Franzosen setzten sich als Besatzungsmacht fest, doch verkündete General Custine der deutschen Bevölkerung: „Euer eigener, ungezwungener Wille soll Euer Schicksal entscheiden.“[27]

Der Mainzer Jakobinerklub

Zwei Tage nach der Ankunft der Franzosen gründeten 20 Männer in Mainz eine „Gesellschaft der Freunde der Freiheit und Gleichheit“ – einen Jakobinerklub; kurz darauf entstanden weitere in Speyer und Worms. Treibende Kräfte waren Professoren und Studenten der Mainzer Universität wie der Mathematiker Mathias Metternich, der Mediziner Georg Christian Wedekind und der Philosoph Andreas Josef Hofmann, ferner Beamte aus den fürstbischöflichen Verwaltungen, aber auch Kaufleute mit guten Kontakten nach Frankreich und Handwerker. Der bekannteste Mainzer Jakobiner war Georg Forster, eine Berühmtheit, weil er 1772–1775 als junger Mann zusammen mit seinem Vater an der zweiten Weltumsegelung von James Cook teilgenommen und darüber einen vielgelesenen Bericht veröffentlicht hatte, die 1775–1778 gedruckte *Reise um die Welt*. Seit 1788 war Forster „Oberbibliothekar“, wir würden sagen: Bibliotheksdirektor der Mainzer Universitätsbibliothek.

Wichtig ist, genau auf den Zeitpunkt zu achten. Im Oktober 1792 hatten die Sansculotten zwar schon die Herrschaft übernommen, den König abgesetzt und eine republikanische Regierung etabliert, aber dem König war noch nichts geschehen und die ersten Massaker, die Septembermorde, fanden in den Gefängnissen statt; von ihnen drang wenig nach außen. Zu diesem Zeitpunkt hatten die französischen Jakobiner noch keineswegs den schlechten Ruf wie später. Die Gründung erfolgte vor der Hinrichtung des Königs und damit vor dem großen Stimmungsumschwung in Deutschland. Noch war man mit der Revolution identifiziert.

Ziele und Aktivitäten

Der Begeisterung auch Taten folgen zu lassen, ist freilich etwas anderes. In Speyer und Worms kamen die Jakobinerklubs über 30 bzw. 60 Mitglieder nicht hinaus. In Mainz jedoch geschah

Abb. 12 Johann Jakob Hoch: Der Clupp gehalten im Hofschlosse in Mayntz Anno 1792 im November. Lavierte Federzeichnung auf Papier. 44,3 x 57,9 cm. Mittelrheinisches Landesmuseum Mainz. Graphische Sammlung, Inv.Nr. GS 1038/2.

etwas Besonderes: Die Zahl der Mitglieder wuchs in kurzer Zeit auf 440 Deutsche und 50 Franzosen, überwiegend Handwerker und Kaufleute, auch wenn die redegewandten Professoren und Beamten den Ton angaben. Bezogen auf die rund 25.000 bis 30.000 Stadtbewohner erscheint das immer noch wenig, doch war hier ein maßgeblicher Teil der (männlichen) Stadtgesellschaft mobilisiert. Verbrüdert mit den Jakobinerklubs in Paris, Straßburg und weiteren Städten, betrieben die Mainzer Revolutionsfreunde eine breite Öffentlichkeitsarbeit. Zeitweise erschienen in Mainz sieben prorevolutionäre Zeitungen. Mehr als 100 Flugschriften und mehrere Plakatdrucke verbreiteten revolutionäres Gedankengut. Das Ziel des Klubs war, die Errungenschaften der Französischen Revolution in Deutschland einzuführen, vor allem die Menschenrechte, die dem Einzelnen geistige, religiöse und ökonomische Freiheit gaben, sowie die Rechtsgleichheit der bürgerlichen Gesellschaft. Die gesellschaftspolitischen Ziele waren an der französischen Verfassung von 1791 orientiert, nicht an den radikaleren Vorstellungen des französischen Mutterklubs. Soziale Gleichheit lehnten die Mainzer Jakobiner ausdrücklich ab.

Die Sitzung vom 25. November 1792 hat der Mainzer Hof- und Theatermaler Johann Jakob Hoch in einer Federzeichnung festgehalten.[28] Offenbar hat ihm nicht gefallen, was er sah: Schon der Freiheitsbaum mit der Phrygischen Mütze bekommt durch seine Platzierung zwischen den Kronleuchtern etwas Groteskes. Mit dem gleichen Kontrast spielt die Darstellung der Menschen aus dem einfachen Volk im Rahmen der herrschaftlichen Festsaalarchitektur. Die Gesichter und Haltungen der Zuhörer werden karikiert; ihr Ausdruck wechselt zwischen Andacht, Unverständnis und Unaufmerksamkeit. Obwohl Frauen nicht als Klubmitglieder zugelassen waren, sind sie in großer Zahl anwesend – die Darstellung suggeriert, dass dies eher an erotischen Interessen lag als an Politik. Trotz dieses kritischen Blicks zeigt Hoch, was die schriftlichen Quellen bestätigen und zwar, dass die Sitzungen unter dem Schutz bewaffneter Franzosen stattfanden (im Vordergrund links neben dem Rednerpult) und, wie man an der Kleidung erkennt, ehemalige Hofbeamte, Bürger, Studenten, Handwerker, Bauern versammelten, im Vordergrund rechts auch zwei Juden, die hier das Bürgerrecht erlangt hatten. Gerade indem Hoch all dies als unziemlich karikiert, verdeutlicht er das Neue, Unerhörte, Ungeheuerliche in diesem Geschehen.

Volksabstimmung vom Dezember 1792

Dass der Mainzer Jakobinerklub sich so stark auf Öffentlichkeitsarbeit konzentrierte, lag an der Politik der französischen Besatzer. Denn diese setzten zunächst auf die Selbstbestimmung der Bevölkerung. Im Dezember 1792 führten sie in Mainz und 40 umliegenden Dörfern eine Abstimmung über die künftige politische Ordnung durch, zu der alle erwachsenen selbständigen Männer zugelassen waren. In 29 von 40 Dörfern stimmte eine Mehrheit für eine Republik nach französischem Vorbild. In elf Dörfern und in den Städten zeigte sich hingegen erheblicher Widerstand. Er ging von den Zünften aus, von den besser gestellten Kaufleuten und von den Pfarrern. Speyer und Worms waren Reichsstädte, in denen man sich ohnedies frei fühlte und den Verlust von Privilegien befürchtete.

Despotismus der Freiheit

Im ebenfalls besetzten Belgien und Savoyen hatten in den einheimischen Bevölkerungen die revolutionsfeindlichen Strömungen sogar das Übergewicht erlangt. Daher änderte die französische Regierung im Dezember 1792 ihre Politik und verkündete den „Despotismus der Freiheit“. In allen besetzten Gebieten sollten die Ständeordnung abgeschafft und die bürgerliche Rechtsgleichheit eingeführt werden. Zwar waren noch Wahlen vorgesehen, doch deren Ausgang wurde dadurch gelenkt, dass man von jedem Wahlberechtigten verlangte, vor der Abstimmung einen Eid auf die Grundsätze der Revolution zu leisten. Erst dies machte aus den deutschen Jakobinern Helfer einer Besatzungsmacht, die der Bevölkerung eine Befreiung von oben aufzuzwingen versuchte. Das Ergebnis war teils offener Aufruhr (in der Grafschaft Falkenstein erhoben sich 4.000 Bauern gegen den Eidzwang), teils boykottierte man die Wahlen, sodass sich am Ende nur acht Prozent der Wahlberechtigten beteiligten.

Gründung der Mainzer Republik

Aus diesen Wahlen ging der Rheinisch-deutsche Nationalkonvent hervor: das erste Parlament der deutschen Geschichte, das auf einer Volksabstimmung beruhte. Am 18. März 1793 erklärte dieser „Nationalkonvent der Freien Teutschen" das „Land zwischen Landau und Bingen" zu einem von Deutschland getrennten „Freistaat". Das war die Gründung der Mainzer Republik. Drei Tage darauf, am 21. März 1793, verkündete der Konvent ihre Vereinigung mit der Französischen Republik.

Patriotismus der Freiheit

Damit begegnet uns eine politische Position, die sich vollständig an das revolutionäre Frankreich anzugleichen sucht. Nur durch die Preisgabe der eigenen Selbständigkeit schienen den Mainzer Jakobinern ihre politischen Ziele erreichbar. Gegenüber dem Vorwurf des Vaterlandsverrats rechtfertigten sie ihre Haltung als „Patriotismus der Freiheit", weil ihr Vaterland nicht Deutschland sei, sondern die Freiheit. Das schloss an den Kosmopolitismus der Aufklärung an und entwarf die Republik als Praxis der freien Entscheidung, unabhängig von historischen oder kulturellen Prägungen – eine Idee, die man später als „Willensnation" bezeichnet hat. Im Vergleich mit anderen deutschen Jakobinern markiert dies ein Extrem. Denn die Entscheidung für den Anschluss an Frankreich wurde angesichts einer heranrückenden Armee getroffen.

Belagerung und Ende der Mainzer Republik

Bestanden hat die Mainzer Republik nur vier Monate. Denn nun erschien eine Reichsarmee aus österreichischen, preußischen, sächsischen, bayerischen und anderen Truppen, die das Rheinland zurückeroberten. Die Franzosen zogen sich in die Festung Mainz zurück. Vier Monate wurde die Stadt von den Reichstruppen belagert. Als Munition und Lebensmittel ausgingen, kapitulierte der französische Kommandant und zog am 23. Juli 1793 mit seinen Soldaten ab. Das Rheinland kam zurück ans Reich. Die alten Herrschaftsverhältnisse wurden noch einmal wiederhergestellt.

Lebensläufe der Klubisten

Die Klubisten durften nicht mitabziehen. Wie tief ihr Ansehen gesunken war, zeigt sich daran, dass die aufgebrachte Stadtbevölkerung einige von ihnen aufzuhängen suchte. Um ihr Leben zu retten, mussten sie ins Lager der preußischen Belagerer fliehen, wo sie in Haft kamen. Anfang 1795 erhielten sie die Freiheit zurück, weil die Franzosen im Gegenzug deutsche Adlige freiließen. Interessant ist ihr weiteres Schicksal. Viele gingen zunächst nach Frankreich, kamen aber 1796 mit den siegreichen französischen Armeen zurück. Als das Rheinland im Frieden von Campo Formio an Frankreich abgetreten wurde, erhielten die ehemaligen Klubisten hohe Verwaltungsämter. Die Franzosen regierten mit ihrer Hilfe. Diese Ämter behielten die Klubisten auch unter Napoleon, ja sogar unter den hessischen und bayerischen Landesherrn, die Teile des Gebiets 1815/16 in Besitz nahmen. Insofern sind zumindest diese deutschen Jakobiner trotz des Scheiterns der Mainzer Republik zu Gewinnern und Gestaltern der politischen Neuordnung in Deutschland geworden.

Dieser Befund spricht nicht nur für die Anpassungsfähigkeit dieser Verwaltungselite. Er deutet auch darauf hin, dass die Mainzer Klubisten unter den besonderen Bedingungen der räumlichen Nähe zu Frankreich, also unter unmittelbarem französischen Einfluss, letztlich das Gleiche taten wie die Verwaltungsbeamten in den Rheinbundstaaten, in Preußen, ja selbst in Österreich, nämlich ihre Länder zu reformieren und die Errungenschaften der Revolution von oben einzuführen. So gesehen, ergibt sich eine strukturelle Parallele zwischen der Mainzer Republik und den Reaktionen, denen wir uns als nächstes zuwenden.

Literatur

Büsch, Otto und Walter Grab (Hgg.): Die demokratische Bewegung in Mitteleuropa im ausgehenden 18. und frühen 19. Jahrhundert. Berlin 1980 [Pionierwerk von revisionistischem Eifer].

Cottebrune, Anne: Mythe et réalité du « jacobinisme allemand ». Des « Amis de la Révolution » face à l'épreuve de la réalité révolutionnaire. Limites des transferts culturels et politiques du jacobinisme. Lille 2005 [vergleicht die französischen und die deutschen Jakobiner].

Dumont, Franz: Die Mainzer Republik von 1792/93. Studien zur Revolutionierung in Rheinhessen und der Pfalz. 2. erw. Aufl. Alzey 1993 [maßgebliche Darstellung].

Grab, Walter: Ein Volk muß seine Freiheit selbst erobern. Zur Geschichte der deutschen Jakobiner. Frankfurt/M., u. a. 1984 [Sammlung von biographischen Porträts].

Herrgen, Joachim: Die Sprache der Mainzer Republik (1792/93). Historisch-semantische Untersuchungen zur politischen Kommunikation. Tübingen 2000.
Landtag Rheinland-Pfalz (Hg.): Die Mainzer Republik. Der Rheinisch-Deutsche Nationalkonvent. Mainz 1993 [wichtige Forschungsbilanz].
Reinalter, Helmut: Der Jakobinismus in Mitteleuropa. Eine Einführung. Stuttgart 1981 [beleuchtet auch die Hamburger und Wiener Jakobinerklubs].
Seibt, Gustav: Mit einer Art von Wut. Goethe in der Revolution. München 2014 [schildert Goethes Wahrnehmung der Mainzer Republik].
Tervooren, Klaus: Die Mainzer Republik 1792/93. Bedingungen, Leistungen und Grenzen eines bürgerlich-revolutionären Experiments in Deutschland. Frankfurt/M., Bern 1982.
Walter, Gérard: Histoire des Jacobins. Paris 1946.

Quellen

Boberach, Heinz; Friedrich Schütz und Hellmut G. Haasis: Deutsche Jakobiner. Mainzer Republik und Cisrhenanen 1792–1798, 3 Bd.e. Mainz 1982 [Ausstellungskatalog, Bibliographie und Quellensammlung].
Scheel, Heinrich (Bearb.): Die Mainzer Republik, 3 Bd.e. Berlin 1975, 1981, 1989 [vereinnahmt die Mainzer Jakobiner in der Einleitung und den Kommentaren als Vorläufer der DDR].
Die Schriften der Mainzer Jakobiner und ihrer Gegner (1792–1802), 2 Teile. München u. a. 1993.

Die Konservativen in Wien 4.2

Ausgangsbedingungen der Revolutionsgegner

Auf den ersten Blick markieren die Revolutionsgegner das andere Extrem möglicher Reaktionen. Sie traten ungefähr zur gleichen Zeit hervor wie die deutschen Jakobiner, zunächst als vereinzelte, randständige Stimmen. Während die Jakobiner an die allgemeine Revolutionsbegeisterung in Deutschland anknüpfen konnten, stellten die Revolutionsgegner sich der herrschenden öffentlichen Meinung entgegen. Das erklärt, warum sie einige Zeit brauchten, um Position zu gewinnen.

Beispiel Friedrich Gentz

Ein gutes Beispiel ist Friedrich Gentz. 1764 geboren, aus einer Berliner Beamtenfamilie stammend, hatte er in Königsberg bei Kant studiert und danach die preußische Beamtenlaufbahn eingeschlagen. Von der Berliner Aufklärung geprägt, begann er, wie viele andere Beamte, in Zeitschriften zu publizieren, um an öffentlichen Debatten teilzunehmen. In seiner ersten Schrift *Ueber den Ursprung und die obersten Prinzipien des Rechts* verteidigte er 1791 noch die französische Erklärung der Menschen- und Bürgerrechte. Das heißt, er gehörte anfänglich selbst zu den Revolutionsbegeisterten.

Selbstbezeichnung als „konservativ“

Zunehmend beschäftigte er sich jedoch mit Gegenpositionen. 1793 veröffentlichte er in Berlin *Betrachtungen über die französische Revolution nach dem Englischen des Herrn Burke, neu-bearbeitet mit einer Einleitung, Anmerkungen, politischen Abhandlungen und einem critischen Verzeichniß der in England über diese Revolution erschienenen Schriften von Friedrich Gentz.* Dieses Werk ist zum Gründungsdokument einer politischen Bewegung geworden, deren Mitglieder sich mit einem englischen Begriff als „Konservative“ bezeichneten. Damit war gemeint, dass diese Leute sich als Bewahrer von politischen und sozialen Ordnungen verstanden, die sie durch die Revolution bedroht sahen.

In dem ängstlich auf Neutralität bedachten Berlin des Basler Friedens schrieb Gentz sich durch seine scharfen Angriffe auf den französischen Revolutionsexport ins Abseits. Nach einem England-Aufenthalt ging er nach Österreich. Hier war seine Pressearbeit gegen Napoleon willkommen und wurde von der Regierung gefördert. Gentz begegnete dem Diplomaten und späteren Staatskanzler Metternich, der ihn förderte. Erst machte Gentz Öffentlichkeitsarbeit für Metternich, dann stieg er zum engsten Mitarbeiter, schließlich zum Vordenker der Metternichschen Politik auf. Über Metternich und Österreich erlangte Gentz prägenden Einfluss auf die deutschen Verhältnisse. 1814/15 war er der Protokollführer des Wiener Kongresses. 1819 verfasste er die Karlsba-

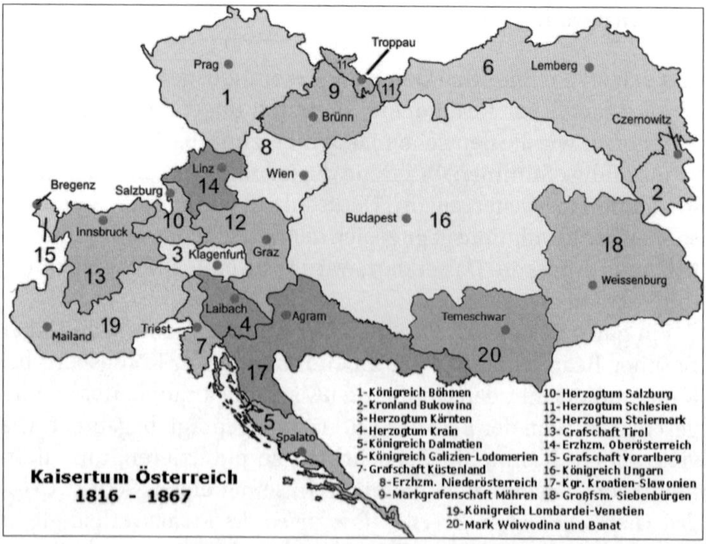

Abb. 13 Spiridon Ion Cepleanu: Kaisertum Österreich 1816–1867.

der Beschlüsse, mit denen die liberale und nationale Bewegung im Deutschen Bund bekämpft werden sollte. Aus einem politischen Journalisten war ein mächtiger konservativer Politiker geworden.

Typisch daran ist, dass Gentz erst in Österreich Erfolg hatte. In Österreich fanden die Konservativen politischen Rückhalt. Österreich entwickelte sich zum Zentrum des deutschen Konservatismus. Warum? Die Erklärung liegt in den österreichischen Besonderheiten. Österreich war eine Mehrfachherrschaft über viele Länder und Völker – das verdeutlicht selbst eine graphische Übersicht für eine etwas spätere Zeit.

Als Mehrfachherrschaft über viele Völker war Österreich durch die revolutionäre Botschaft der Völkerfreiheit bedroht.

Neben den deutschsprachigen Landesteilen, wo wegen der Verbindung mit dem Heiligen Römischen Reich der Schwerpunkt lag, gehörten zu Österreich die Königreiche Böhmen, Ungarn, Kroatien-Slawonien, Dalmatien, Galizien-Lodomerien, das Großfürstentum Siebenbürgen, die Mark Woiwodina, das Banat und Venetien, bis 1795 auch die österreichischen Niederlande (das heutige Belgien und Luxemburg). Die mehr als 21 Millionen Einwohner sprachen außer Deutsch auch Ungarisch, Polnisch, Tschechisch, Kroatisch, Slowakisch, Serbisch, Slowenisch, Rumänisch, Ukrainisch, Italienisch und Französisch. Schon aus diesem Grund wurde die Botschaft der Französischen Revolution in Österreich als tödliche Bedrohung empfunden. Denn obwohl Napoleon ständig mit den Fürsten paktierte, war der Revolutionsexport, den er betrieb, an die Völker gerichtet und versprach ihnen Freiheit, wenn sie sich an Frankreich anschlossen. Das stellte das Prinzip infrage, auf dem Österreich beruhte.

In Österreich war die aufgeklärte Reformpolitik gescheitert.

Der zweite Grund war, dass der aufgeklärte Absolutismus in Österreich Schiffbruch erlitten hatte. Bis 1789 war Österreich die Speerspitze des aufgeklärten Absolutismus gewesen. Joseph II. hatte eine radikale Reformpolitik begonnen. Sein Ziel war, die Mehrfachherrschaft in einen Zentralstaat zu verwandeln; die Aufklärer lieferten die Argumente und Mittel. Soweit er konnte, hatte Joseph die Selbständigkeit der verschiedenen Königreiche und Provinzen beseitigt und mit einer zentralistischen deutschsprachigen Bürokratie regiert. Damit hatte er die Provinzen in den Widerstand getrieben. In den österreichischen Niederlanden war 1789 eine Revolte gegen diese Politik ausgebrochen, die „Brabanter Revolution“; auch in Ungarn hatten Aufstände gedroht. Das ist der Grund, warum Josephs Nachfolger Leopold II. die Reformen seines Bruders großenteils zurücknehmen musste.

Franz II. und die Jakobinerverschwörung von 1792

Gleichwohl schien die Reformpolitik unter ihm noch nicht beendet. Leopold genoss unter Aufklärern einen ausgezeichneten Ruf. Bevor ihm die Herrschaft über Österreich zugefallen war, hatte er sein Großherzogtum Toskana zu einem aufgeklärten Musterstaat gemacht. Alle Welt erwartete, dass er die Reformen wiederaufnehmen würde, sobald die Lage in Österreich sich beruhigt hätte. Dies vereitelte sein unerwarteter Tod am 1. März 1792. Die Nachfolge trat sein 24-jähriger Sohn Franz an, und dieser nahm eine völlig andere Haltung ein. Er verabscheute die aufklärerischen Beamten, mit denen sein Vater und sein Onkel gearbeitet hatten, begeisterte sich für das Gottesgnadentum, dynastische und ständische Ideale, stützte sich auf Adlige wie Johann Philipp von Stadion und Clemens Wenzel Lothar von Metternich und beendete die Reformpolitik. Damit trieb er einige österreichische Beamte in die Opposition. Rund 80 schlossen sich in Wien zu einem Jakobinerklub zusammen und begannen, einen Staatsstreich zu planen. Die Verschwörung wurde verraten, die Opposition mit Polizeigewalt unterdrückt. Aber dies bewirkte sie doch, dass sie Franz in seiner Abneigung gegen aufklärerische Reformer bestärkte. Für alle Probleme Österreichs machte er sie verantwortlich. Damit stand ein entschieden Konservativer an der Spitze des österreichischen Staates. Zusammen mit dem Prinzip der Mehrfachherrschaft führte dies dazu, dass Österreich neben England zum konsequentesten Gegner des revolutionären Frankreichs wurde. Keine andere deutsche Macht hat den französischen Revolutionsexport unter so großen Opfern bekämpft wie Österreich.

Dilemma der Konservativen in Österreich

Allerdings steckten die Konservativen in Österreich in einem Dilemma. Erstens entsprach die innere politische Ordnung, die sie vorfanden, keineswegs ihren Idealen. Alles andere als organisch gewachsen, erschien sie durchaus nicht bewahrenswert. Entstanden durch die aufgeklärte Reformpolitik, auf halbem Wege zwischen ständisch-provinzialer Selbstregierung und bürokratischer Zentralisierung steckengeblieben, war sie voller Mängel. Damit konnte man sich nicht abfinden; man musste entweder vor oder zurück. Zweitens erlebte Österreich nach außen gegen Napoleon eine militärische Niederlage nach der anderen. Die Franzosen waren offensichtlich überlegen. Wenn Österreich sie besiegen wollte, musste es von ihnen lernen. Doch wie sollte das gehen, ohne sich von den Ideen der Französischen Revolution anstecken zu lassen? Hinzu kam noch eine dritte Krise. Durch die Auflösung des Heiligen Römischen Reiches und die Gründung des Rheinbunds war Österreich 1806 aus Deutschland herausgedrängt worden. Es verlor die Anbindung an das Reich, die Deutschösterreich zum Herrschaftsschwerpunkt gemacht hatte. Innerhalb der Mehrfachherrschaft Österreich waren die Deutschen nur eine Minderheit. Zwar hatte Franz schon 1804, bevor die Würde des Römischen Kaisers erloschen war, den Titel eines Kaisers von Österreich angenommen, doch musste dieses neue Kaisertum Österreich sich erst noch erfinden.

Rückwendung zur Ständeordnung

Die Antwort der Konservativen auf alle drei Krisen lautete: Rückwendung zur Ständeordnung. Österreich benötigte die Loyalität seiner Teilkönigreiche und Provinzen, es benötigte deren Steuerkraft und Männer für die Armeen, es benötigte ihren Patriotismus und ihre Opferbereitschaft – also berief man die abgeschafften Landtage wieder ein, holte die einheimischen Eliten zusammen und stellte ihnen Privilegien in Aussicht, wenn sie ihre Länder für den Kampf gegen Frankreich mobilisierten. Wir können von einer Neuerfindung Österreichs aus dem konservativen Geist der Ständeherrschaft sprechen. Angesichts der österreichischen Vielgestaltigkeit war das keine unplausible Strategie. Doch war dem Dilemma so leicht nicht zu entkommen. Denn auch die konservative Politik musste die Zügel in der Hand behalten. Sie musste effizient sein und gegen Widerstände durchgesetzt werden. Dafür blieb ihr nichts anderes übrig, als sich der gleichen Mittel zu bedienen, die sie eigentlich ablehnte, nämlich der zentralistischen Bürokratie und weiterer Reformen.

Tiroler Aufstand 1809

Zum Sinnbild der österreichischen Neuerfindung ist – nachträglich – der Tiroler Aufstand von 1809 geworden. Er begann, nachdem Österreich aufgrund seiner Niederlage im Dritten Revolutionskrieg Tirol an das mit Napoleon verbündete Königreich Bayern abtreten musste. Innerhalb der Mehrfachherrschaft Österreich hatte die Grafschaft Tirol eine Sonderstellung eingenommen mit einer alten ständischen Landesverfassung und vielen Privilegien. Obwohl der bayerische König versprach, diese Sonderstellung zu respektieren, nahm seine Reformbürokratie keine Rücksicht darauf. Sie mischte sich in kirchliche Bräuche ein, schaffte bäuerliche Feiertage und Prozessionen ab und verbot sogar die Mitternachtsmesse an Heiligabend. Als das Königreich Bayern sich 1808 eine neue Verfassung gab, zerschlug man neben allen anderen alten Provinzen auch die Grafschaft Tirol und teilte sie nach französischem Vorbild in Landkreise auf, die zentralistisch von München aus regiert werden sollten. Als Bayern überdies die allgemeine Wehrpflicht einführte und die ersten Tiroler in die bayerische Armee eingezogen wurden, obwohl zu den Privilegien des Landes gehört hatte, dass kein Tiroler zum Kriegsdienst außer Landes verpflichtet werden durfte, brach der Aufstand los.

Stilisierung zum Volksaufstand

Um dem revolutionären Prinzip der allgemeinen Wehrpflicht etwas Eigenes entgegenzustellen, musste er zur Sache des einfachen Volkes stilisiert werden. Das erklärt, warum der Gastwirt Andreas Hofer zur Symbolfigur wurde, ein einfacher Mann und Freizeitsoldat. In Wirklichkeit mobilisierten die Tiroler ihr „Landvolk“: einheimische Milizen, die von der städtischen und ländlichen Ehrbarkeit geführt wurden, den Haushaltsvorständen und ständischen Führungsgruppen, die zum Teil durchaus über militärische Erfahrung verfügten. Indem sie ihre Gegner in enge Alpentäler lockten und ihre gemsenjagderprobten Ortskenntnisse nutzten, um von oben anzugreifen, schafften sie es nicht nur, die bayerischen Truppen zu vertreiben, sondern besiegten auch zwei herbeieilende Armeen der Bayern und der Franzosen. Erst als Österreich wegen einer weiteren Niederlage im Fünften Revolutionskrieg keine Unterstützung mehr leisten konnte und die Bayern mit einer gewaltigen Übermacht in Tirol einrückten, brach der Aufstand zusammen. Bayern und Franzosen nahmen blutige Rache und errichteten ein Schreckensregiment.

Damit war zwar der Aufstand gescheitert, nicht aber die Politik der österreichischen Konservativen. Im Gegenteil erwies sie sich in Verbindung mit dem außenpolitischen Geschick Metternichs im Sechsten Revolutionskrieg schließlich als erfolgreich. Der

Preis allerdings war hoch. Denn die Rückwendung zur Ständeordnung stärkte die Verselbständigungstendenzen der verschiedenen Länder und warf die Frage auf, wie das Kaisertum außer durch die Dynastie noch zusammengehalten werden sollte. Und sie verdammte Österreich zu einer gegenrevolutionären Politik.

Strukturelle Angleichung an Frankreich

Wenn wir nicht auf die konservativen Vorzeichen und die langfristigen Wirkungen schauen, sondern auf die Mittel, derer Österreich sich bediente, was finden wir dann? Wir finden die Mobilisierung der Bevölkerung und die Volksbewaffnung. Wir finden eine Regierung, die ihren Politikwechsel von oben, mit Hilfe des verabscheuten bürokratischen Apparats ins Werk setzte. Und wir finden eine von Metternich und Gentz ersonnene, strategische Außenpolitik, die 1809 mit Napoleon den Frieden von Schönbrunn schloss, Tirol erst einmal preisgab, Napoleon die österreichische Kaisertochter Marie Louise als Braut überließ und sogar ein Militärbündnis mit ihm einging, das Unterstützung für den Russlandfeldzug zusagte. Das heißt, wir finden die gleichen Mittel wie in den Rheinbundstaaten und in Preußen, nur unter anderen Vorzeichen, finden eine Angleichungsbewegung auch gegenüber dem revolutionären Frankreich. Nichts zeigt deutlicher, dass die Zeitumstände dieses Handeln offensichtlich erzwangen und überall durchsetzten. Deshalb ist es sinnlos, hier weiterhin zwischen fremd oder eigen, französisch oder deutsch zu unterscheiden.

Literatur

Ehalt, Christian und Jean Mondot (Hgg.): Was blieb vom Josephinismus? Innsbruck 2010 [Sammelband über das Weiterwirken der josephinischen Reformbürokratie].

Epstein, Klaus: Die Ursprünge des Konservatismus in Deutschland. Der Ausgangspunkt. Die Herausforderung durch die Französische Revolution 1770–1806. Frankfurt/M. 1973.

Garber, Jörn (Hg.): Kritik der Revolution. Theorien des deutschen Frühkonservatismus 1790–1810. Kronberg/Ts. 1976 [Quellensammlung].

Kondylis, Panajotis: Konservatismus. Geschichtlicher Gehalt und Untergang. Stuttgart 1986 [gute ideengeschichtliche Rekonstruktion].

Kronenbitter, Günther: Wort und Macht. Friedrich Gentz als politischer Schriftsteller. Berlin 1994.

Mazohl-Wallnig, Brigitte: Zeitenwende 1806. Das Heilige Römische Reich und die Geburt des modernen Europa. Wien 2005 [berücksichtigt die österreichische Perspektive].

Reinalter, Helmut: Österreich und die Französische Revolution. Wien 1988 [maßgebliche Darstellung].
Schennach, Martin P.: Revolte in der Region. Zur Tiroler Erhebung 1809. Innsbruck 2009.
Siemann, Wolfram: Metternich. Staatsmann zwischen Restauration und Moderne. München 2010 [aktuelle Biographie].
Sked, Alan: Metternich and Austria. An Evaluation. Basingstoke 2007.
Vocelka, Karl: Geschichte Österreichs. Kultur – Gesellschaft – Politik. Graz, Wien, Köln 2000 [gute Übersichtsdarstellung zur Einführung].
Zimmermann, Harro: Friedrich Gentz oder Die Erfindung der Realpolitik. Paderborn 2012 [neueste Biographie].

4.3 Die Verfechter der Kulturnation in Weimar und Jena

Friede von Basel 1795

Zeitlich und logisch an dritter Stelle steht, wie die Schriftsteller in Weimar und Jena auf den Revolutionsexport reagierten. Ihr Ausgangspunkt war der Friede von Basel 1795. In Abschnitt 3.2 haben wir gesehen, wie dieser Friede das Reich in eine nordostdeutsche Friedenszone und eine südwestdeutsche Kriegszone spaltete. Dieser Zustand hielt, bis Preußen seine Politik änderte und im Bündnis mit Russland 1806 den Vierten Revolutionskrieg begann – gut zehn Jahre also. Mitten auf der Insel des Friedens lag das Herzogtum Sachsen-Weimar mit seiner Universität Jena.

Rechtfertigungsnot der Neutralität

Angenehm war die Situation dort nicht. Überall in den norddeutschen Territorien lebten Franzosen, die vor der Revolution geflohen waren, Adlige zumeist, aber auch Priester und Schriftsteller. Sie hielten den Friedensschluss für Verrat an der Monarchie. Verrat sahen darin auch viele Deutsche, Verrat an Österreich, an Süddeutschland, am Reich, die man gegen Frankreich im Stich ließ. Dagegen standen die deutschen Sympathisanten der Revolution, die Jakobiner und Bewunderer Napoleons, denen die Reformen in den Rheinbundstaaten imponierten. Und überall saßen französische Spitzel, die politische Äußerungen nach Frankreich meldeten. Von allen Seiten wurde die Neutralität infragegestellt. Das ist der Grund, warum man in den norddeutschen Staaten die offene politische Diskussion vermied. Störenfriede wie der Gegenrevolutionär Friedrich Gentz wurden außer Landes getrieben.

Goethes *Unterhaltungen deutscher Ausgewanderten*

Einen guten Eindruck von der Situation bietet Goethes Buch *Unterhaltungen deutscher Ausgewanderten*. Es erschien 1795, im Jahr des Basler Friedens, und präsentiert sich als Sammlung von Novellen, die durch eine Rahmenhandlung verknüpft sind. Diese spielt in der damaligen Gegenwart: Eine deutsche Adelsfamilie verlässt ihre linksrheinischen Besitzungen und flieht mit Hauslehrer, Geistlichem, Bediensteten vor den heranrückenden französischen Revolutionstruppen über den Rhein. Sie trifft eine befreundete Familie, die Gespräche landen bei der Politik, prompt führen sie zu einem Eklat. Anhänger und Gegner der Französischen Revolution geraten so heftig aneinander, dass sie sich gegenseitig auf die Guillotine beziehungsweise an den Galgen wünschen. Über dem Streit zerbricht die Gesellschaft, die andere Familie reist wütend ab. Daraufhin greifen die Frauen ein. Sie etablieren die Regel, dass über Politik nur noch unter vier Augen gesprochen werden dürfe.

Quelle

Aber, Kinder, in Gesellschaft laßt uns nicht vergessen, wieviel wir sonst schon, ehe alle diese Sachen zur Sprache kamen, um gesellig zu sein, von unsern Eigenheiten aufopfern mußten, und dass jeder, solange die Welt stehen wird, um gesellig zu sein, wenigstens äußerlich sich wird beherrschen müssen. Ich fordere euch also nicht im Namen der Tugend, sondern im Namen der gemeinsten Höflichkeit auf [...]
Lasst uns dahin übereinkommen, dass wir, wenn wir beisammen sind, gänzlich alle Unterhaltungen über das Interesse des Tages verbannen!

Johann Wolfgang Goethe: Unterhaltungen deutscher Ausgewanderten (1795). In: ders.: Romane und Novellen I. Bearb. v. Erich Trunz 11. Aufl. München 1982, S. 125–241, hier: S. 137 und 139.

Damit dies leichter falle, solle, statt zu politisieren, erzählt werden. Die folgenden Novellen und ein Märchen sind die Beiträge, mit denen die Familienmitglieder sich an dem Spiel beteiligen.

Goethes Revolutionserfahrung

Damit haben wir Goethes Zeitdiagnose und seine Reaktion. Als Minister erhielt Goethe hervorragenden Einblick in die diplomatischen Reaktionen auf die Französische Revolution. Mit seinem Herzog hatte er die sächsischen Truppen in der Reichsarmee begleitet, als diese 1792 nach Frankreich vorgedrungen war. Er hatte die Kriegswende in Valmy erlebt. Er kannte viele deutsche Jakobiner persönlich, schätzte zum Beispiel Georg Forster, war aber auch bei der Belagerung von Mainz dabei gewesen und hatte gesehen, wie die Mainzer Klubisten beim Abzug der Franzosen ins Lager der Preußen fliehen mussten, um nicht aufgeknüpft zu werden. All dies hatte Goethe nicht gefallen. Keine der Richtungen, mit denen er in Berührung gekommen war, hatte ihn überzeugt, weder die hitzigen Revolutionsfreunde noch die verbiesterten Gegenrevolutionäre noch die kühlen Kriegstreiber aus Vorteilsstreben.

Entpolitisierung als Programm

Goethes Diagnose lautete: Die Ankunft der Französischen Revolution drohte Deutschland in den gleichen Bürgerkrieg zwischen Revolutionsfreunden und Gegenrevolutionären zu stürzen, den Goethe in Frankreich in Gang sah. Das einzige Mittel, um einen solchen inneren Zerfall zu vermeiden, hieß Entpolitisierung. Es ging um die Wiederherstellung von „Geselligkeit", wie Goethe in der zitierten Passage sagt, wir können übersetzen: von auskömmlichem Zusammenleben durch Höflichkeit und Kunst. Höflichkeit hieß, dass jeder die eigenen politischen Leidenschaften dem auskömmlichen Miteinander opferte. Kunst hieß, dass die Schriftsteller zu dieser Entpolitisierung beitrugen, indem sie die Gedanken des Publikums vom Tagesgeschäft ab- auf etwas anderes hinlenkten, genauso wie es die Geschichtenerzähler in der Rahmenhandlung machen, genauso wie Goethe selbst es durch die *Unterhaltungen deutscher Ausgewanderten* vorführte. Das Buch ist also in mehrfacher Hinsicht Modell. Es zeigt an seinen literarischen Figuren ein aus Goethes Sicht wünschenswertes Verhalten. Es handelt genauso. Und es demonstriert grundsätzlich, wie die Kunst zur Rettung des Sozialen beitragen kann.

Bündnis mit Schiller

Goethes Konzept setzt bei dem an, was jeder Einzelne leisten kann: sich selbst zu mäßigen. Dennoch ist es ein anspruchsvolles Konzept, weil die Mäßigung durch eine freiwillige Übernahme der Regel erfolgen soll. Das zeigt: Goethe brauchte Gleichgesinnte. Da traf es sich gut, dass gerade, als er die *Unterhaltungen* schrieb, Schiller nach Jena zog und Goethe einlud, an einer neuen Zeitschrift mitzuarbeiten. Schiller gab ihr den Titel *Die Horen* nach den griechischen Göttinnen der Jahreszeiten, die über die Himmelspforten wachen, indem sie dichtes Gewölk vor- oder wegschieben. Die Zusammenarbeit an den *Horen* begründete den Schriftstellerbund, der heute als „Weimarer Klassik" bezeichnet wird. Goethes erster Beitrag war das Märchen aus den *Unterhaltungen deutscher Ausgewanderten*. Kurz zuvor, im Dezember 1794, hatte Schiller in der Allgemeinen Literatur-Zeitung das Programm der *Horen* vorgestellt:

Quelle

Zu einer Zeit, wo das nahe Geräusch des Kriegs das Vaterland ängstiget, wo der Kampf politischer Meinungen und Interessen diesen Krieg beinahe in jedem Zirkel erneuert und nur allzuoft Musen und Grazien daraus verscheucht, wo weder in den Gesprächen noch in den Schriften des Tages vor diesem allverfolgenden Dämon der Staatskritik Rettung ist, möchte es ebenso gewagt als verdienstlich sein, den so sehr zerstreuten Leser zu einer Unterhaltung von ganz entgegengesetzter Art einzuladen. In der Tat scheinen die Zeitumstände einer Schrift wenig Glück zu versprechen, die sich über das Lieblingsthema des Tages ein strenges Stillschweigen auferlegen und ihren Ruhm darin suchen wird, durch etwas anders zu gefallen, als wodurch jetzt alles gefällt. Aber je mehr das beschränkte Interesse der Gegenwart die Gemüter in Spannung setzt, einengt und unterjocht, desto dringender wird das Bedürfnis, durch ein allgemeines und höheres Interesse an dem, was rein menschlich und über allen Einfluß der Zeiten erhaben ist, sie wieder in Freiheit zu setzen und die politisch geteilte Welt unter der Fahne der Wahrheit und Schönheit wieder zu vereinigen.

Friedrich Schiller: [Ankündigung der *Horen*]. In: Intelligenzblatt der Allgemeinen Literatur-Zeitung Nr. 140 vom 10. Dezember 1794.

Literarisches Programm

„Die politisch geteilte Welt unter der Fahne der Wahrheit und Schönheit wieder zu vereinigen“, das lag auf der gleichen Linie wie die Rahmenerzählung von Goethes *Unterhaltungen*. Auf dieser Gleichgestimmtheit konnten die beiden Schriftsteller ihr Bündnis bauen. Es zielte darauf, dem „Dämon der Staatskritik“ eine Kunst entgegenzustellen, die „ein allgemeines und höheres Interesse an dem, was rein menschlich und über allen Einfluß der Zeiten erhaben ist“ befriedigt. Was war damit gemeint?

Autonomieästhetik

Kunsttheoretiker haben diese Position als „Autonomieästhetik“ bezeichnet. So nennt man eine Kunst, die beansprucht, sich ihre Gesetze selbst zu geben. Weder soll sie zur Nachahmung der Natur verpflichtet sein noch in praktischer Hinsicht nützlich oder moralisch gut sein müssen. Und erst recht soll sie von aller politischen Dienstbarkeit befreit sein. Stattdessen setzten Goethe und Schiller sich zum Ziel, Ideale zu schaffen, die der wirklichen Welt entgegengestellt waren. Man sieht, wie eng der Entschluss zur Entpolitisierung mit dem ästhetischen Programm einer selbstbestimmten Kunst zusammenhängt!

Bildung als Selbstbefreiung von der Politik

Schiller schreibt zwar von „Unterhaltung“ und „Zerstreuung“, aber Unterhaltungsliteratur war damit nicht gemeint. Vielmehr ging es gegen den Kommerz um „ein allgemeines und höheres Interesse an dem, was rein menschlich und über allen Einfluss der Zeiten erhaben ist“. Die Entpolitisierung lief auf eine Abkehr vom Aktuellen, Zeitgebundenen und eine Orientierung am Überzeitlich-Bleibenden hinaus – daher der Rückgriff auf das „Klassische“: die antiken Stoffe (*Iphigenie*) und die antiken literarischen Formen (Epos, Ode, Elegie) wie auf die ästhetischen Prinzipien der französischen Klassik (Bändigung der Affekte durch Form). Dem Menschen als *zoon politikon* setzten die Weimarer das „höhere“, „rein“ oder „allgemein“ Menschliche entgegen: die Selbstveredelung des streitenden Parteigängers zum friedlichen Weltbürger und Vertreter des Menschengeschlechts – das also, was in der Sprache der Zeit „Bildung“ hieß. Gegenstand und Wirkung der für autonom erklärten Kunst war die Bildung derer, die sich damit beschäftigen, verstanden als Selbstbefreiung von der Politik.

Xenien

Doch so leicht war der Politik im Zeitalter der Revolution nicht zu entkommen. „Die Politik ist das Schicksal“, soll Napoleon zu

Goethe gesagt haben. Wenn alles von der Politik bestimmt wurde, machte dies auch eine Haltung politisch, die unpolitisch sein wollte. Daher müssen wir fragen, auf welche politische Pointe die Abkehr vom Politischen hinauslief. Wir können sie einer frühen Frucht der Zusammenarbeit Goethes und Schillers entnehmen: den Xenien, die beide im *Musenalmanach auf das Jahr 1797* veröffentlichten. Es handelte sich um Gedichte, die aus nur zwei Versen bestehen (sogenannten Distichen): einem Sechsheber (Hexameter) und einem Fünfheber (Pentameter) – eine klassische literarische Form, die nach Zuspitzung und polarisierender Gegenüberstellung verlangt. Xenion Nr. 95 lautet:

Quelle

Das deutsche Reich

Deutschland? aber wo liegt es? Ich weiß das Land nicht zu finden,
Wo das gelehrte beginnt, hört das politische auf.

Johann Wolfgang Goethe und Friedrich Schiller: Xenien. In: Friedrich Schiller: Gedichte 1776–1799. Bearb. v. Julius Petersen und Friedrich Beißner. Weimar 1943, S. 320.

Der politische Begriff in der Überschrift wird gleich zweifach infragegestellt. Nicht nur sind das Reich und Deutschland auseinandergetreten, Deutschland ist seinerseits in ein politisches und ein gelehrtes (literarisches) geteilt. Die Frage nach Deutschland beantwortet das Ich mit einem „aber" und einer Gegenfrage. Damit entzieht es sich den Ansprüchen, die von der Frage ausgehen – etwa dem Anspruch, Deutschland und das Reich gegen die Franzosen zu verteidigen, wie die Patrioten verlangten. Xenion Nr. 96 ergänzt:

Quelle

Deutscher Nationalcharakter

Zur Nation euch zu bilden, ihr hofft es, Deutsche, vergebens,
Bildet, ihr könnt es, dafür freyer zu Menschen euch aus.

Idee der Kulturnation

Dem, was die Franzosen in der Revolution erreicht hatten: sich zur „Nation" zu bilden, wird hier die Bildung zum Menschen entgegengesetzt. Diese gilt als umfassend und „frey", die Nationbildung dagegen als partikular-beschränkt und deshalb unfrei. Die politische Staatsbildung sei den Deutschen nicht möglich, wohl aber die universalistische Menschenbildung. Ja, in dieser bestehe der „deutsche Nationalcharakter". An die Stelle der politischen Willensnation rücken Goethe und Schiller die Kulturnation.

Schillers Gedichtfragment *Deutsche Größe*

Ausbuchstabiert ist dieser Gedanke in einem Gedichtentwurf von Schiller. Der Text mit dem Titel *Deutsche Größe* geht von einer militärischen Niederlage und Demütigung der Deutschen aus, von der Erfahrung politischer Ohnmacht. Sieger sind „der Franke" und „der Britte". Deshalb wird der undatierte Entwurf von der Forschung dem Jahr 1797 oder dem Jahr 1801 zugeschrieben, als der Friede von Campo Formio bzw. der Friede von Lunéville jeweils solche Niederlagen brachten, dazu Abtretungen des Rheinlands an das revolutionäre Frankreich. Die Grundidee des Gedichts besteht darin, das Verhältnis von Ohnmacht der Deutschen und Macht der Franzosen (bzw. Briten) umzukehren. Aus den Letzten sollen die Deutschen die Ersten werden, aus den Untersten die Obersten, aus Ohnmächtigen Herrscher. Diese Umkehrung gelingt Schiller durch religiöse Rede im Gestus der Prophetie. Das Gedicht ist durchzogen von Anklängen an die Bibel.

Zum Ansatzpunkt der Umkehrung wird wieder das Konzept der Kulturnation. Die deutsche Würde, heißt es, „ist eine sittliche Größe, sie wohnt in der Kultur u: im Charakter der Nation". Sie ergibt sich aus der „Sprache", dem „Geschmack", dem „Geist", der „Menschenbildung". Diese verliehen dem Deutschen Überlegenheit über die anderen Nationen. Wenn wir diesen Gedanken mit der religiösen Redeweise zusammenbringen, zeigt sich: Was im Neuen Testament Armut und Gottgefälligkeit sind, ist bei Schiller Kultur. Kultur wird damit zu einer Eigenschaft, einer Tugend, einem Nationalcharakter. Die Franzosen haben Macht, doch die Deutschen sind ihnen überlegen, denn sie haben Kultur.

Kulturgriechentum

Von historisch Gebildeten wurde diese Gegenüberstellung auch auf die Geschichte projiziert. So sah zum Beispiel Johann Gottfried Herder eine Übereinstimmung zwischen dem zentralistischen französischen Kaiserreich mit seinen unbesiegbaren Armeen und seinen Eroberungen unter den Kaiseradlern und dem Römischen Reich der Antike. Die Pointe war, dass die ohnmächtigen, politisch zersplitterten Deutschen dadurch zu Nachfahren der alten Griechen wurden: in Herders Sicht den Römern kulturell hochüberlegen. Da die Verfechter der deutschen Kulturnation sich oft mit den alten Griechen identifizierten, kann man von einem „Kulturgriechentum" sprechen.

Aufnahme in die Bildungstheorien der Zeit

Gewiss war das ein elitäres Konzept, attraktiv in erster Linie für Schriftsteller, Künstler, Kulturschaffende, aber auch für alle, die sich über ihre Bildung definierten – so hat es sich verbreitet. Im Übergang von der Ständeordnung zur bürgerlichen Gesellschaft schien Bildung der Schlüssel zur Neubestimmung der Menschen zu sein. Deshalb dachten um 1800 viele Philosophen über Bildung nach. Johann Gottfried Herder in Weimar, Johann Gottlieb Fichte und Friedrich Wilhelm Joseph Schelling in Jena, Friedrich Daniel Ernst Schleiermacher in Berlin, sie alle bauten das Konzept der deutschen Kulturnation in ihre Bildungsvorstellungen ein. Wilhelm von Humboldt, der es direkt von Schiller und Goethe vermittelt bekam, hat es zum Leitbild der 1809 gegründeten Universität Berlin gemacht. Damit war es auf Dauer gestellt und konnte zu einem populären Deutungsmuster werden. Bis heute lässt seine Wirkung sich verfolgen.

Verbreitung durch Madame de Staël

Zu seiner Verbreitung beigetragen hat auch eine Französin, Germaine de Staël. Als Millionärstochter und Botschaftergattin verkehrte sie selbstbewusst in den höchsten Kreisen, versammelte Schriftsteller und Künstler um sich, konnte selbst zur Schriftstellerin werden. Von Napoleon, den sie bekämpfte, aus Paris verbannt, reiste sie 1803 mehrere Monate durch Deutschland, um deutsche Schriftsteller und Philosophen kennenzulernen. In Weimar sprach sie mit Wieland, Schiller und Goethe. 1810 veröffentlichte sie *De l'Allemagne* (Über Deutschland), eine Vorstellung der zeitgenössischen deutschen Literatur, Kunst und Philosophie für Franzosen. Aus Opposition gegen Napoleon entwarf sie Deutschland als idealen Gegensatz zu allem, was ihr an Frankreich nicht gefiel. Dafür kam das Konzept der deutschen Kulturnation gerade recht. Auf dieses Buch geht die Formel von den Deutschen als „Dichter und Denker" zurück. Durch Madame de Staël wurde diese Vorstellung in Frankreich und England populär. Das heißt, obwohl die Idee von der deutschen Kulturnation der Abgrenzung vom napoleonischen Frankreich diente, wurde sie in Frankreich übernommen und verstärkt. Selbst hier verliert die Gegenüberstellung von fremd und eigen ihren Sinn.

Literatur

Albrecht, Andrea: Kosmopolitismus. Weltbürgerdiskurse in Literatur, Philosophie und Publizistik um 1800. Berlin 2005 [ordnet Schiller in die Begriffsgeschichte ein].

Giesen, Bernhard und Kay Junge: Vom Patriotismus zum Nationalismus. Zur Evolution der ‚Deutschen Kulturnation'. In: Bernhard Giesen (Hg.): Nationale und kulturelle Identität. Frankfurt/M. 1991, S. 255–303.

Hahn, Hans-Werner: Gesellschaftlicher Wandel und kulturelle Blüte. Die gesellschaftlichen Voraussetzungen und Folgen des Ereignisses Weimar-Jena im Spiegel der neueren Forschung. In: Lothar Ehrlich und Georg Schmidt (Hgg.): Ereignis Weimar-Jena. Gesellschaft und Kultur um 1800 im internationalen Kontext. Köln 2008, S. 47–65 [Forschungsbericht].

Mennemeier, Franz Norbert und Conrad Wiedemann (Hgg.): Deutsche Literatur in der Weltliteratur. Kulturnation statt politischer Nation? Tübingen 1986 [bahnbrechender Sammelband].

Seibt, Gustav: Goethe und Napoleon. Eine historische Begegnung. München 2008 [hervorragende Darstellung und Analyse].

Wiedemann, Conrad: Deutsche Klassik und nationale Identität. Eine Revision der Sonderwegs-Frage. In: Wilhelm Vosskamp (Hg.): Klassik im Vergleich. Normativität und Historizität europäischer Klassiken. DFG-Symposion 1990. Stuttgart, Weimar 1993, S. 541–569 [grundlegender Aufsatz].

Quellen

Staël, Anne Louise Germaine de: De l'Allemagne. Nouvelle édition. Publiée d'après les manuscrits et les éditions originales avec des variantes, une introduction, des notices et des notes par Jean de Pange et Pauline de Pange, 5 Bd.e. Paris 1958–60. Deutsch u.d.T.: Über Deutschland. Vollständige und neu durchgesehene Fassung der deutschen Erstausgabe von 1814. Mit einem Register, Anmerkungen und einer Bilddokumentation. Bearb. und mit einem Nachwort versehen v. Monika Bosse. Frankfurt/M. 1985 u. ö.

4.4 Die Reformer in den Rheinbundstaaten

Das Königreich Westphalen als Beispiel

Um die enge Zusammenarbeit der Rheinbundstaaten mit Napoleon zu verstehen, ist es sinnvoll, sie an einem konkreten Beispiel zu analysieren. Dafür sei das Königreich Westphalen gewählt. Innerhalb der Rheinbundstaaten stellte es etwas Besonderes dar. Mit rund zwei Millionen Einwohnern und einer Fläche von 38.000 km^2 war es der größte Staat, den Napoleon auf deutschem Boden geschaffen hat. In Napoleons Militärstrategie war ihm eine Schlüsselrolle zugedacht. Während Bayern, Württemberg und Baden die Aufgabe hatten, das napoleonische Kaiserreich gegen Österreich abzuschirmen, sollte das Königreich Westphalen die gleiche Aufgabe gegen Preußen übernehmen. Preußen war 1806 besiegt worden und hatte 1807 den Frieden von Tilsit schließen müssen. Durch ihn wollte Napoleon Preußen dauerhaft schwächen und vom restlichen Deutschland abschneiden. Dafür schuf er 1807 das Königreich Westphalen.

Das Königreich Westphalen als napoleonischer Modellstaat

Dabei war Napoleon bewusst, dass militärische Siege nicht ausreichten. Um seine Herrschaft auf Dauer zu stellen, musste er die Zustimmung der Menschen gewinnen. Daher war das Königreich Westphalen als „Modellstaat" konzipiert – ein Begriff, den Helmut Berding in die Forschung eingeführt hat. Das hieß, mit diesem Staat wollte Napoleon vorführen, wie attraktiv die von ihm vertretenen Herrschaftsprinzipien waren. Das Königreich Westphalen sollte als Vorbild dienen. Zum einen sollte es die eigene Bevölkerung davon überzeugen, dass die napoleonische Herrschaft mehr Freiheit und Wohlstand mit sich brachte, als es in den alten Verhältnissen gegeben hatte. Zum andern sollte es anderen Rheinbundstaaten, vor allem Bayern, Württemberg und Baden, neue Reformimpulse geben und sie zum Weitergehen ermuntern.

Verfassungsgebung

Dieser Modellcharakter zeigt sich zum ersten daran, dass das neu geschaffene Königreich „als erster Staat auf deutschem Boden eine Verfassung modernen Zuschnitts erhielt".[29] Napoleon hatte sie von angesehenen französischen Juristen ausarbeiten lassen und schickte sie an seinen Bruder Jérôme, den er zum König von Westphalen gemacht hatte.

Quelle

Mein Bruder, beiliegend sende ich Ihnen die Verfassung für Ihr Königreich. Diese Verfassung enthält auch die Bedingungen, unter denen ich auf all meine Rechte als Eroberer und meine erworbenen

Rechte über Ihr Land verzichte. Sie haben sie treu zu befolgen [...] Im Königreich Westphalen ist man aufgeklärter, als man Ihnen glauben machen möchte, und Ihr Thron kann sein wahres Fundament nur im Vertrauen und der Liebe der Bevölkerung finden.

Napoleon an Jérôme Bonaparte, 15.11.1807. Zitiert nach Bartsch (Hg.): König Lustik?!, S. 531 f.

Schon dieser Begleitbrief macht das zentrale Problem des neuen Königsreichs klar. Die Verfassung zeigt es noch deutlicher. In Kraft gesetzt wurde sie durch den Abdruck im offiziellen Gesetzblatt *Bülletin der Gesetze und Decrete*. Der Text ist zweisprachig. Auf der linken Seite und damit an erster Stelle steht das Französische. Dies zeigt, der Text ist zuerst auf Französisch entstanden, er ist ein französisches Diktat. Das bestätigt gleich der erste Satz.

Quelle

Wir Napoleon, von Gottes Gnaden und durch die Constitutionen, Kaiser der Franzosen, König von Italien und Beschützer des Rheinischen Bundes, haben in der Absicht, [...] dem Königreiche Westphalen eine Grundverfassung zu geben, welche das Glück seiner Völker sichere, und zugleich deren Beherrscher die Mittel gewähre, als Mitglied des Rheinischen Bundes, zur gemeinschaftlichen Sicherheit und Wohlfahrt mitzuwirken, verordnet und verordnen, wie folgt [...]

Königliches Dekret vom 7ten December 1807, wodurch die Publikation der Constitution des Königreichs Westphalen verordnet wird. In: Bulletin des lois et décrets du Royaume de Westphalie / Bülletin der Gesetze und Decrete des Königreichs Westphalen 1 (1807), S. 6–27.

Die Verfassung wird den Westfalen durch Napoleon „verordnet“, von oben und von außen. Und sie gilt einem Kunstprodukt, einem neuen Staat, der aus zahlreichen Gebieten unterschiedlicher Herkunft, Prägung und Eigenart zusammengefügt war. Deshalb muss in Artikel 1 der Verfassung erst einmal aufgezählt werden, aus welchen Gebieten das Königreich Westphalen bestehen sollte. Teils handelte es sich um Gebiete, die Napoleon von Preußen abgetrennt hat, wie die Altmark, teils um Provinzen, die er Hannover weggenommen hatte, dazu das Kurfürstentum Hessen, das Herzogtum Braunschweig-Wolfenbüttel, die Fürstbistümer Hil-

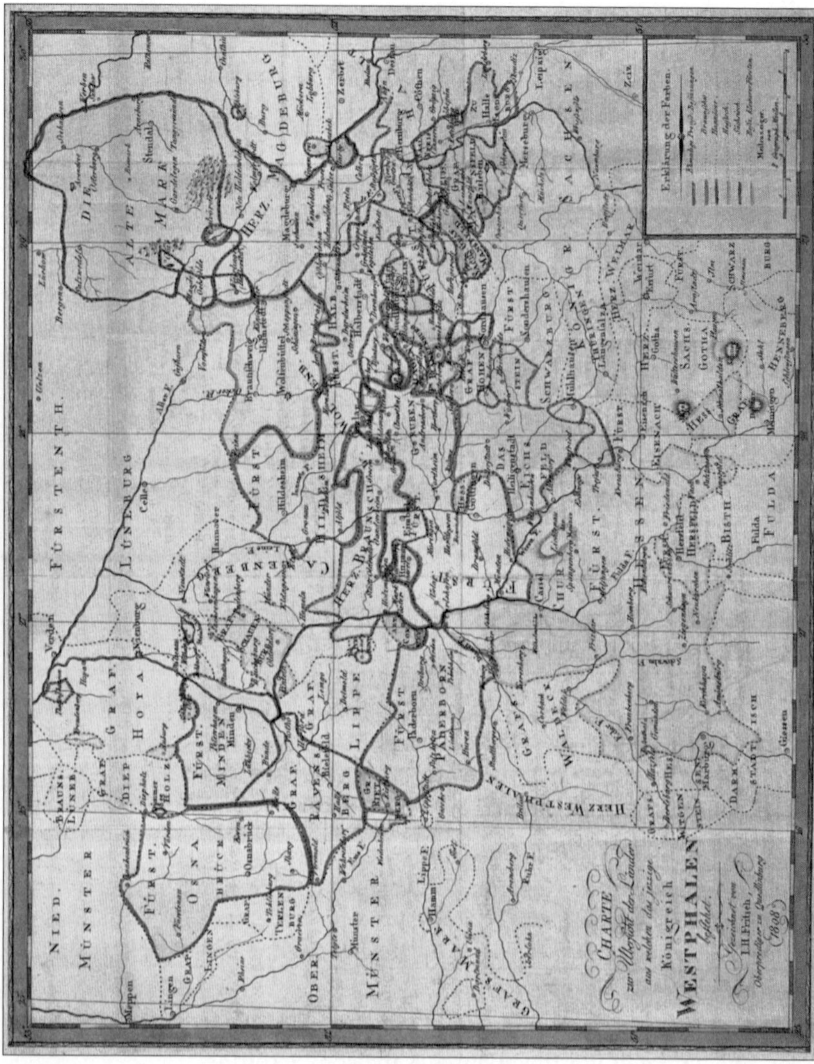

Abb. 14 Charte von dem Königreiche Westphalen nach seinen dermaligen Bestandtheilen entworfen von Friedr[ich] Wilh[elm] Streit. Prag 1809. Radierung.

desheim, Paderborn und Osnabrück sowie mehrere kleinere Herrschaften. Diese Gebiete hatten keine gemeinsame Vorgeschichte, keine gemeinsame Konfession, keine gemeinsame Landsmannschaft, keine gemeinsame Kultur. Sie mussten zu einem Ganzen erst gemacht werden. Und das sollte unter anderem mit Hilfe der neuen Verfassung geschehen.

Abschaffung der Ständeordnung

Wie suchte Napoleon die Menschen durch die Verfassung zu gewinnen? In der Präambel heißt es, die Verfassung solle dem Königreich Westphalen „das Glück seiner Völker" sichern. Damit ist gemeint, sie soll die Errungenschaften der Französischen Revolution einführen. Dies wird ab Artikel 10 ausgeführt. Dazu gehörten die Rechtsgleichheit, also die Abschaffung aller Standesprivilegien, die Abschaffung aller korporativen Privilegien, die Abschaffung der Leibeigenschaft, Steuergleichheit. Genannt, aber nicht näher ausgeführt wird zudem die Religionsfreiheit. „Nicht mehr Geburt, Tradition oder Religion sollten künftig die Stellung eines Bürgers in Staat und Gesellschaft bestimmen, sondern Bildung, Rang und Vermögen."[30]

Einführung eines Repräsentationsorgans

Zudem wird durch die Verfassung eine Ständeversammlung geschaffen, in die man zwar nicht gewählt, sondern von oben berufen wurde, über die man aber in Aussicht gestellt bekam, an der Gesetzgebung und der Finanzkontrolle beratend mitwirken zu können.

Verwaltungs- und Justizreform

Modellcharakter hatte auch die neue Verwaltung, die in dem Königreich aufgebaut wurde. Sie nahm auf die überkommenen Verhältnisse keine Rücksicht, sondern gliederte das Land nach französischem Vorbild in Departements, Distrikte, Kantone und Kommunen, deren Behörden von oben nach unten ernannt wurden und zentralistisch auf die Hauptstadt Kassel ausgerichtet waren. Nach dem gleichen Schema gestaltete man die Gerichtsbarkeit um. Die vielen konkurrierenden Gerichtshöfe und Gewalten wurden beseitigt. Das entsprach zum einen der Notwendigkeit, die heterogenen Gebiete in den Griff zu bekommen. Es sollte die Bevölkerung aber auch durch Zweckmäßigkeit und Effizienz überzeugen.

Bündnispflicht

Weit vor den Verfassungsartikeln über die „Gleichheit aller Unterthanen vor dem Gesetze" und die Verwaltung steht, was mit der Formulierung gemeint ist, die Verfassung solle dem Beherrscher des Königreichs Westphalen die Mittel gewähren, „als Mitglied des Rheinischen Bundes, zur gemeinschaftlichen Sicherheit und Wohlfahrt mitzuwirken". In Artikel 5 wird die Höhe des Armeekontingents geregelt, das vom Königreich Westphalen für den Rheinbund zur Verfügung zu stellen ist: 25.000 Mann. Darum ging es Napoleon in erster Linie: das Land in seinen Militärapparat zu integrieren; die Bevölkerung in eine Hilfstruppe für die französischen Armeen zu verwandeln.

Ambivalenz von verordneter Befreiung und Indienstnahme

Westphalen ist ein Beispiel dafür, wie die napoleonische Hegemonie über Europa funktionierte. Der Export der Revolution und die militärische Ausbeutung der Länder gingen Hand in Hand. Die Befreiung von der Feudalordnung brachte einen neuen Zugriff auf die Menschen (vor allem die jungen Männer) und auf die Finanzen der Länder. Beides bedingte einander und ist nicht zu trennen. Die militärische Ausbeutung wurde mit dem Glück der Völker durch den Revolutionsexport gerechtfertigt. Die Etablierung der Revolutionserrungenschaften war das Mittel, um Napoleons Militärdiktatur, den inneren Frieden in Frankreich und die französische Hegemonie über Europa aufrechtzuerhalten. Diese Ambivalenz empfanden bereits die Zeitgenossen; sie bestimmt die Forschung über die Rheinbundstaaten bis heute.

Aufstiegschancen und Zustimmung

Die gleiche Ambivalenz zeigt sich bei der Besetzung von Regierung und Verwaltung. Schlüsselpositionen wurden für Franzosen reserviert, wobei Napoleon hochkarätige Fachleute nach Westphalen schickte. Offenbar lag ihm viel daran, dass das Experiment gelang. Doch setzte man zugleich auf die Zusammenarbeit mit Deutschen. Wenn Napoleon in dem Brief an seinen Bruder schrieb: „Im Königreich Westphalen ist man aufgeklärter, als man Ihnen glauben machen möchte“, spielte er darauf an, dass in den Verwaltungen bereits Beamte saßen, die zuvor nach den Prinzipien des aufgeklärten Absolutismus gearbeitet hatten. Vor allem aus dem Kurfürstentum Kassel wurden solche Leute übernommen. Vielversprechender Nachwuchs aus verdienten Beamtenfamilien wie Jacob und Wilhelm Grimm konnte eine Blitzkarriere machen: 1808 wurde der 23-jährige Jacob Grimm zum Bibliothekar des Königs ernannt, 1809 zum Beisitzer im Staatsrat. Außerdem berief man angesehene Aufklärungsschriftsteller wie den Geschichtsschreiber und Publizisten Johannes Müller, der zum Bildungsminister wurde und den Kämpfer für die Gleichberechtigung der Juden Christian Wilhelm Dohm. Diesen Reformern bot der neue Staat Aufstiege und attraktive Wirkungsfelder. Das erzeugte eine Aufbruchsstimmung, die anfangs mit großem persönlichen Einsatz einherging. Als Fremdherrschaft erschien sie nicht. Vielmehr gab es Zustimmung und Beteiligung, auch wo man sie nicht vermuten würde. Über die Stimmung im erzkatholischen Paderborn, nachdem 1806 die Herrschaft von den protestantischen Preußen an die Franzosen übergegangen war, berichtet uns ein reisender Augenzeuge:

Quelle

Frau Basen riefen einander aus dem Fenster über die Straße zu: Gott Lob! nun kann man doch ruhig schlafen, nun der Ketzer=König abgesetzt ist.

Johann Ludwig Schwarz: Denkwürdigkeiten aus dem Leben eines Geschäftsmannes, Dichters und Humoristen. Leipzig 1828, S. 359 f.

Belastungen und Ablehnung

Allerdings verkehrte die Zustimmung sich in Ablehnung bis hin zum Aufruhr, als die Konsequenzen von Napoleons Zugriff deutlich wurden: Kriegskontributionen, Zwangsrekrutierungen, Truppendurchmärsche, Zwangsanleihen. Das Land kam nicht zur Ruhe. Den staatlichen Grundbesitz, der vor allem durch die Säkularisation von Kirchenvermögen entstanden war, vergab Napoleon zur Belohnung an Generäle und Offiziere seiner Armeen. Dadurch kamen diese Einkünfte nicht dem Lande zugute, sondern flossen nach Frankreich ab. Diese und andere Eingriffe zerrütteten die Finanzen und verhinderten den verheißenen Aufschwung.

Russlandfeldzug

Zur Katastrophe entwickelte sich die Beteiligung am Russlandfeldzug. Die „Grande Armée", mit der Napoleon im Juni 1812 in Russland einfiel, war wirklich groß. Mit rund 600.000 Mann handelte es sich um die größte Armee, die es bis dahin gegeben hatte. Mit 300.000 Mann stellten die Franzosen nur die Hälfte. Die andere Hälfte setzte sich aus Deutschen, Polen, Schweden, Dänen, Niederländern, Belgiern, Schweizern, Italienern, Slowenen, Kroaten, Spaniern und Portugiesen zusammen; sogar eine irische Legion nahm teil. Der Russlandfeldzug war eine gesamteuropäische Unternehmung. Er spiegelt den europäischen Charakter von Napoleons Herrschaft. Nach den Franzosen bildeten die Deutschen die zweitgrößte Gruppe. 130.000 Mann sollten die Rheinbundstaaten stellen, 20.000 die Preußen, 30.000 die Österreicher. Faktisch scheinen noch mehr deutsche Soldaten beansprucht worden zu sein. Allein aus Westphalen zogen wahrscheinlich 28.000 nach Russland, während 8.000 gleichzeitig in Spanien eingesetzt wurden.

Die Quellen lassen erkennen, dass von dieser Macht eine erotische Faszination ausging. So unwiderstehlich erschien sie, dass Hingabe daran als Lust empfunden werden konnte. Umso härter fiel die Desillusionierung aus. Die russische Strategie, Moskau preiszugeben und die Große Armee ins Leere laufen zu lassen, dafür jedoch die überdehnten Nachschublinien anzugreifen, sorg-

Abb. 15 Christian Wilhelm von Faber du Faur: In der Gegend von Bobr, 23. November 1812. Farblithographie, 29 x 54 cm. In: ders.: Blätter aus meinem Portefeuille im Laufe des Feldzugs l812. Feuilles extraits de mon Portefeuilles esquissées 1812 en Russie. In Russland an Ort und Stelle gezeichnet und mit erläuternden Andeutungen [von Franz Georg Friedrich von Kausler] begleitet. Stuttgart 1831–43.

ten im Verein mit der ungenügenden Logistik und dem russischen Winter für verheerende Verluste. Genaue Zahlen sind nicht zu ermitteln, da die Armee sich auf dem Rückzug auflöste und niemand zählen konnte, wer durch Tod oder durch Zurückbleiben, Gefangennahme, Krankheit, Desertion verschwand. An einsatzfähigen Soldaten kamen 4.300 Franzosen zurück. Von den Preußen und Österreichern, die von ihren Kommandeuren, so gut es ging, geschont worden waren, blieben 15.000 beziehungsweise 20.000 Mann kampffähig. Deutlich schlechter erging es den Rheinbundtruppen – sie wurden weitgehend aufgerieben. Von den 28.000 Soldaten aus dem Königreich Westphalen kamen weniger als 1.000 zurück.

Was diese – europäische! – Erfahrung bewirkte, ist einer Lithographie des württembergischen Offiziers Christian Wilhelm von Faber du Faur zu entnehmen. Als Oberleutnant nahm er mit den württembergischen Rheinbundtruppen am Russlandfeldzug teil, wobei er fast täglich seine Eindrücke in Zeichnungen festhielt. 19 Jahre später veröffentlichte er sie in überarbeiteter Form in

Form von Lithographien. Das Blatt zeigt eine Gruppe von französischen Soldaten auf dem Rückzug aus Russland. Dicht vermummt gegen die Kälte, eng zusammengedrängt und geduckt, suchen sie sich gegen angreifende Kosaken zu verteidigen. Nicht nur haben sie jegliche Überlegenheit verloren und sich in Beschädigte verwandelt, die Not hat auch noch ihre Menschlichkeit zersetzt und sie untereinander zu Feinden gemacht. Im Vordergrund entreißen sie den zurückbleibenden Verwundeten die wärmenden Decken. Präzise ist damit der Einstellungswandel dargestellt, der ganz Europa ergriff. In Frankreich kam es zu Aufständen gegen Napoleon. Die europäischen Verbündeten begannen, sich abzusetzen.

Desillusionierung und Auflösung

Die preußischen Reformer putschten gegen den König, traten auf die Seite Russlands und veranlassten die Volksbewaffnung. Russland proklamierte den „Volkskrieg“ gegen Napoleon und finanzierte die entsprechende Publizistik. Österreich wechselte die Seite, um eine russische Hegemonie zu verhindern. Indem es den Rheinbund-Fürsten ihre Beute garantierte, machte es diesen ebenfalls einen Bündniswechsel möglich. Großbritannien finanzierte die neue Koalition. Damit standen erstmals alle vier europäischen Großmächte gegen Frankreich zusammen. Das Ergebnis war die „Völkerschlacht“ bei Leipzig vom 16. bis 19. Oktober 1813, die zweite entscheidende Niederlage Napoleons. Danach löste der Rheinbund sich auf. Mit den fliehenden, abziehenden Franzosen nach der Völkerschlacht bei Leipzig verschwand das Königreich Westphalen wie ein Spuk. Die Sieger haben es unter sich aufgeteilt.

Festzuhalten ist aber auch hier: Das Königreich Westphalen war mehr als ein verschleiertes Besatzungsregime oder ein napoleonischer Satellitenstaat. Seine Neuerungen wurden von einer einheimischen Verwaltung mitgetragen, die aus der Tradition des aufgeklärten Absolutismus kam. Die Aufstände der Bevölkerung richteten sich gegen die Ausplünderung und das militärische Verheizt-Werden, nicht gegen die Prinzipien der Verfassung. Das zeigt sich auch daran, dass die Aussicht auf Rechtsgleichheit, Religionsfreiheit, politische Teilhabe und Verwaltungseffizienz die Menschen in den Nachfolgestaaten des Königreichs Westphalen im 19. Jahrhundert weiterhin umgetrieben hat. Auch hier und in den Rheinbundstaaten insgesamt haben viele Deutsche sich offensichtlich die von außen und oben an sie herangetragenen Neuerungen zu eigen gemacht und anverwandelt.

Literatur

Berding, Helmut: Napoleonische Herrschafts- und Gesellschaftspolitik im Königreich Westfalen (1807–1813). Göttingen 1973 [bahnbrechendes Grundlagenwerk].

Berding, Helmut: Der Gesellschaftsgedanke Napoleons und seine Auswirkungen im rheinbündischen Deutschland. Ein Verrat der Revolution? In: Roger Dufraisse (Hg.): Revolution und Gegenrevolution 1789–1830. München 1991, S. 107–119.

Bethan, Anika: Napoleons Königreich Westphalen. Lokale, deutsche und europäische Erinnerungen. Paderborn 2012 [zeigt die wechselnden Einstellungen und die Ambivalenz des Umgangs].

Brandt, Hartwig und Ewald Grothe (Hgg.): Rheinbündischer Konstitutionalismus. Frankfurt/M. 2007 [stellt die Verfassung des Königreichs Westphalen in den Zusammenhang mit den Verfassungsdokumenten der anderen Rheinbundstaaten].

Dethlefs, Gerd; Armin Owzar und Gisela Weiß (Hgg.): Modell und Wirklichkeit. Politik, Kultur und Gesellschaft im Großherzogtum Berg und im Königreich Westphalen 1806–1813. Paderborn 2008 [wichtiger Sammelband].

Hecker, Michael: Napoleonischer Konstitutionalismus in Deutschland. Berlin 2005 [rechtshistorischer Vergleich der Verfassungen in den Modellstaaten Westphalen, Frankfurt und Berg].

Obenaus, Herbert: Die Reichsstände des Königreichs Westfalen. In: Francia. Forschungen zur westeuropäischen Geschichte 9 (1981), S. 299–329 [Pionierarbeit über das Repräsentativorgan des Königreichs].

Paye, Claudie: „Der französischen Sprache mächtig“. Kommunikation im Spannungsfeld von Sprachen und Kulturen im Königreich Westphalen 1807–1813. München 2013 [analysiert die Sprachpolitik im Königreich Westphalen].

Sunderbrink, Bärbel: Ein moderner Verfassungsstaat auf Zeit. Revolutionäre Neuordnung und politische Identität im Königreich Westphalen. Diss. masch. Fernuniversität Hagen 2012 [sucht durch eine Regionalstudie die Einstellung der Bevölkerung freizulegen].

Wohlfeil, Rainer: Napoleonische Modellstaaten. In: Wolfgang Groote (Hg.): Napoleon I. und die Staatenwelt seiner Zeit. Freiburg 1969, S. 33–53 [bahnbrechend für die Neubewertung der Rheinbund-Staaten].

Quellen

Bartsch, Maike (Hg.): König Lustik!? Jérôme Bonaparte und der Modellstaat Königreich Westphalen. München 2008 [Ausstellungskatalog mit zahlreichen Quellen].

Huber, Ernst Rudolf (Hg.): Dokumente zur deutschen Verfassungsgeschichte. Bd. 1: Deutsche Verfassungsdokumente 1803–1850. 3., neubearbeitete und vermehrte Aufl. Stuttgart u. a. 1978 [umfassendste Quellensammlung zu den Verfassungsänderungen].

Zum Russlandfeldzug von 1812

Hoffmann, Peter: Napoleons Russlandfeldzug 1812 und die Befreiungskriege 1813 bis 1815 in der deutschen Geschichtsschreibung nach 1945. In: Zeitschrift für Geschichtswissenschaft 61 (2013), S. 30–42 [Forschungsbericht].
Lieven, Dominic: Russia against Napoleon. The Battle for Europe, 1807 to 1814 London 2009. Deutsch unter dem Titel: Russland gegen Napoleon. Die Schlacht um Europa. Aus dem Englischen v. Helmut Ettinger. München 2011 [beste aktuelle wissenschaftliche Untersuchung].
Mayer Karl, J.: Napoleons Soldaten. Alltag in der Grande Armée. Vollständig überarb., teilweise erw. und neu bebilderte Ausg. Darmstadt 2011 [quellennah, aber ohne Erkenntnisinteresse].
Parsamov, Vadim: Mythos und Ideologie. 1812 und die Idee des ‚Volkskriegs'. In: Osteuropa 63 (2013), S. 15–28.
Winkler, Martina: Einleitung: 1812 in Russland – Erzählung, Erfahrung und Ereignis. In: Comparativ 22 (2012), S. 7–13 [Einleitung zu einem Themenheft über den Russlandfeldzug].
Zamoyski, Adam: 1812. Napoleons Feldzug in Russland. Übersetzt v. Ruth Keen. München 2012 [quellennahe anschauliche Darstellung ohne Erkenntnisinteresse].

Quellen

Kleßmann, Eckart (Bearb.): Napoleons Russlandfeldzug in Augenzeugenberichten. 2. Aufl. München 1982.

4.5 Die Reformer in Preußen

Die Niederlage von 1806

Seine Neutralität nach dem Frieden von Basel war Preußen schlecht bekommen. Nicht nur hatte es zusehen müssen, wie Napoleon die Verhältnisse in Deutschland neu ordnete, ohne Rücksicht auf preußische Interessen zu nehmen. 1806 sollte Preußen sogar dulden, dass Napoleon die preußischen Gebiete am Rhein Frankreich angliederte. Die Entschädigung, die er dafür bot, war vergiftet. Denn sie bestand aus dem Kurfürstentum Hannover, das zu England gehörte – auf diese Weise suchte Napoleon Preußen in eine Gegnerschaft zu England zu drängen. Seine Passivität brachte Preußen in eine unmögliche Situation. Als man dies in Berlin einsah und sich zu einem Krieg entschloss, wählte man den ungünstigsten Zeitpunkt. Denn Österreich, das die Preußen auf keinen Fall hatten unterstützen wollen, weil sie darin noch immer vor allem den Konkurrenten sahen, war gerade schmerzhaft besiegt worden. So blieb als Verbündeter allein Russland, das den Preußen nichts nutzte, weil seine Armeen zu spät eintrafen. Bevor die preußischen Heeresverbände sich auch nur vereinigen konnten, wurden sie am 14. Oktober 1806 bei Jena und Auerstedt einzeln von französischen Armeen geschlagen.

Friede von Tilsit 1807

Nachdem auch die Russen zwei schwere Niederlagen eingesteckt hatten, handelten Napoleon und Zar Alexander I. 1807 den Frieden von Tilsit aus. Preußen war an den Gesprächen nicht einmal beteiligt. Dass es nicht ganz aufgelöst wurde, betrachtete Napoleon schon als Entgegenkommen. Alle Gebiete westlich der Elbe verlor Preußen an das Königreich Westphalen, auch seine Gewinne aus den polnischen Teilungen musste es abgeben – insgesamt etwa die Hälfte seines Staatsgebiets mit einem Drittel seiner Bevölkerung. Zudem musste es Kriegsentschädigungen an Frankreich zahlen und sich dem Handelsembargo gegen Großbritannien anschließen, womit es seinen wichtigsten Wirtschaftspartner verlor. Bis die Kriegsentschädigungen aufgebracht waren, blieb eine französische Besatzung im Land. Auf einen Schlag sah Preußen sich von einer europäischen Großmacht zu einer Mittelmacht degradiert.

Ausgangspunkt der Reformen

Dass ein Absturz sie veranlasste, unterscheidet die Reformen in Preußen von denen in den Rheinbundstaaten und in Österreich. Die Rheinbundstaaten hatten ihren Status verbessert und mussten hinzugewonnene Gebiete integrieren. Preußen musste Verluste kompensieren und kämpfte um sein Überleben. Da die Rheinbundstaaten Frankreich alles verdankten, übernahmen sie zustimmend französische Lösungen. Preußen und Österreich

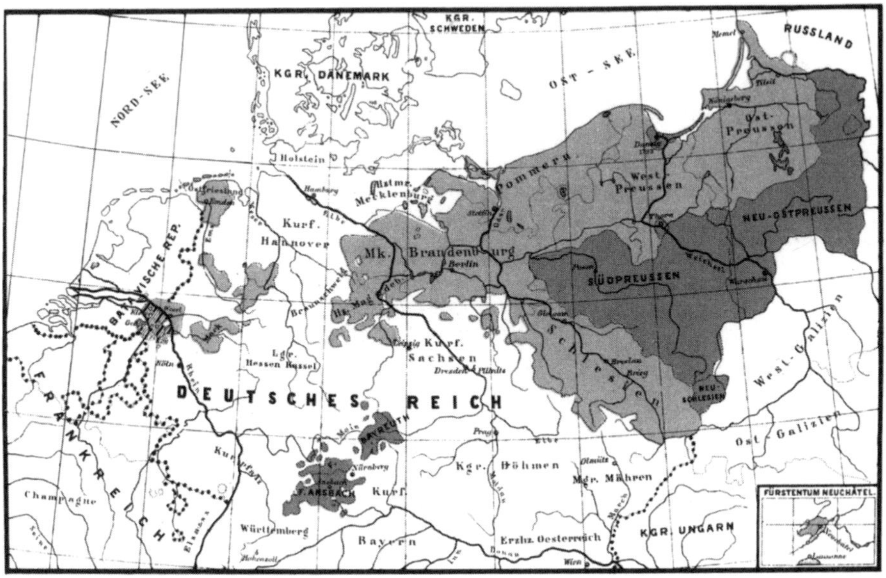

Abb. 16.1 Preußen 1786-1797. Dunkel markiert sind die Landgewinne aufgrund der polnischen Teilungen.

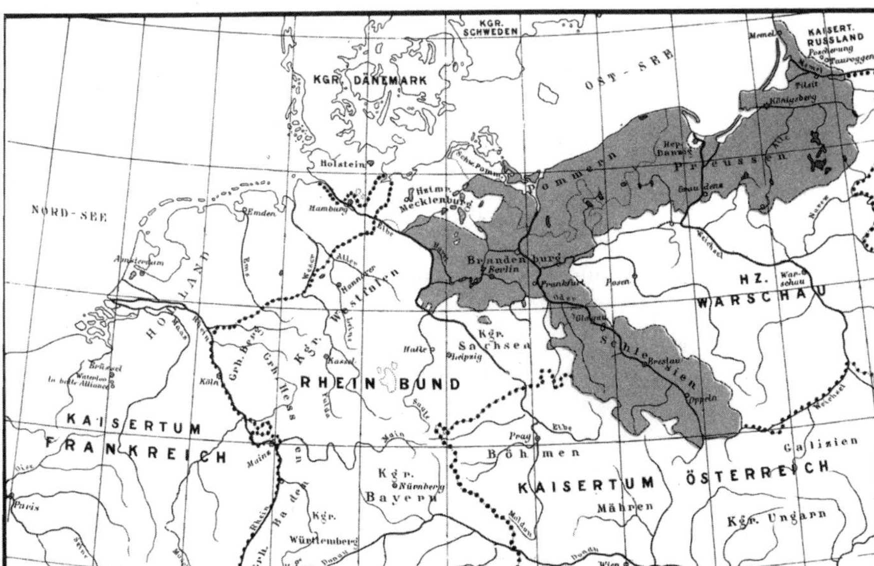

Abb. 16.2 Preußen 1807-1815. Der Vergleich mit Karte 16.1 zeigt die Gebietsverluste durch den Frieden von Tilsit. Beide Karten aus: Sebastian Haffner: Preußen ohne Legende. Bildteil v. Ulrich Weyland. Fotos v. Peter Thomann. 3. Aufl. Hamburg 1979, S. 351.

hingegen zielten auf Befreiung von der napoleonischen Herrschaft. Deshalb hatten ihre Reformen einen antifranzösischen, antirevolutionären Zug. Das Ziel war, wie die Reformer in der Rigaer Denkschrift von 1807 schrieben, die gleiche Durchschlagskraft zu erreichen wie die Franzosen, aber auf andere Weise.

Quelle

[...] eine Revolution im guten Sinn, gemach hin führend, zu dem großen Zwecke der Veredlung der Menschheit, durch Weisheit der Regierung und nicht durch gewaltsame Impulsion von Innen oder Außen – das ist unser Ziel, unser leitendes Prinzip. Demokratische Grundsätze in einer monarchischen Regierung [...]

Denkschrift Hardenbergs über die Reorganisation des Preußischen Staates. September 1807. In: Leopold Ranke (Bearb.): Denkwürdigkeiten des Staatskanzlers Fürsten von Hardenberg vom Jahre 1806 bis zum Jahre 1813, Bd. 4. Leipzig 1877, S. 1*–108*, hier: S. 8*.

Einfluss der idealistischen Philosophie

Dieser Sprache ist noch eine weitere Besonderheit zu entnehmen: die Bedeutung der Philosophie. Kant und mehr noch das idealistische Lager seiner Schüler übten prägenden Einfluß auf die preußischen Reformer aus. Dies brachte eine gemeinsame Grundüberzeugung und ein eigenes Freiheitsverständnis hervor. Die Grundüberzeugung lautete, dass der Mensch „nicht bloß als Mittel zum beliebigen Gebrauche für diesen oder jenen Willen“ benutzt werden dürfe, sondern allzeit als „Zweck an sich selbst“ angesehen werden müsse, wie Kant es ausgedrückt hat.[31] Folglich war der Mensch als ein Vernunftwesen zu achten, das selbstbestimmt handelt, von innen heraus, nach eigenen Prinzipien. Wo der Mensch das noch nicht kann, sollte er nach Meinung der Reformer dazu in die Lage versetzt werden. Insofern hatten ihre Maßnahmen einen erzieherischen Zug. Ihre Erfüllung fand die menschliche Freiheit in der „Teilhabe“ am Staat. Die Menschen sollten zu Bürgern werden. Sie sollten den Staat zu ihrer eigenen Sache machen. Auf selbständige und freie Bürger sollte der Staat gegründet werden, auf Volk und Nation.

Freiheit zum Staat

Treffend hat man dies als „Freiheit zum Staat“ bezeichnet.[32] Daran zeigt sich noch einmal der Unterschied zu den Rheinbundstaaten und zu Österreich. Die Rheinbundstaaten übernahmen die Freiheitsvorstellungen der Französischen Revolution, wie sie in der Erklärung der Menschenrechte deutlich werden. Das war eine „Freiheit vom Staat“: das Recht aller, die eigenen Kräfte nach eigenem Gutdünken für die eigenen Interessen zu verwenden und dabei vom Staat möglichst wenig behelligt zu werden. Die Konservativen in Österreich hingegen verstanden unter Freiheit Privilegien: eine bunte Vielfalt von ständischen und korporativen Sonderrechten je nach Eigenart, die der Staat zu bestätigen und zu schützen habe. Die preußischen Reformer suchten die Menschen für das Mitwirken im Staat zu gewinnen: „demokratische Grundsätze in einer monarchischen Regierung“.

Die Regierungs- und Verwaltungsreform schuf den preußischen Einheitsstaat.

Aus dem besonderen Ansatz der preußischen Reformer leiteten sich ihre Einzelmaßnahmen ab. Vordringlich war, Preußen wieder handlungsfähig zu machen. Zugleich sollte es den Vorsprung aufholen, den das zentralistisch regierte, napoleonische Frankreich und nach dessen Vorbild die Rheinbundstaaten gewonnen hatten. Diesem Ziel diente eine Regierungs- und Verwaltungsreform. Bis dahin waren die verschiedenen Staaten, Provinzen und Lande unter der preußischen Oberhoheit getrennt regiert worden, jetzt erhielten sie eine einheitliche Verwaltung. Konsequent gliederten die Reformer sie ausschließlich nach dem „Ressortprinzip“, das heißt nach sachlichen Zuständigkeiten für Inneres, Äußeres, Finanzen, Justiz und Krieg. Dies beseitigte die Selbständigkeit der Provinzen und des dortigen Adels; erst dadurch entstand ein preußischer Einheitsstaat unter der Herrschaft von Berufsbeamten. Die Reformer gliederten ihn in neue Bezirke, deren „Regierungen“ ebenfalls nach dem Ressortprinzip eingeteilt wurden. Eine Ebene darunter schuf man ebenfalls neue Landkreise unter der Leitung von Kreisdirektoren, die nicht länger aus dem Adel der Provinz kommen sollten, sondern von Berlin entsandt wurden. Allerdings provozierte diese „Kreisreform“ den erbitterten Widerstand des Adels und musste 1816 teilweise zurückgenommen werden.

Die Regierungs- und Verwaltungsreform hatte noch eine zweite Stoßrichtung. In dem alten System war die Verwaltung auf den König ausgerichtet gewesen. Nur seine Entscheidungen hatten die unklaren, konkurrierenden Zuständigkeiten aufzulösen vermocht. Unter aktiven Königen wie Friedrich Wilhelm I. und Friedrich II. war dies gelungen, entscheidungsschwache Herrscher wie Friedrich Wilhelm II. und Friedrich Wilhelm III. blockierten das System. Darauf reagierten die Reformer, indem sie die Verwaltung systematisierten und auf die Minister ausrichteten. Zwar waren diese dem König verantwortlich, doch konnten sie vieles selbst entscheiden. Das erklärt, warum die preußischen Reformen in so vielen Bereichen gleichzeitig begannen und viele Köpfe nebeneinander daran arbeiteten. In Teilen verschob die Regierungsreform also die exekutive Gewalt vom König und dem Adel zu den Ministern und Beamten. Die Justiz wurde vollständig von der Verwaltung getrennt. In beiden Bereichen setzten die Reformer die Prinzipien eines modernen Berufsbeamtentums durch. Nur noch mit seinen Ministern und durch ihren Apparat konnte der König regieren. Insofern lief diese Reform auf eine Revolution der Regierung und des Beamtenapparats gegenüber der Krone hinaus. Anfangs, unter dem Freiherrn vom Stein, bildeten die Staatsminister sogar ein Kollegium von Gleichberechtigten. Erst als 1810 der Freiherr von Hardenberg an die Spitze der Regierung gelangte, erhielt er das Amt eines Staatskanzlers, das über den anderen Ministern stand.

Kommunalreform

In welche Richtung die Regierungs- und Verwaltungsreform zielte, zeigt sich, sobald man sie neben ihr Gegenstück hält: die Kommunalreform. Auch den Städten wurde durch die Regierungsreform weggenommen, was ihnen bis dahin an Sonderrechten und Eigenmacht geblieben war. Im Gegenzug erhielten sie aber eine neue kommunale Selbstverwaltung. Die Stadtbürger sollten über ihre Angelegenheiten selbst bestimmen können, indem sie Stadtverordnete wählten, die ihrerseits eine kollegial verfasste Stadtregierung wählten, den Magistrat. Die vornehmsten Rechte der kommunalen Selbstverwaltung bestanden darin, den städtischen Haushalt und die Polizey zu kontrollieren. So sollte die Zentralisierung von oben durch Beteiligung von unten vollendet werden.

Grenzen der politischen Beteiligung

Das waren Ansätze zu einer politischen Neuordnung, die das Interesse der Bürger wecken und sie anstacheln sollte, sich für die öffentlichen Angelegenheiten zu engagieren. Allerdings zeigt die Städtereform auch die Grenzen dieses Ansatzes. Schritte in Richtung Selbstverwaltung auch der Landgemeinden wurden vom Adel blockiert. Die Landbevölkerung blieb von der politischen Teilhabe ausgeschlossen. Gegen den Willen der Reformer hat die Kommunalreform den Unterschied zwischen Stadt und Land für lange Zeit festgeschrieben. Und selbst in den Städten war das aktive und passive Wahlrecht für Männer mit Grundbesitz, einem Gewerbebetrieb oder einem Mindesteinkommen reserviert. Dies beschränkte die politische Teilhabe auf die Besitzenden und Gebildeten: in den größeren Städten auf kaum ein Drittel der männlichen Bewohner. Zwar sollte fortan jeder in die Städte ziehen und das Bürgerrecht erwerben können, doch kam diese Öffnung nur den Beamten zugute, da die Ärmeren die Gebühren nicht aufbringen konnten.

Scheitern des Repräsentationsgedankens

Wie in den Städten sollte auch für ganz Preußen eine Versammlung geschaffen werden, die den Bürgern Kontrolle und Mitsprache ermöglichte. Allerdings scheuten die Reformer vor Wahlen zurück und experimentierten mit Versammlungen, deren Mitglieder von der Regierung ernannt wurden. Da sie auf den Adel angewiesen war, erlangten dessen Vertreter in den Versammlungen das Übergewicht. Ludwig von der Marwitz und Karl Finck von Finckenstein verwandelten die Versammlungen in Sprachrohre der konservativen Opposition gegen die Reformer. Daher brachen diese das Experiment ab. Anders als die Rheinbundstaaten blieb Preußen ohne gesamtstaatliche Vertretung und ohne Verfassung.

Agrarreform

Ähnlich zwiespältig wie die politischen Reformen erscheinen die wirtschaftlichen und die sozialen. Auch hier sollten alte Schranken beseitigt und die Kräfte der Menschen freigesetzt werden. Mit dem Oktoberedikt von 1807 gaben die Reformer die Wahl des Berufs, des Wohnorts und den Warenverkehr frei. Darüber hinaus erhielten die Bauern die persönliche Freiheit:

Quelle

Mit dem Martini=Tage Eintausend Achthundert und Zehn hört alle Guts=Unterthänigkeit in Unsern sämtlichen Staaten auf. Nach dem Martini=Tage 1810 gibt es nur freie Leute...

Edict den erleichterten Besitz und den freien Gebrauch des Grund=Eigenthums, sowie die persönlichen Verhältnisse der Land=Bewohner betreffend. Memel, den 9tn October 1807.

Etablierung der bürgerlichen Gesellschaft

Das war eine Umwälzung der Sozialordnung von oben. Es zielte darauf, die Bauern in selbständige Wirtschaftssubjekte zu verwandeln. Ihre persönliche Freiheit sollte ein ungehemmtes und dadurch, wie man hoffte, rationaleres und einträglicheres Wirtschaften ermöglichen. Untrennbar war die gewährte Freiheit mit kapitalistischen Interessen verschränkt. In der Tat fielen mit der Leibeigenschaft zahlreiche Hemmnisse weg, für die Bauern beispielsweise die Heiratsbeschränkungen, was das Bevölkerungswachstum anheizte und frei verfügbare Arbeiter hervorbrachte. Doch auch die vormaligen Leibherren profitierten. Denn sie waren von ihrer Fürsorgepflicht entbunden und konnten nun ohne Rücksicht auf Bauern und Landgemeinden allein nach kapitalistischen Interessen wirtschaften, was binnen weniger Jahrzehnte zu Armut und Massenelend unter der Landbevölkerung führte. Adlige durften bürgerliche Gewerbe betreiben und Unternehmer werden, Bürger blieben nicht länger auf bürgerliche Gewerbe beschränkt. Letztlich beseitigte das Oktoberedikt die Ständeordnung und führte die neue kapitalistische Wirtschaftsgesellschaft ein.

Agrarkapitalismus und wachsende Ungleichheit

Allerdings warf dies heikle Probleme auf. Denn die Feudalrechte galten als Eigentum der Herren. Und auch als Freigelassene bewirtschafteten die meisten Bauern noch Höfe, die weiter ihren Grundherren gehörten. Die Feudallasten zu beseitigen und die Bauern in Eigentümer zu verwandeln, lief also auf eine Enteignung der Grundherren hinaus. Dabei war den Reformern das Privateigentum heilig, beruhte ihr ganzer Ansatz doch auf dem kapitalistischen Denken von Adam Smith! Folglich erforderte die Verwandlung eine Entschädigung. Eine Ablösung gegen Geld hätte zu lange gedauert; die Reformer standen unter Zeitdruck. Daher verfielen sie auf die Lösung, die Grundherren mit ihrem eigenen Land zu entschädigen. Durch das Regulierungsedikt von 1811 wurden die größeren Bauernstellen geteilt. Die Bauern erhielten sie als Eigentum, wenn sie ein Drittel bis die Hälfte an die Grundherren abtraten. Persönliche Dienste wurden entschädigungslos abgeschafft, Fron- und Naturaldienste sollten langfristig durch Geld oder Naturalien abgelöst werden. Faktisch war auch dies eine Enteignung. Aber sie gab den Grundherren die Möglichkeit, das zurückerhaltene Land zu riesigen Gütern zusammenzulegen und gewinnorientiert, ohne Rücksicht auf die Bauern zu bewirtschaften. Ferner profitierten die wenigen begüterten großen und mittleren Bauern, auch wenn sie die Selbständigkeit mit Landverlust bezahlten. Leer gingen die vielen Kleinbauern aus. Sie blieben von der Regelung ausgeschlossen, weil man nur Bauernstellen zur Teilung zuließ, die hinterher noch wirtschaftlich überlebensfähig sein sollten. Im Ergebnis hat dies die Landwirtschaft in Preußen vollständig kapitalistischen Prinzipien unterworfen, also dem Agrarkapitalismus freie Bahn verschafft, um den Preis, dass es den Adel gestärkt und die Bauern erheblich geschwächt hat.

Gewerbereform

Dem gleichen kapitalistisch-liberalen Geist entsprang die Gewerbereform. Durch das Gewerbeedikt vom 20. Oktober 1810 wurden alle Monopole und Privilegien (wie z. B. die Zunftrechte) aufgehoben. Jeder, der ein Gewerbe anmeldete, durfte es ausüben, ohne eine Befähigung nachweisen oder eine Zulassung erwerben zu müssen. Ausgewirkt hat sich das vor allem auf dem Land, weil viele Kleinbauern und Menschen aus unterbäuerlichen

Schichten sich dem ländlichen Handwerk als Haupt- oder Nebenverdienst zuwandten.

Steuerreform

Dreh- und Angelpunkt der Preußischen Reformen war die Finanznot des Staates wegen der Abgaben, die Preußen an Napoleon zahlen musste. Letztlich sollten alle Reformen dazu beitragen, die Steuereinkünfte zu erhöhen. Insofern behielten die Reformen einen kameralistischen Zug und standen in Kontinuität mit der Wirtschaftspolitik des Aufgeklärten Absolutismus. Neu war jedoch, dass man nicht länger versuchte, die steuerlich abschöpfbare Wirtschaftskraft durch obrigkeitliche Gängelung und Staatsunternehmertum zu stärken, sondern durch die Entfesselung von Eigeninteresse und persönlichem Gewinnstreben. Von Seiten des Staates sollten die Einnahmen durch eine große Steuerreform gesteigert werden. Drei Ziele haben die Reformer damit verfolgt: Erstens wollte Hardenberg die Steuern vereinheitlichen. Die bisher ungleiche Besteuerung von Stadt und Land sowie der verschiedenen Provinzen sollte enden. Wie durch die Regierungs- und Verwaltungsreform sollte Preußen auch steuerlich zum Einheitsstaat werden. Zweitens wollte Hardenberg die Besteuerung vereinfachen. Zahlreiche Einzelsteuern und Abgaben sollten abgeschafft und auf wenige Hauptsteuern beschränkt werden. Drittens sollten alle Bürger steuerlich gleich behandelt werden. Ganz im Sinne der Gesellschaftsreformen lief dies darauf hinaus, die Adelsprivilegien zu beseitigen und bürgerliche Gleichheit herzustellen.

Was die ersten beiden Ziele betrifft, haben die Reformer vor allem durch Änderungen bei den Verbrauchssteuern und der Gewerbesteuer einige Teilerfolge erreicht. Im Hinblick auf das dritte Ziel ist die Reform jedoch gescheitert. Die Einkommens- und Vermögenssteuer, die Preußen 1811/12 einführte, konnte vom Adel und dem Besitzbürgertum zum einmaligen Notopfer erklärt werden. 1820 trat an dessen Stelle eine „Klassensteuer“, die schon durch ihren Namen die fortbestehende steuerliche Ungleichbehandlung verriet. Nichts zeigt deutlicher die Grenzen der Preußischen Reformen! Dass es jedoch gelungen ist, den Staatsbankrott zu vermeiden und Preußen die Mittel zu verschaffen, um auf Seiten der Koalition gegen Napoleon wiederaufzusteigen, war ein entscheidender politischer Erfolg der Reformer.

Heeresreform

Dazu bedurfte es auch einer Heeresreform. Denn 1806 hatte die alte Armee Friedrichs II. versagt, hatte das revolutionäre französische Volksheer sich als überlegen erwiesen. Folglich wollten die Reformer unter Führung des hannoverschen Bauernsohns Gerhard von Scharnhorst und des Sachsen August Neidhardt von

Gneisenau – zwei Ausländern bürgerlicher Herkunft! – Armee und Gesellschaft in ein neues Verhältnis setzen. Die Armee sollte mit der Gesellschaft verschmelzen, sollte „das Volk in Waffen" werden, sollte alle Kräfte der Nation mobilisieren. Dafür galt es zunächst, die Schranken zwischen Armee und Nation einzureißen, vor allem indem man die Menschenwürde und bürgerlichen Rechte der einfachen Soldaten anerkannte, also die Prügelstrafe abschaffte und eine innere Führung etablierte. Das Offizierskorps, das bis dahin auf Adelsprivilegien beruht hatte, wurde umgebaut, indem man zahlreiche Generäle und Offiziere entließ. Neuaufnahmen und Beförderung sollten an das Leistungsprinzip gebunden sein. Die Sonderrechte für die Armee und die Militärjustiz, die das Berufsheer zu einem Staat im Staate gemacht hatten, wurden eingeschränkt. In der Kampfweise machte man die Truppen beweglicher, indem man sie in Brigaden gliederte, den Schützen und Jägern größere Bedeutung gab und die neue Taktik des „kleinen Kriegs" einführte.

Allgemeine Wehrpflicht, Landwehr und Landsturm

Vor dem entscheidenden Schritt, die allgemeine Wehrpflicht einzuführen, schreckte König Friedrich Wilhelm III. lange zurück. Erst als die Ereignisse es erzwangen, gab er 1813 seinen Widerstand auf. Bürgerliche, die sich der allgemeinen Wehrpflicht besonders stark widersetzt hatten, weil sie zuvor vom Wehrdienst befreit gewesen waren, sollten eigene Jägerbataillons bilden dürfen. Allerdings wurden diese rasch in die regulären Truppen eingegliedert. Damit verwandelte die preußische Armee sich in ein Volksheer. Noch enger verklammerten die Reformer Militär und Gesellschaft durch die Bildung einer „Landwehr" und eines „Landsturms". Die Landwehr bestand aus Wehrfähigen zwischen 17 und 40 Jahren, die nicht in das Feldheer einberufen waren oder als freiwillige Jäger dienten, sich aus eigenem Antrieb jedoch für den Dienst zuhause zur Verfügung stellten; dafür durften Bürgerliche zu Offizieren gewählt werden. Die Landwehr sollte die Heimat gegen einen eindringenden Feind schützen und bildete die Reserve des Feldheers. Der Landsturm bestand aus Jugendlichen und älteren Männern, die nicht wehrpflichtig waren, keine Uniformen trugen, ihre Offiziere selbst wählten und im Fall einer Invasion den Feind als Partisanen bekämpfen sollten. Diese dreifache Gliederung lief darauf hinaus, die – männliche – Bevölkerung vollständig für den Krieg zu mobilisieren. Freiwilliges Engagement wurde durch Mitbestimmungsrechte belohnt, der Krieg zu einer Angelegenheit aller erklärt.

Auch die Heeresreform führte zu ambivalenten Ergebnissen. Einerseits machte sie es möglich, die reguläre preußische Armee binnen kürzester Zeit von den 42.000 Mann, die Napoleon ihr erlaubt hatte, auf 280.000 Mann im Jahr 1815 zu vergrößern. Zudem wurden im Kampf gegen die französischen Truppen beachtliche militärische Erfolge erzielt. Andererseits schaffte es das adlige Offizierskorps, sich gegenüber dem Geist der Reformen weitgehend zu verschließen. Auch die breite Mehrheit der Bevölkerung betrachtete den Krieg keineswegs als ihre eigene Sache. Denn viele Männer missachteten die Einberufungen, tauchten unter oder desertierten; viele Untergetauchte wurden von der Bevölkerung unterstützt. Immerhin gelang es, Teile der Intelligenz und des entstehenden Bürgertums für die Idee eines Volkskriegs zu begeistern. Sowohl bei den freiwilligen Jägern als auch in der Landwehr waren zahlreiche Schriftsteller beteiligt; am bekanntesten sind Theodor Körner, Ernst Moritz Arndt und Joseph von Eichendorff. Ihre Gedichte und Berichte fanden weite Verbreitung, wurden später im 19. und 20. Jahrhundert weitergelesen und bestimmten nachträglich das Bild der preußischen Erhebung gegen die napoleonische Herrschaft. Vor allem auf diesen Zeugnissen einer kleinen, aber sprachmächtigen Minderheit beruht der Mythos von den „Befreiungskriegen". Insofern war die Heeresreform eine Voraussetzung, um den Krieg gegen Napoleon nicht nur militärisch, sondern auch propagandistisch zu gewinnen.

Bildungsreform

Auf „den dreifachen Primat der Waffen, der Wissenschaft und der Verfassung" wollte Gneisenau das neue Preußen gründen.[32] Ähnlich dachten die übrigen Reformer: Die Wissenschaft, das heißt die Erkenntnis der Wahrheit und der Zugang zu ihr durch Bildung waren von Beginn an unverzichtbare Bestandteile des Reformpakets. Sie sollten dem neuen Menschenbild zum Durchbruch verhelfen, auf dem die Reformen beruhten. Statt den einzelnen Menschen als Rädchen im Getriebe zu sehen, als Werkzeug der allgemeinen Glückseligkeit, sollte der Staat anerkennen, dass der Einzelne Selbstzweck sei und selbstbestimmt handle. Folglich galt es, die für frei und selbstbestimmt erklärten Bürger für die freiwillige Mitarbeit im Staat zu gewinnen. Was den Reformern vorschwebte, waren Bürger, die davon überzeugt waren, dass ihre Freiheit und Selbstbestimmung sich erst im Engagement für den Staat vollendeten. So pflichtethisch konzipierten die Vordenker der Reform die neue Freiheitsidee, vor allem der Philosoph Johann Gottlieb Fichte und eine Generation später der wichtigste Lehrer der preußischen Beamtenschaft Georg Wilhelm Friedrich Hegel. Diese Überzeugung sollte das reformierte Bildungswesen in Preußen vermitteln.

Bildungsreform hieß demnach, das gesamte Bildungswesen für den mündigen, selbstbestimmten Bürger neu einzurichten. Bildung sollte frei machen, zur Selbstbestimmung erziehen, doch so, dass die Selbstbestimmung in Arbeit am Gemeinwohl mündete. An diesem Leitbild zeigt sich einmal mehr, dass die Preußischen Reformen eine Beamtenrevolution waren: Während die Beamten zu selbständig denkenden und selbstverantwortlich handelnden Bürgern werden sollten, sollten die Bürger sich als freiwillig für den Staat arbeitende Quasi-Beamte verstehen.

Bildung als Klammer zwischen dem Einzelnen und dem Staat

Bildung wurde also zur Klammer zwischen dem freigesetzten Einzelnen und dem Staat. Daraus ergab sich wieder ein charakteristischer Zwiespalt. Einerseits galt Bildung als Erziehung zur Mündigkeit – damit sollte sie wie die Freiheit des Einzelnen Selbstzweck sein. Hier knüpften die Preußischen Reformer an die Weimarer Klassiker an. Bildung war für sie die selbsttätige Hervorbringung reiner Menschlichkeit und damit ein Gegenpol zu allen praktischen Verwendungen. Bildung war keine Berufsausbildung, keine Schulung einzelner Fertigkeiten und Abrichtung für spezielle Tätigkeiten in der Arbeitswelt, sondern die umfassende und harmonische Entfaltung der ganzen Person. Bildung vermittelte Souveränität und Distanz gegenüber allen Vereinnahmungen, auch durch eine Politik, die zum Schicksal zu werden drohte. Andererseits konnte nach Meinung der preußischen Reformer nur der Staat eine solche selbstzweckhafte Bildung durchsetzen und vor ständischer und wirtschaftlicher Fesselung schützen. Daher wurde Menschenbildung staatlich gedacht und organisiert, zur Staatsaufgabe erklärt. Der Staat sollte der Bildung dienen, weil Bildung die Voraussetzung eines Staats von mündigen Bürgern war.

Umgestaltung der Volksschule und des Gymnasiums

Praktisch lief dieser Ansatz darauf hinaus, das gesamte Schulwesen umzugestalten. Die Elementar- oder „Volksschulen" wurden landesweit verbessert, um der vielerorts nur auf dem Papier existierenden allgemeinen Schulpflicht eine echte Grundlage zu verschaffen. Darüber hinaus nahm der Staat sich jetzt der Volksschullehrerausbildung an. An neu eingerichteten „Normalschulen" oder „Seminaren" sollten die Volksschullehrer das Unterrichten systematisch erlernen – damit wurde ihre Tätigkeit in einen professionellen Beruf verwandelt. Über die Normalschulen und Seminare setzte Preußen auf die Dauer auch neue pädagogische Prinzipien durch. Denn der Unterricht wurde an der Reformpädagogik Johann Heinrich Pestalozzis orientiert, der uns bereits als Bildungsdenker begegnet ist. Pestalozzi stand für einen anschaulich-konkreten, alle Sinne und Fähigkeiten einbeziehenden, ganzheitlichen Unterricht, der die Anlagen jedes Kindes umfassend entfalten und es in die Lage versetzen sollte, selbständig zu handeln, um gerade so für das gesellschaftliche Leben „brauchbar" zu werden.

Im höheren Schulwesen machten die Reformer das Gymnasium zur Regelschule, nicht ohne es dabei vollständig zu verwandeln. Um Gymnasiallehrer werden zu können, musste man seit 1810 ein Staatsexamen bestehen. Ein Lehrplan und Richtlinien für das Abitur normierten die Schulform; die neu gegründete Sektion für Unterricht und Kultus, die 1817 zum eigenen Ministerium wurde, übernahm die Schulverwaltung und Schulaufsicht. Zur Richtschnur des reformierten preußischen Gymnasiums machten die Bildungsreformer unter Wilhelm von Humboldt in direkter Anknüpfung an die Weimarer Klassiker den „Neuhumanismus": ein Bildungskonzept, das über die Beschäftigung mit den alten Sprachen Latein, Griechisch, Hebräisch und den darin verfassten Texten der antiken Philosophie, Dichtung, Geschichtsschreibung die intellektuellen, musischen und praktischen Fähigkeiten der Schüler entwickeln sollte. Gerade weil diese Gegenstände unpraktisch waren, brachten sie die Schüler auf Distanz zu den alten ständischen wie zu den neuen kapitalistischen Funktionalisierungen. Vermittelt werden sollte an den neuhumanistischen Gymnasien ein selbständiges Denken, das sich der Möglichkeiten menschlicher Freiheit ebenso bewusst wurde wie der Verantwortung des Einzelnen für den Staat. Volksschule und Gymnasium sollten aufeinander aufbauen und ohne Ansehen der Herkunft nach dem Leistungsprinzip durchlässig sein. In Wirklichkeit haben davon nur Wenige profitiert. Auf die Dauer ließen die Förderung und Verselbständigung der neuen Gymnasialelite ein Bildungsbürgertum mit einem kulturgriechisch getönten Bildungshochmut gegenüber ungebildeten oder berufspraktisch orientierten Menschen entstehen.

Gründung der Universität Berlin

Als oberste Bildungsinstitution gründeten die Preußischen Reformer 1809 die Universität Berlin. Das entsprang einer praktischen Notwendigkeit, hatte Preußen doch mit den Gebieten, die es nach dem Frieden von Tilsit abtreten musste, auch seine bedeutendste Hochschule verloren, die Universität Halle. Dafür brauchte es einen Ersatz, eine Kaderschmiede für seine Beamten. Trotzdem fällt auf, dass ein Staat, der politisch, finanziell und militärisch so tief in der Krise steckte wie Preußen, sich eine solche Neugründung leistete. Offenbar sahen die Reformer darin einen unverzichtbaren Baustein. Warum?

Zunächst könnte man vermuten, dass die neue Universität den Geist der Reformen an künftige Generationen weitergeben und auf Dauer stellen sollte. Doch in seinem *Antrag auf Einrichtung der Uni-*

versität Berlin vom Juli 1808 argumentiert Wilhelm von Humboldt gegenüber dem König mit der Aussicht auf eine andere Wirkung:

Quellen

Von Humboldts Antrag auf Errichtung der Universität Berlin

Wenn Ew. Königl. Majestät nunmehr diese Einrichtung feierlich bestätigten und die Ausführung sicherten; so würden Sie Sich auf's neue Alles, was sich in Deutschland für Bildung und Aufklärung interessirt, auf das Festeste verbinden; einen neuen Eifer und neue Wärme für das Wiederaufblühen Ihrer Staaten erregen, und in einem Zeitpunkte, wo ein Theil Deutschlands vom Kriege verheert, ein anderer in fremder Sprache von fremden Gebietern beherrscht wird, der deutschen Wissenschaft eine vielleicht kaum jetzt noch verhoffte Freistatt eröffnen.

Wilhelm von Humboldt: Antrag auf Errichtung der Universität Berlin. Juli 1809. In: ders.: Schriften zur Politik und zum Bildungswesen. Bearb. v. Andreas Flitner und Klaus Giel. Darmstadt 1964, S. 113–120, hier: S. 114.

Natürlich war dies eine strategische Argumentation. Der König sollte durch Argumente gewonnen werden, die er verstand. Daher führt Humboldt in Anlehnung an ein Gutachten von Friedrich Schleiermacher das Ansehen ins Feld, das Preußen in Deutschland gewinnen könne, wenn der König „der deutschen Wissenschaft“ eine Zuflucht verschaffe. Berlin werde zum Mittelpunkt der deutschen Kulturnation, was Preußen erlaube, „den ersten Rang in Deutschland zu behaupten und auf seine intellectuelle und moralische Richtung den entschiedensten Einfluss auszuüben“ (a. a. O.). Hier weicht die preußische Bildungsreform von ihren Weimarer Ideengebern ab. Nicht länger kosmopolitisch ist die Menschenbildung, die an der neuen Universität vermittelt werden soll, sondern „deutsch“ (im Gegensatz zur französischen Art von Bildung), nicht länger politikfern, sondern ein Mittel, um Preußen wieder die Führung in Deutschland zu verschaffen (anstelle der Rheinbundstaaten oder Österreichs). Die Weimarer hatten die Kulturnation als Gegensatz zum Machtstaat verstanden. Humboldt stellt sie für den König als Werkzeug preußischer Machtpolitik dar. Bildung und Kultur wurden politisiert und nationalisiert. Das ermöglichte es dem Preußen nach den Reformen, sich als die Speerspitze im Kampf gegen Frankreich auszugeben, obwohl in Wirklichkeit Österreich diese Rolle gespielt hatte. Und es ermöglichte Preußen, seinen Kampf als einen deutschen, im Namen von ganz Deutschland geführten auszugeben, was er niemals gewesen war. Friedrich Wilhelm III. aber hat sich diesen Gedanken zu eigen gemacht. Als man ihm das Gründungskonzept der neuen Universität vorstellte, soll er gesagt haben: „Das ist recht, das ist brav. Der Staat muss durch geistige Kräfte ersetzen, was er an physischen verloren hat."

Berlin als Universität neuen Typs

In der neuesten Forschung wird diese politische Dimension der Berliner Universitätsgründung stark betont. Als indirekte Wirkung nach außen ist sie in der Tat von großer Bedeutung. Allerdings darf dabei nicht der Grundansatz der preußischen Bildungsreform aus dem Blick geraten, in den die Gründung gehörte. „Der deutschen Wissenschaft eine [...] Freistatt eröffnen", wie Humboldt schreibt, das hieß eben auch, die Wissenschaft als Selbstzweck anzuerkennen und ihre Autonomie zu respektieren. Von einer direkten politischen Instrumentalisierung kann keine Rede sein. Im Gegenteil nennt Humboldt in der Denkschrift *Über die innere und äußere Organisation der höheren wissenschaftlichen Anstalten in Berlin* „Einsamkeit und Freiheit" als Prinzipien der Wissenschaft; der Staat müsse sich bewusst bleiben, dass er „immer hinderlich ist, sobald er sich hineinmischt".[34] Diese ausdrückliche Freigabe von Wissenschaft war neu. Sie bildet das erste Kennzeichen, das die Berliner Universität zu einer Universität neuen Typs machte. Neu war weiter, dass die Universität nicht nur als ein Ort der Wissenschaft gesehen wurde, sondern auch als ein Ort der Bildung. Diese zweite Perspektive war sogar die primäre: Die Wissenschaft galt den preußischen Reformern in erster Linie als „Stoff" oder Mittel von Bildung. Und zwar sollte die Beschäftigung mit Wissenschaft den Charakter formen. Dafür aber musste die Wissenschaft neu verstanden werden. Denn „nur die Wissenschaft, die aus dem Innern stammt und in's Innere gepflanzt werden kann, bildet auch den Charakter um", so Humboldt in Anlehnung an Schleiermacher.[35] Um Bildungswert zu erlangen, musste die Wissenschaft aus fertigem, toten Stoff zur lebendigen Betätigung werden, aus Spezialistentum zur umfassenden Leistung ganzer Personen. Für Humboldt hieß dies, „die Wissenschaft immer als ein noch nicht ganz aufgelöstes Problem behandeln und daher immer im Forschen bleiben" bzw. „die Wissenschaft als etwas noch nicht ganz Gefundenes und nie ganz Aufzufindendes zu betrachten, und unablässig sie als solche zu suchen."[36] Dies war das zweite Kennzeichen: Als „Forschungsprinzip" hat man es nachträglich gekennzeichnet. Um die Wissenschaft für die Bildung tauglich zu machen, brachte es die Universität in Bewegung, verflüssigte es das Wissen, wies es Professoren und Studenten gleichermaßen auf Forschung als eine unabschließbare Suchbewegung an. Daraus ergab sich als drittes Kennzeichen die „Einheit von Forschung und Lehre", also das forschende Lehren und Lernen bzw. das lehrende Forschen als Ausdruck jener Suchbewegung.

Bedeutung für aktuelle hochschulpolitische Debatten

Die Berufung herausragender Wissenschaftler, bedeutende wissenschaftliche Leistungen und schließlich das politische Gewicht Preußens und Berlins haben der Berliner Universität hohes Ansehen und eine weite Ausstrahlung verschafft. In der Rückschau vom Ende des 19. Jahrhunderts hat man diesen Erfolg auf die genannten drei Kennzeichen zurückgeführt und die Universität Berlin zum „Modell" erklärt: zum Vorbild für zahlreiche andere Universitäten in Deutschland wie auch in anderen europäischen Ländern und in Amerika. Seitdem bezieht man sich auf sie, wenn über das Verhältnis von Wissenschaft und Politik, Forschung und Lehre, Praxisorientierung und Erkenntnis gestritten wird. Bis heute berufen sich die einen positiv auf die Kennzeichen der „Humboldt-Universität", wie sie verkürzend genannt wird, und erklären sie zum Auftrag an unsere Gegenwart, während andere die Kennzeichen kritisieren oder argumentieren, sie seien an ihre Entstehungszeit gebunden und könnten nicht in spätere Zeiten übertragen werden.

Die Etablierung des Historismus

Und noch in einer anderen Hinsicht wirkt die Gründung der Universität bis heute fort. Mit dem Altertumsforscher Barthold Georg Niebuhr berief Humboldt einen Historiker nach Berlin, der für einen Neuansatz in der Geschichtswissenschaft stand – den gleichen Neuansatz, den Humboldt selbst vertrat. Spätere Berufungen wie diejenigen Leopold Rankes und Johann Gustav Droysens folgten der gleichen Linie; vor allem über die Universität Berlin hat diese Art von Geschichtswissenschaft sich etabliert. Nachträglich hat man sie als „Historismus" bezeichnet. Wie vor ihnen schon die Aufklärer sahen auch die historistischen Historiker den Gegenstand der Geschichtswissenschaft nicht mehr in der Vergangenheit, sondern in der Bedeutung der Vergangenheit für die Gegenwart. Die Geschichte war für sie eine Wissenschaft, die das historische Gewordensein der Gegenwart untersucht. Neu war jedoch, dass die historistischen Historiker dabei nicht mehr von gegebenen, feststehenden Fakten ausgingen, die man nur freizulegen, zu sammeln und zu verknüpfen brauche. Vielmehr übernahmen sie den neuen Forschungsbegriff und betrachteten die geschichtswissenschaftliche Arbeit als Suchbewegung: als eine unabschließbare Erkundung, die ständig neue Zeugnisse der Vergangenheit in der Gegenwart erschließt oder bekannte Zeugnisse neu auslegt und neue Bedeutungen darin entdeckt. Aus etwas vermeintlich Gegebenem verwandelte die Geschichte sich durch das Forschungsprinzip in etwas Veränderliches, Flüssiges, das jeder Historiker und jede Historikerin bezogen auf die eigene Gegenwart immer wieder neu befragen, durchdenken, rekonstruieren muss. Damit änderte sich auch die Auffassung vom Zweck der Geschichtswissenschaft. Die historistischen Historiker verabschiedeten sich von dem alten Gedanken, man könne aus der Geschichte lernen oder sie für die Gegenwart nutzbar machen. Zu eigenartig und verschieden kamen ihnen die historischen Zeiten unter dem Eindruck des Revolutionszeitalters vor. Stattdessen sahen sie den Nutzen der Geschichtswissenschaft darin, erst einmal ganz elementar die Verbindung zwischen der eigenen Gegenwart und vergangenen Epochen wiederherzustellen. Im Zeitalter der Französischen Revolution war dies alles andere als selbstverständlich, wurde die damalige Gegenwart doch, wie wir gesehen haben, als Umbruch erlebt, als Neuanfang auf allen Gebieten, der das Alte untergehen, versinken, verschwinden ließ, unverständlich machte und die Beziehung dazu zerriss. Insofern öffnete man durch die Herstellung einer solchen Beziehung überhaupt erst wieder den Zugang zum eigenen Gewordensein, konnte man durch die Beschäftigung damit Distanz zur überwältigenden Gegenwart gewinnen. Daran zeigt sich, dass der Historismus an die Erfahrung solcher Umbrüche gebunden ist. Er entstand in Auseinandersetzung mit den Problemen des Revolutionszeitalters.

Der Bildungsbesessenheit der Zeit entsprechend, fand man in der wissenschaftlichen Beschäftigung mit Geschichte auch einen Bildungswert. Für historistische Historiker erzeugt die geschichtswissenschaftliche Forschung einen „Sinn für die Wirklichkeit", wie Humboldt und nach ihm Droysen das genannt haben.[37] Damit war gemeint, dass man die Welt nicht länger durch die alten Brillen der religiösen, moralischen oder traditionalen Vorgaben betrachtete, auch nicht durch die neuen Brillen der revolutionären Ideologien und Zukunftserwartungen. Vielmehr sollte die Geschichtswissenschaft dazu verhelfen, solche Brillen überhaupt erst als solche zu erkennen, indem man ihre Funktionsweise erklärte, um sie beiseitelegen zu können und die Welt aushalten zu lernen, wie sie ist. Als ein großes Ausnüchterungsprogramm sowohl gegenüber dem Träumen in vorgegebe-

Abb. 17 Carl Wolf: Mitteleuropa beim Beginn der Freiheitskriege im Jahre 1813. In: Meyers Konversationslexikon. 4., gänzlich umgearb. Aufl., Bd. 4: China–Distanz. Leipzig, Wien 1886, S. 884a.

nen Weltbildern als auch gegenüber den Fieberschüben des Revolutionszeitalters hat der Historismus die Geschichtswissenschaft konzipiert.

Bedeutung für die vorliegende Erkundung

Bereits diese – verkürzte – Darstellung zeigt: Dies ist eine ähnliche Art von Geschichtswissenschaft, wie wir sie heute betreiben. Es ist eine ähnliche Art von Geschichtswissenschaft, wie sie auch dieser fragenden, suchenden, nach-denkenden Einführung in die deutsche Geschichte des Revolutionszeitalters zugrunde liegt. Durch das, was wir in und mit diesem Buch tun, sind die Neuerungen der Zeit um 1800 heute präsent.

Beginn des Sechsten Revolutionskriegs

Was die Reformen Preußen politisch und militärisch gebracht hatten, musste sich früher bewähren, als der Regierung lieb war. Napoleons Niederlage im Russlandfeldzug und die Auflösung der Grande Armée kamen zu einem ungünstigen Zeitpunkt.

Preußen verfügte über wenig reguläre, noch dazu zerstreute Truppen; in den wichtigsten Festungen lagen französische Besatzungen; Reste der Grande Armée standen im Land. Entscheidend wurden die Hilfstruppen, die Preußen hatte Napoleon für den Russlandfeldzug zur Verfügung stellen müssen. Dieses Korps war intakt geblieben. Sein Kommandierender General Ludwig Yorck von Wartenburg machte sich selbständig. Eigenmächtig schloss er am 30. Dezember 1812 die Konvention von Tauroggen: einen Waffenstillstand mit Russland. Erleichtert wurde ihm das dadurch, dass auf russischer Seite der Freiherr vom Stein als Beauftragter des Zaren die Verhandlungen führte: der erste Regierungschef der preußischen Reformer, der auf Druck Napoleons sein Amt verloren hatte und ins russische Exil gegangen war. Die beiden Männer übernahmen in Ostpreußen die Initiative, beriefen eine Landesversammlung ein, stellten eine Landwehr auf, der erstmals auch Juden beitreten durften, und proklamierten den Krieg gegen Frankreich. Dieser Anfang ist bezeichnend: Er lag ganz auf der Linie der Preußischen Reformen. Hochverrat und ein Militärputsch von Seiten der selbstverantwortlich handelnden Funktionäre; Mobilisierung der Bevölkerung; alles gegen den widerstrebenden König und zur Rettung der Monarchie.

Stilisierung zum Volkskrieg

So viel ist also richtig an dem Mythos: Der Krieg entsprach nicht den Plänen der Regierung. Diese wurde vielmehr in eine Entwicklung hineingezwungen, die von einigen Reformern in Gang gebracht worden war, rasch ihre eigene Dynamik entwickelte und für eine Zeit lang wohl unter niemandes Kontrolle mehr stand. Jetzt konnte der König nicht mehr anders, als die Allgemeine Wehrpflicht einzuführen. Jetzt diktierten ihm die Reformer den Aufruf *An Mein Volk*, in dem er über eine Zeitung (!) die Bevölkerung zum Kriegseinsatz aufrief. Jetzt stiftete er das Eiserne Kreuz als einen Orden für alle, die sich in diesem Kampf auszeichneten, ohne Standesunterschied. Jetzt wandte sich die Schwägerin des Königs, Prinzessin Marianne von Preußen mit einem *Aufruf der königlichen Prinzessinnen an die Frauen im preußischen Staate*. Damit begann die Sammelaktion „Gold gab ich für Eisen", in der die Frauen Schmuck spenden sollten, um zur Finanzierung des Krieges beizutragen. Man sieht, auf welche Weise der Krieg zu einem Volkskrieg stilisiert wurde.

Eine prägnante Visualisierung hat die Idee vom gemeinsamen Aufbruch in einem Relief gefunden, das der Bildhauer Christian Daniel Rauch für die Sockelzone des Blücher-Denkmals Unter den Linden in Berlin geschaffen hat. Es zeigt preußischen Trup-

Abb. 18 Christian Daniel Rauch: Preußische Truppen auf dem Marsch nach Paris. Sockelrelief am Blücher-Denkmal Berlin. Reproduktionsstich v. Julius Thaeter. In: Ders.: Ehrenmal des Feldmarschalls Fürsten Blücher von Wahlstatt zu Berlin. Berlin 1829.

pen auf dem Marsch nach Paris, jung, locker, Bürger in Uniformen, begeistert musizierend, von Frauen, die ihnen Wasser vom Brunnen reichen, unterstützt, einträchtig, Kavallerie und Infanterie gleichauf, ohne Standesunterschied, ohne Anmaßung. So träumten die Künstler und Schriftsteller sich diesen Krieg. So stellten sie sich das Preußen vor, das daraus hervorgehen sollte. Das Relief zeigt auch, wer diesen Aufbruch trug und an ihn glaubte: die Jugend; die Bürgerlichen; die Studenten; die Intelligenz. Dass der Künstler das Relief durch einen Reproduktionsstich verbreiten ließ, ist ebenfalls bezeichnend. Es verweist auf bürgerliche Sammler, die sich im 19. Jahrhundert mit Andenken an die „Freiheitskriege" umgaben und trotz aller Enttäuschung an den Zielen festhielten.

Nationale Publizistik

Früher noch als solche Bilder prägten Texte die allgemeinen Vorstellungen. Am populärsten wurden die Kriegslieder – Gedichte, die man singen konnte, nicht nur beim Marschieren, im vertrauten Kreis: unter den Burschenschaftlern in den Universitätsstädten; unter den Turnern nach den Leibesübungen; wenn Damen dabei waren, in geselliger Runde.

Quelle

Aufruf

Frisch auf, mein Volk! Die Flammenzeichen rauchen,
hell aus dem Norden bricht der Freiheit Licht.
Du sollst den Stahl in Feindes Herzen tauchen,
Frisch auf, mein Volk! – Die Flammenzeichen rauchen,
die Saat ist reif, ihr Schnitter, zaudert nicht!
Das höchste Heil, das letzte liegt im Schwerdte!
Drück dir den Speer ins treue Herz hinein,
Der Freiheit eine Gasse! Wasch' die Erde,
Dein deutsches Land mit deinem Blute rein!
Es ist kein Krieg, von dem die Kronen wissen,
Es ist ein Kreuzzug, s' ist ein heil'ger Krieg!

Theodor Körner: Aufruf. 1813. In: Ders.: Leyer und Schwerdt. Berlin 1814, S. 37.

Nicht nur in diesem Beispiel nehmen die Ausrufungszeichen überhand. Affekte und Appelle traten in den Vordergrund. Der Krieg wurde emotionalisiert, als Volkskrieg geheiligt, auf Freiheit verpflichtet (was immer man sich dabei denken mochte) – dafür durften extreme Opfer verlangt werden. Zugleich erreichte die Aggressivität eine neue Dimension. Der Gegner wurde jetzt zu einem, der das „deutsche Land" beschmutzt hatte und den man ins Herz treffen wollte. Aus einem preußischen Krieg machten die Schriftsteller ihn zu einem deutschen, lange bevor sämtliche deutschen Staaten die Seiten wechselten, um sich Russland und Preußen anzuschließen. Durch die Popularisierung des Krieges wurde er zur Geburtsstunde des deutschen Nationalismus. „Was ist des Deutschen Vaterland?", frug Ernst Moritz Arndt in einem populären Gedicht von 1813. „Ist's Preußenland? Ist's Schwabenland? [...] O nein, nein, nein! Sein Vaterland muss größer sein!" Das Gedicht zeigt, wie schwer es fiel, für die vielen verschiedenen Deutschen in ihren unterschiedlichen Ländern mit ihren unterschiedlichen Prägungen ein gemeinsames Vaterland zu denken. Da benötigte man einen gemeinsamen Gegner, ein Feindbild, um die erhoffte Gemeinschaft herzustellen.

Quelle

Des Deutschen Vaterland

Das ist des Deutschen Vaterland,
Wo Zorn vertilgt den welschen Tand,
Wo jeder Franzmann heißet Feind,
Wo jeder Deutsche heißet Freund.
|: Das soll es sein! das soll es sein!
Das ganze Deutschland soll es sein! :|

Ernst Moritz Arndt: Des Deutschen Vaterland. 1813.

Franzosen- und Judenfeindschaft

Die Schriftsteller legten sich kräftig ins Zeug, um Franzosenhass zu erzeugen. Vor allem Arndt tat sich dabei hervor, auch in anderen Schriften. „Darum lasst uns die Franzosen [...] nur noch frischer hassen, wo wir fühlen, dass sie unsere Tugend und Stärke verweichlichen und entnerven!“[38] In dieser Metaphorik kündigt sich ein völkisches Denken an, dem die Deutschen als Volkskörper erscheinen, dessen Gesundheit von Verweichlichung, Beschmutzung, Vermischung bedroht wird. Konsequenterweise gehörte Arndt zu den Ersten, die auf die Judenemanzipation des Revolutionszeitalters mit einer neuen Judenfeindschaft reagierten und dafür rassische Argumente erfanden. Auch diese Feindbilder blieben wohl zunächst auf die Minderheit der Überschwänglichen beschränkt. Allerdings sollten sie im weiteren Verlauf des 19. und 20. Jahrhunderts noch Karriere machen.

Verlauf des Sechsten Revolutionskriegs

Entschieden hat den Krieg nicht die nationale Publizistik und die Verklärung zum Volkskrieg, sondern die europäische Politik. Großbritannien stützte Russland und Preußen mit erheblichen Summen; eine englische Armee in Spanien band französische Truppen. Den Ausschlag gab, dass Österreich sehr umsichtig, sehr geschickt unter Metternich die Seiten wechselte. Denn damit zogen erstmals alle vier europäischen Großmächte gegen Frankreich an einem Strang. Nach der Völkerschlacht bei Leipzig vom 16. bis 19. Oktober 1813 brach die napoleonische Herrschaft zusammen.

Die Preußischen Reformen als Ursprungsmythos

Mit der Universität Berlin und der historistischen Geschichtswissenschaft sind uns zwei Beispiele begegnet, wie die Preußischen Reformen in der Gegenwart anwesend sind. So, nämlich als unmittelbar mit späteren Zeiten verbunden und für sie aktuell, hat die deutsche Forschung die Preußischen Reformen bis weit in die zweite Hälfte des 20. Jahrhunderts gesehen. Das lag daran, dass Preußen im 19. Jahrhundert für die deutsche Einigung und Nationalstaatsgründung bestimmend geworden ist. Die Anfänge dieser Bewegung sah man in den Preußischen Reformen. Der deutsche Nationalismus und Liberalismus haben sie zu ihrem Ursprungsmythos gemacht. Noch in der jungen Bundesrepublik haben viele sich damit identifiziert.

Gewachsene historische Distanz

Diese Identifikation ist in der zweiten Hälfte des 20. Jahrhunderts vergangen. Das hatte viele Gründe, unter anderen dass Preußen 1947 aufgelöst wurde und für Westdeutschland an Bedeutung verlor; dass man in der nach Westen strebenden Bundesrepublik mit der preußischen Frontstellung gegen Frankreich immer weniger anfangen konnte; dass die gesellschaftlichen Bewegungen der 1960er und 1970er Jahre ein neues Verständnis von politischer Teilhabe hervorbrachten, neben dem die Vorstellungen der preußischen Reformer obrigkeitsstaatlich erschienen; dass die Wiedervereinigung von 1992 im Rahmen der Westbindung gelang und damit unter anderen Vorzeichen stand als der preußische Nationalismus. Immer weiter rückten die Preußischen Reformen historisch weg.

Neueinordnung in die Epoche

Diese wachsende Distanz hat die Deutung der Reformen in wichtigen Punkten verändert. Während die ältere Forschung stets die Unterschiede zwischen Preußen und den Rheinbundstaaten oder Österreich betonte, treten heute die strukturellen Gemeinsamkeiten hervor. Obwohl die Preußischen Reformen darauf hinausliefen, sich gegen Napoleon neu aufzustellen, kamen sie nicht umhin, zentrale Errungenschaften der Französischen Revolution nach Preußen zu übertragen wie den zentralistischen Einheitsstaat, die wirtschaftsliberale bürgerliche Gesellschaft, die Verheißung auf politische Teilhabe, die Allgemeine Wehrpflicht, den Nationalismus. Obwohl die Reformer nach Alternativen zum französisch-rheinbündischen Weg suchten, agierten sie innerhalb der gleichen Handlungslogik einer Beamtenrevolution von oben und ähnlichen Frontstellungen gegenüber den ständischen Partikulargewalten wie die Reformer in den Rheinbundstaaten. Und obwohl viele Reformen auf halbem Weg stecken blieben und zu Kompromissbildungen mit unvorhergesehenen Folgen wurden, mindert das nicht die Radikalität der ursprünglichen Entwürfe und den revolutionären Ansatz.

Strukturelle Gemeinsamkeiten mit dem revolutionären Frankreich

Auch die Frontstellung gegen Frankreich bedarf der Revision. In erster Linie handelte es sich bei den sogenannten „Freiheitskriegen“ nämlich um einen militärisch-machtpolitischen Konflikt. Preußen wollte Revanche für die Niederlage von Jena-Auerstedt, es wollte die verlorenen Gebiete und seinen Großmachtstatus zurück. Diese machtpolitische Rivalität haben die Reformer mit großem Geschick für einen weltanschaulichen und nationalen Konflikt ausgegeben. Das sollte möglichst breite Unterstützung im Innern und Äußern mobilisieren und vergessen machen, dass Preußen 1795 die übrigen deutschen Staaten im Kampf gegen das revolutionäre Frankreich im Stich gelassen, Frieden mit Frankreich geschlossen, in Abstimmung mit ihm und zum eigenen Vorteil das Alte Reich zerschlagen, Frankreich zwischen 1807 und 1813 zugearbeitet hatte. Schon um all dies zu verleugnen, musste Preußen 1813 besonders deutsch und franzosenfeindlich auftreten. Gewiss war es 1813 nicht mehr das gleiche Preußen, das zuvor mit Frankreich kooperiert hatte. Aber die Veränderungen durch die Reformen hatten Preußen in vieler Hinsicht an Frankreich angeglichen, nicht in der Form bloßer Übernahmen, sondern durch aktive Aneignung und Übersetzung, bezogen auf die eigenen Möglichkeiten und Bedingungen. Strukturell gesehen, war Preußen Frankreich ähnlicher geworden und stand ihm näher als zuvor; zugleich hatte es etwas über seine Besonderheiten gelernt. Das heißt, die Abgrenzung speiste sich aus Annäherung! Noch die propagandistischen Mittel, derer man sich im Sechsten Revolutionskrieg bediente und der Nationalismus, den man mobilisierte, waren von Frankreich abgeschaut. Daher ist die offensichtliche Abgrenzung nur ein Teil der komplexen Wechselwirkung, vielleicht der kleinere. Die Abgrenzung sollte uns nicht daran hindern, die darunter verborgenen Gemeinsamkeiten zu sehen.

Literatur

Büsch, Otto und Monika Neugebauer-Wölk (Hgg.): Preußen und die revolutionäre Herausforderung seit 1789. Ergebnisse einer Konferenz. Berlin, New York 1991.

Frevert, Ute: Das Jakobinische Modell. Allgemeine Wehrpflicht und Nationsbildung in Preußen-Deutschland. Stuttgart 1997.

Haas, Stefan: Die Kultur der Verwaltung. Zur Umsetzung der preußischen Reformen 1808–1848. Frankfurt/M., New York 2005.

Haase, Sven: Berliner Universität und Nationalgedanke 1800–1848. Genese einer politischen Idee. Stuttgart 2012 [betont die politische Stoßrichtung der Gründung].

Hagemann, Karen: „Mannlicher Muth und teutsche Ehre“. Nation, Militär und Geschlecht zur Zeit der antinapoleonischen Kriege Preußens. Paderborn u. a. 2002 [geschlechtergeschichtliche Analyse].

Herrmann, Ludger: Die Herausforderung Preußens. Reformpublizistik und politische Öffentlichkeit in Napoleonischer Zeit (1789–1815). Frankfurt/M. u. a. 1998 [zeigt, wie die Preußischen Reformen publizistisch begleitet wurden].

Hubatsch, Walther: Die Stein-Hardenbergschen Reformen. Darmstadt 1977 [wichtige ältere Forschungsbeiträge].
Kloosterhuis, Jürgen und Wolfgang Neugebauer (Hgg.): Krise, Reformen – und Finanzen. Preußen vor und nach der Katastrophe von 1806. Berlin 2008.
Kloosterhuis, Jürgen und Sönke Neitzel (Hgg.): Krise, Reformen – und Militär. Preußen vor und nach der Katastrophe von 1806. Berlin 2009.
Koselleck, Reinhart: Preußen zwischen Reform und Revolution. Allgemeines Landrecht, Verwaltung und soziale Bewegung von 1791 bis 1848. Stuttgart 1967 [klassische Darstellung].
Menze, Clemens: Die Bildungsreform Wilhelm von Humboldts. Hannover u. a. 1975 [ausgewogene Einführung].
Sösemann, Bernd (Hg.): Gemeingeist und Bürgersinn. Die preußischen Reformen. Berlin 1993 [Aufsatzsammlung zu verschiedenen Aspekten der Reformen und ihrer späteren Rezeption].
Vogel, Barbara (Hg.): Preußische Reformen 1807–1820. Königstein 1980 [Aufsatzsammlung zu verschiedenen Aspekten].
Walther, Gerrit: Die revolutionäre Tradition. Zum Stil preußischer Reformen vor den Preußischen Reformen. In: Patrick Bahners und Gerd Roellecke (Hgg.): Preußische Stile. Ein Staat als Kunststück. Stuttgart 2001, S. 32–51.

Quellen

Conze, Werner (Bearb.): Die Preußische Reform unter Stein und Hardenberg. Bauernbefreiung und Städteordnung. Stuttgart 1956 u. ö.
Humboldt, Wilhelm von: Schriften zur Politik und zum Bildungswesen. Bearb. v. Andreas Flitner und Klaus Giel. Darmstadt 1964 u. ö.
Klessmann, Eckart (Bearb.): Die Befreiungskriege in Augenzeugenberichten. München 1973 [ereignisgeschichtlich-anschaulich].
Schleiermacher, Friedrich Daniel Ernst: Gelegentliche Gedanken über Universitäten in deutschem Sinn. Nebst einem Anhang über eine neu zu errichtende. Berlin 1808.
Wieder in: ders.: Universitätsschriften. Herakleitos. Kurze Darstellung des theologischen Studiums. Bearb. v. Dirk Schmid. Berlin, New York 1998, S. 17–100 [historisch-kritische Edition dieser Schrift, die Humboldt als Vorlage für die Konzeption der Berliner Universität diente].
Spies, Hans-Bernd (Bearb.): Die Erhebung gegen Napoleon 1806–1814/15. Darmstadt 1981 [große Bandbreite unterschiedlicher Quellensorten auf Grundlage des alten Begriffs der „Befreiungskriege"].
Stein, Heinrich Friedrich Karl Reichsfreiherr von: Briefe und amtliche Schriften. Neu bearb. v. Walther Hubatsch, 10 Bd.e. Stuttgart 1957–65.

Schluss 5.

Der Wiener Kongress als Abschluss des Revolutionszeitalters

Der Zeitabschnitt, den wir in diesem Buch betrachtet haben, fand einen Abschluss mit dem Wiener Kongress. Denn mit dieser Regierungskonferenz schienen die Fürsten ein doppeltes Ziel erreicht zu haben: Zum einen sah es für die Zeitgenossen so aus, als hätten die Regierungen es geschafft, die Französische Revolution und ihren Export nach Europa in Form der Revolutionskriege zu beenden. Zum andern bekamen sie damit die Entwicklungen in ihren eigenen Ländern, die ihnen entglitten waren, wieder in den Griff. Der Wiener Kongress war ein Sieg der Regierungen über die Völker – dadurch markiert er das Ende des Revolutionszeitalters.

Der Wiener Kongress als Neubeginn

Dass dieses Ende ein vorläufiges war, weil die Revolution weitergehen würde, konnte man 1815 nicht wissen. Dass der Wiener Kongress nicht nur ein Abschluss war, sondern auch ein Neube-

Abb. 19 Jean Godefroy: Congrès de Vienne. Séance des plénipotentiares des huits puissances signataires du traité de Paris. Radierung mit Diamant-Stichel auf Velin-Papier, 1819. 70,5 x 92 cm. Nach einer Federzeichnung v. Jean-Baptiste Isabey 1815.

ginn, sah man hingegen schon. Durch drei Leistungen vor allem haben die Staatsmänner bewusst und absichtlich weit ins 19. Jahrhundert hineingewirkt: Dem um- und umgedrehten Europa, in dem sich mit den Staatsgrenzen auch alles andere verflüssigt hatte, gab der Wiener Kongress wieder Stabilität. Doch wurden nicht einfach nur neue Grenzen gezogen bzw. alte wiederhergestellt. Die allgemeine Überzeugung lautete, dass die Staaten sich nur dann würden nach innen wieder festigen können, wenn sie nach außen in eine stabile Ordnung eingebettet waren. Daher schuf der Wiener Kongress zweitens eine Friedensordnung, die sich als so stabil erwies, dass der Krieg für mehr als 40 Jahre aus Europa herausgehalten werden konnte. Ein permanent gewordener Ausnahmezustand wurde beendet. Es sollte wieder so etwas wie Normalität geben dürfen. Der Frieden beruhte darauf, dass der Wiener Kongress das Europäische Mächtesystem wiederherstellte, ein neues Gleichgewicht dafür fand und alle Staaten sich auf den Grundsatz verpflichteten, Konfliktfälle diplomatisch zu lösen statt mit zwischenstaatlicher Gewalt. Um dem Europäischen Mächtesystem ein neues Gleichgewicht zu verschaffen, musste aber drittens eine neue politische Ordnung auch für seinen Binnenraum gefunden werden – für Deutschland, auf dessen Schwäche bis zur Revolution das Funktionieren des Mächtesystems beruht hatte. Die Lösung, die man dafür fand, war der Deutsche Bund.

Der gegenwärtige Blick auf die Epoche

Es ist hier nicht der Ort, um auf diese zukunftsweisenden Neuordnungen einzugehen. Sie sind das Thema eigener Darstellungen. Gestattet sei stattdessen der Versuch, die Epoche noch einmal als ganze in den Blick zu nehmen. Wie ein Zeitalter wahrgenommen wird, hängt immer ab von der Gegenwart, aus der heraus man es betrachtet. Unsere Gegenwart hat offenbar ein distanziertes Verhältnis zum Zeitalter der Französischen Revolution. Unsere Gegenwart tut sich schwer mit den Zielen, die in Deutschland aus der Auseinandersetzung mit der Französischen Revolution hervorgegangen sind: Einheit und Freiheit.

Das liegt zum einen daran, dass wir uns in einer sehr privilegierten Position befinden: Diese Ziele sind in Deutschland inzwischen erreicht. Sie sind keine unvollendeten Aufgaben, keine drängenden Anliegen mehr. Dadurch können wir auf Distanz dazu gehen. Zum andern haben wir aber auch etwas erlebt, was häufig vorkommt, wenn man ein großes Ziel nach langer Zeit endlich erreicht: Unbemerkt haben sich auf dem Weg dorthin die Rahmenbedingungen so verändert, dass sie das Ziel auf einmal in einem anderen Licht erscheinen lassen. Die Einheit des deutschen Nationalstaats scheint heute vielen anachronistisch gewor-

Abb. 20 Karte des Deutschen Bundes 1815–1866. Nach: F.W. Putzger Historischer Weltatlas. In Zusammenarbeit mit der Kartographischen Anstalt von Velhagen & Klasing neu hrsg. v. Alfred Hansel und Walter Leisering. 89. Aufl. Bielefeld [u.a.] 1965.

den gegenüber den Erfahrungen des Souveränitätsverlusts durch die Globalisierung und des Souveränitätsverzichts innerhalb der Europäischen Union. Die erreichte Freiheit scheint heute vielen von erheblich geringerem Gewicht als das Bedürfnis nach Sicherheit.

Dabei brauchen wir nur den Blick über Deutschland und die Europäische Union hinauszuheben, um Entwicklungen zu bemerken, die uns sofort wieder in ein Nahverhältnis zum Revolutionszeitalter versetzen. Während der Arbeit an diesem Buch fanden nicht nur in der arabischen Welt Revolutionen statt, sondern auch in der Ukraine; gingen die Menschen dort für die gleichen Forderungen auf die Straße, wie sie um 1800 in Europa verhandelt wurden; setzten viele ihr Leben dafür aufs Spiel. Anderswo in der Welt ist das Revolutionszeitalter offenbar keineswegs abgeschlossen. Dies wird auch uns wieder mit der Frage konfrontieren, was die Prinzipien der Revolution uns heute noch bedeuten.

Man muss lange suchen, um andere Epochen zu finden, in denen Deutschland sich in so kurzer Zeit so stark verändert hat. Die beiden Nachbarn Frankreich und Deutschland hat die Revolution auf das engste verbunden. Sie hat die Deutschen stärker geprägt als viele Ereignisse, die ihren Ursprung in Deutschland selbst hatten. Dadurch ist die Französische Revolution zu einem Ereignis auch der deutschen Geschichte geworden.

Literatur

Angermeier, Heinz: Deutschland zwischen Reichstradition und Nationalstaat. Verfassungspolitische Konzeptionen und nationales Denken von 1801 bis 1815. In: Zeitschrift der Savigny-Stiftung für Rechtsgeschichte. Germanistische Abteilung (1990), S. 19–101.
Wieder in: Ders.: Das Alte Reich in der deutschen Geschichte. Studien über Kontinuitäten und Zäsuren. München 1991, S. 449–521.
Burg, Peter: Der Wiener Kongreß. Der Deutsche Bund im europäischen Staatensystem. München 1984.
Duchhardt, Heinz: Der Wiener Kongress. Die Neugestaltung Europas 1814/15. München 2013 [kundige, knappe Einführung].
Hippel, Wolfgang von und Bernhard Stier (Hgg.): Europa zwischen Reform und Revolution 1800–1850. Stuttgart 2012 [aktuelles Handbuch].
Hundt, Michael: Die mindermächtigen deutschen Staaten auf dem Wiener Kongress. Mainz 1996 [zeigt, wie die Versuche zur Wiederherstellung der mediatisierten Herrschaften scheiterten].
Gruner, Wolf D.: Der Deutsche Bund 1815–1866. München 2012 [knappe Einführung].
Stauber, Reinhard: Der Wiener Kongress. Wien u. a. 2014 [aktuelle Überblicksdarstellung].

Quellen

Botzenhart, Manfred (Bearb.): Die deutsche Verfassungsfrage 1812–1815. Göttingen 1968.
Brandt, Hartwig (Bearb.): Restauration und Frühliberalismus 1814–1840. Darmstadt 1979 [Quellensammlung zum politischen Denken in Deutschland].
Dyroff, Hans-Dieter (Bearb.): Der Wiener Kongreß. Die Neuordnung Europas. München 1966 [handliche Auswahl wichtiger Dokumente].
Treichel, Eckhardt (Bearb.): Die Entstehung des Deutschen Bundes 1813–1815, 2 Bd.e. München 2000 [umfangreiche, gut kommentierte Quellensammlung].

Zeittafel

1675	Philip Jakob Speners „Pia Desideria oder Hertzliches Verlangen nach Gottgefälliger Besserung der wahren Evangelischen Kirchen“ erscheint
1685	Kurfürst Friedrich Wilhelm von Brandenburg lädt aus Frankreich vertriebene Hugenotten in sein Land ein
1694	Gründung der Reformuniversität Halle
1732/34	Gründung der Reformuniversität Göttingen
1740–1786	Friedrich II. König in Preußen
1740–48	Österreichischer Erbfolgekrieg
1756–63	Siebenjähriger Krieg
1765–90	Joseph II. Kaiser des Heiligen Römischen Reiches
1772	Erste Teilung Polens
1775–83	Amerikanischer Unabhängigkeitskrieg
1776	Adam Smiths „Inquiry into the Nature and Causes of the Wealth of Nations" erscheint
1778/79	Bayerischer Erbfolgekrieg
1783	Russland besetzt die Krim und führt Krieg gegen die Osmanen
1783	Karl Friedrich hebt in der Markgrafschaft Baden die Leibeigenschaft auf
1784	Immanuel Kants „Beantwortung der Frage: Was ist Aufklärung?“ erscheint in der Berlinischen Monatsschrift
1785	Gründung des Fürstenbunds
1787	Notabelnversammlung in Frankreich
	Josephinisches Gesetzbuch und Josephinisches Strafgesetzbuch in Österreich
1789	Einberufung der Generalstände in Frankreich
	Juni: Die Generalstände erklären sich zur Nationalversammlung
	14. Juli: Sturm auf die Bastille. Revolution der Städte
	Wilhelm von Humboldt und Joachim Heinrich Campe reisen nach Paris
	Revolution der Landbevölkerung
	11. August: Abschaffung der Privilegien. Ende der Ständeordnung
	Aufstände in Lüttich und Brabant
1790	Joachim Heinrich Campes „Briefe aus Paris“ erscheinen
1790–92	Leopold II. ist Kaiser des Heiligen Römischen Reiches
1791	Die französische Nationalversammlung verabschiedet die erste revolutionäre Verfassung
1792	20. April: Frankreich erklärt Österreich den Krieg. Erster Revolutionskrieg (bis 1797)
	10. August: Revolution der Sansculotten Inhaftierung des Königs
	Einführung der allgemeinen Wehrpflicht
	20. September: Kanonade von Valmy
	Französische Revolutionsheere überschreiten die Grenzen zu den Nachbarstaaten und fördern die Gründung von Tochterrepubliken
	21. Oktober: Franzosen besetzen die Stadt Mainz
1792–1806	Franz II. Kaiser des Heiligen Römischen Reiches
1792	Dezember: Die französische Nationalversammlung proklamiert den „Despotismus der Freiheit“. Beginn des gewaltsamen Revolutionsexports
1793	21. Januar: Ludwig XVI. wird hingerichtet
	Die französische Nationalversammlung verabschiedet eine neue Verfassung
	Zweite polnische Teilung
	Mainzer Republik
	Friedrich Gentz' „Betrachtungen über die französische Revolution“ erscheinen

1794	Allgemeines Landrecht für die Preußischen Staaten
	27. Juli: Sturz Robespierres. Direktorialherrschaft in Frankreich (bis 1799)
	Friedrich Schiller gründet die Zeitschrift „Die Horen“
1795	Frieden von Basel: Preußen und seine Verbündete scheiden aus den Revolutionskriegen aus und erklären sich für neutral
	Dritte polnische Teilung
	Goethes „Unterhaltungen deutscher Ausgewanderten“ erscheinen
1797	Frieden von Campo Formio
1798–1802	Zweiter Revolutionskrieg
1799	9. November: Staatsstreich in Frankreich
	Bonaparte erklärt sich zum Konsul und gibt Frankreich eine neue Verfassung
1802	Frieden von Lunéville. Frankreich annektiert das Reichsgebiet links des Rheins
1803	Reichsdeputationshauptschluss zur Kompensation Preußens und der deutschen Mittelstaaten für ihre linksrheinischen Verluste
	Säkularisation der Kirchenherrschaften und Mediatisierung zahlreicher Kleinstherrschaften sowie der Reichsstädte
	Germaine de Staël reist durch Deutschland
1804	Bonaparte krönt sich zum Kaiser und führt den „Code Civil“ ein
1805	Dritter Revolutionskrieg
	Frieden von Pressburg
1806	Gründung des Rheinbunds. Reformen in den Rheinbundstaaten
	Franz II. verzichtet auf den Titel des Römischen Kaisers
	Ende des Heiligen Römischen Reiches
	Gründung des Kaisertums Österreich
1806/7	Vierter Revolutionskrieg
	Preußen erleidet bei Jena-Auerstedt eine vernichtende Niederlage
1807	Frieden von Tilsit, Preußische Reformen
	Napoleon gründet das Königreich Westphalen
1809	Fünfter Revolutionskrieg
	Tiroler Aufstand gegen die Bayern und Franzosen
	Frieden von Schönbrunn
	Gründung der Universität Berlin
1810	Germaine de Staël veröffentlicht „De l'Allemagne“
1812–14/15	Sechster Revolutionskrieg
1812/13	Russlandfeldzug
	Nach der Auflösung der Grande Armée wechseln Preußen und die meisten anderen deutschen Staaten ins antinapoleonische Lager
1813	16.–19. Oktober: Völkerschlacht von Leipzig
1814/15	Wiener Kongress
1815	20. November: Zweiter Pariser Frieden

Abbildungsverzeichnis

Anmerkungen

1 Zu den beiden Bildern vgl. Lena Voigt: [Art.] Landkarte. In: Rolf Reichardt; Wolfgang Cilleßen und Martin Miersch: Lexikon der Revolutions-Ikonographie 1789–1889. Münster 2015 [im Druck], mit einer Analyse und weiterer Literatur.

2 Helmut Neuhaus: Das Reich in der Frühen Neuzeit. 2. Aufl. München 2003, S. 21.

3 Barbara Stollberg-Rilinger: Das Heilige Römische Reich deutscher Nation. Vom Ende des Mittelalters bis 1806. München 2006, S. 117.

4 Georg Schmidt: Geschichte des Alten Reiches. Staat und Nation in der Frühen Neuzeit 1495–1806. München 1999, S. 44.

5 Golo Mann: Deutsche Geschichte des 19. und 20. Jahrhunderts. 15. Aufl. der Sonderausgabe Frankfurt/M. 1980, S. 27 und S. 65.

6 Karl Otmar Freiherr von Aretin: Aufgeklärter Herrscher oder Aufgeklärter Absolutismus? Eine notwendige Begriffsklärung. In: Gesellschaftsgeschichte. Festschrift für Karl Bosl zum 80. Geburtstag. Hrsg. v. Ferdinand Seibt, Bd. 1. München 1988, S. 78–87. Dagegen Peter Baumgart: Absolutismus ein Mythos? Aufgeklärter Absolutismus ein Widerspruch? Reflexionen zu einem kontroversen Thema gegenwärtiger Frühneuzeitforschung. In: Zeitschrift für historische Forschung 27 (2000), S. 573–589.

7 Wilhelm Roscher: Umrisse zur Naturlehre der drei Staatsformen. In: Allgemeine Zeitschrift für Geschichte 7 (1847), S. 79–88, S. 322–365, S. 436–473; 9 (1848), S. 285–326, 381–414, hier: 7 (1847), S. 450 f.

8 Claudia Schröder: ‚Siècle de Frédéric II' und ‚Zeitalter der Aufklärung'. Epochenbegriffe im geschichtlichen Selbstverständnis der Aufklärung. Berlin 2002, S. 31.

9 Die Zahlen im folgenden Abschnitt nach Wehler: Gesellschaftsgeschichte, Bd. 1, S. 70 und S. 76.

10 Auch diese Zahlen nach Wehler: Gesellschaftsgeschichte, Bd. 1, S. 69.

11 Wehler: Gesellschaftsgeschichte, Bd. 1, S. 98.

12 Die Forschungsgeschichte zu diesem älteren Begriff und ihre Verbindung mit der aktuellen Debatte um den Begriff der Protoindustrialisierung sind gut dargestellt bei Wilfried Reininghaus: Gewerbe in der Frühen Neuzeit. München 1990, S. 75–91.

13 Werner Trossbach: Bauern 1848–1806. München 1993, S. 59. Trossbachs Buch enthält S. 58–64 eine gute Darstellung der Forschungsdebatte um das Konzept der Protoindustrialisierung.

14 Vgl. den Titel des Sammelbands, der das Konzept der Protoindustrialisierungen in die deutsche Forschung eingeführt hat: Peter Kriedtke; Hans Medick und Jürgen Schlumbohm (Hgg.): Industrialisierung vor der Industrialisierung. Gewerbliche Warenproduktion auf dem Land in der Formationsphase des Kapitalismus. Göttingen 1978.

15 Karl Marx: Das Kapital. Kritik der politischen Ökonomie, Bd. 1. Berlin 1963 u. ö., S. 791.

16 Walter Bräuer: Kameralismus und Merkantilismus. Ein kritischer Vergleich. In: Jahrbuch für Wirtschaftsgeschichte (1990), S. 107–111.

17 Dietmar Willoweit: Struktur und Funktion intermediärer Gewalten im Ancien Régime. Berlin 1978, S. 16. Und weiter: „Die ‚gute policey' nimmt den Korporationen ihre Funktion, ohne ihren Bestand antasten zu müssen." (17).

18 Ernst Hinrichs: Einleitung. Zum Stand und zu den Aufgaben gegenwärtiger Absolutismusforschung. In: ders.: (Hg.): Absolutismus. Frankfurt/M. 1986, S. 7–32, hier: S. 18.

19 Vgl. Cornelia Foerster: Katalog Nr. 488 Versammlung der schönen Welt bey den Kaffee-Häusern in der großen Prater-Allee. In: Rainer Schoch (Hg.): Freiheit – Gleichheit – Brüderlichkeit. 200 Jahre Französische Revolution in Deutschland. [Katalog der Ausstellung] Germanisches Nationalmuseum Nürnberg 24.6.–1.10.1989. Nürnberg 1989, S. 583.

20 Dazu am Beispiel der Weimarer Klassiker Christa Bürger: „Dilettantism der Weiber". In: Dies.: Leben Schreiben. Die Klassik, die Romantik und der Ort der Frauen. Stuttgart 1990, S. 19–31 und 178–181.

21 Zu dieser Unterscheidung Reinhart Koselleck: Einleitung – Zur anthropologischen und semantischen Struktur der Bildung. In: ders. (Hg.): Bildungsbürgertum im 19. Jahrhundert, Teil II: Bildungsgüter und Bildungswissen. Stuttgart 1990, S. 11–46. Wieder in: ders.: Begriffsgeschichten. Studien zur Semantik und Pragmatik der politischen und sozialen Sprache. Frankfurt/M. 2006, S. 105–154, hier: S. 123–127 mit weiterer Literatur.

22 Gründungsurkunde der Höchster Neustadt vom 4. Juli 1768, zitiert nach Rudolf Schäfer: Die Höchster Neustadt und der Bolongaropalast. Höchst 1975, S. 5.

23 Zitiert nach Axel Kuhn: Die Französische Revolution. Stuttgart 2007, S. 150.

24 Wolfgang Burgdorf: 1806. Deutsche Katastrophe. In: Jens Flemming und Dietfried Krause-Vilmar (Hgg.): Fremdherrschaft und Freiheit. Das Königreich Westphalen als napoleonischer Modellstaat. Kassel 2009, S. 23–39.

25 Johann Wolfgang von Goethe: Unterredung mit Napoleon. 1808 September. In: Ders.: Autobiographische Schriften II. Textkritisch durchgesehen v. Lieselotte Blumenthal und Waltraud Looß. 8. Aufl. München 1982, S. 543–547, hier: S. 546.

26 Vgl. Luce-Marie Albigès: Le club des Jacobins de Paris. In: L'Histore par l'image. URL: <www. Histoire-image.org> (14.06.2014) mit einer Bildanalyse und weiterer Literatur.

27 Aufruf an das gedrückte Volk deutscher Nation im Namen der Franken-Republik von Adam Philippe Custine, Fränkischem Bürger und General der Armeen der Republik. In: Mainzer Zeitung Nr. 170 vom 26. Oktober 1792. Wieder in: Die Schriften der Mainzer Jakobiner und ihrer Gegner. München u. a. 1993.

28 Das Folgende nach Rainer Schoch und Katrin Kusch: Katalog Nr. 152 Sitzung des Mainzer Jakobinerklubs im Akademiesaal des Kurfürstlichen Schlosses in Mainz. In: Schoch (Hg.): Freiheit – Gleichheit – Brüderlichkeit, S. 334 f.

29 Helmut Berding: Imperiale Herrschaft, politische Reform und gesellschaftlicher Wandel. In: Maike Bartsch (Hg.): König Lustik!? Jérôme Bonaparte und der Modellstaat Königreich Westphalen. München 2008, S. 107–112, hier: S. 108.

30 Berding: Imperiale Herrschaft, S. 111.

31 Immanuel Kant: Grundlegung zur Metaphysik der Sitten (1785) (=Gesammelte Schriften. Akademie Ausgabe. 4). Berlin 1903, hier: S. 428.

32 Nipperdey: Deutsche Geschichte, S. 34. Die folgende Skizze der Preußischen Reformen ist Nipperdeys Darstellung verpflichtet.

33 Zitiert nach Nipperdey: Deutsche Geschichte, S. 51.

34 In: ders.: Schriften zur Politik und zum Bildungswesen. Bearb. v. Andreas Flitner und Klaus Giel. Darmstadt 1964, S. 255–266, hier: S. 255 und 257.

35 Humboldt: Organisation, S. 258.

36 Humboldt: Organisation, S. 256 und 257.

37 Wilhelm von Humboldt: Ueber die Aufgabe des Geschichtschreibers. In: Abhandlungen der Königlichen Preußischen Akademie der Wissenschaften zu Berlin. Historisch-philologische Klasse (1820/21), S. 305–322. Wieder in: ders.: Schriften zur Anthropologie und Geschichte. Bearb. v. Andreas Flitner und Klaus Giel. 3. Aufl. Darmstadt 1980, S. 585–606, hier: S. 589; Johann Gustav Droysen: Historik. Historisch-kritische Ausgabe. Bd. 1. Textausgabe v. Peter Leyh. Stuttgart-Bad Cannstatt 1977, S. 64.

38 Ernst Moritz Arndt: Geist der Zeit. Vierter Theil. Berlin 1818, S. 320 f.

Register

Personen

Regiert habende Herrscher und ihre weiblichen Angehörigen sind unter den Vornamen verzeichnet.

Orte

Sachen

C

D

E

H

I

O

P

R

S

T

U

V

W

Z